Nah dran...

WAG Wirtschaft-Arbeit-Gesundheit

Für die Bildungsstandards
Klasse 5 und 6

1

Sandra Brenner
Dorothea Dümmel
Ulrike Frank
Jürgen Henzler
Ulrike Klüppel
Jürgen Sautter
Gerhard Tripodi
Irene Walser-Birzele
Heinz-Ulrich Wolf
Annely Zeeb

Schroedel

Nah dran ... Was heißt das?

Einblicke ins Marktgeschehen

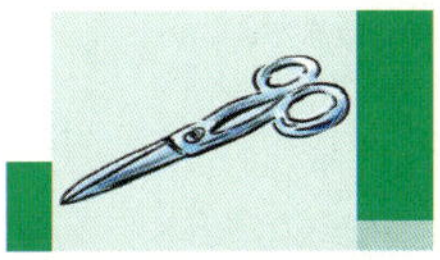

Arbeit, Produktion, Technik

Auf dem Weg zur Berufsfindung

Familie, Freizeit, Haushalt

Nah dran – was heißt das?

Gurken
Rotkohl
30
ZONE

Ein Thema bearbeiten

So gehen wir vor

8.1

Was nehmen wir uns vor?
- von einem Thema ausgehen
- Ideen und Erfahrungen zum Thema sammeln
- eigene Interessen feststellen
- Schwerpunkte setzen

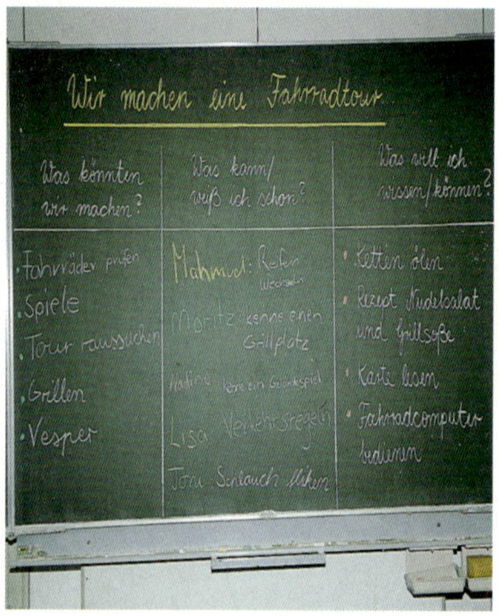

8.2

So hat es unsere Klasse gemacht:
Unsere Lehrerin hat vorgeschlagen gemeinsam eine Fahrradtour zu machen, bei der wir alles selbst planen und vorbereiten. Wir haben uns überlegt, an was wir denken müssen, und alles an die Tafel geschrieben. Am Anfang fanden wir das ziemlich umständlich. Wir hätten am liebsten gleich losgelegt. Aber bald war die Tafel ganz voll und wir waren erstaunt, wie viel es zu tun gibt.

Was wollen wir machen?
- Für was entscheiden wir uns?
- Wer will in welcher Gruppe arbeiten?
- Was gibt es zu tun?
- Was brauchen wir dazu?

8.3

Wir haben gemeinsam entschieden, was wir bei der Fahrradtour tun wollen. Dann haben wir Gruppen gebildet. Jede Gruppe übernahm eine Aufgabe: Ein paar von uns kümmerten sich um die Verpflegung, andere haben die Fahrräder kontrolliert, eine dritte Gruppe hat Spiele ausgewählt und eine vierte Gruppe hat gemeinsam mit unserer Lehrerin die Route festgelegt.

Was müssen wir dafür tun?
- Welche Aufgaben sind zu erledigen?
- Wer übernimmt die Aufgaben?
- Bis zu welchem Zeitpunkt muss alles erledigt sein?
- Was muss ich können?
- Wo kann ich es lernen?
- Woher bekomme ich Informationen?
- Welche Informationen bekomme ich aus diesem Schulbuch?

9.1

Jede Gruppe hatte für ihre Aufgabe zwei Vormittage im Fächerverband WAG Zeit. Wir haben in unserer Gruppe überlegt, was alles zu tun ist und wer welche Aufgabe übernimmt. Ich war in der Gruppe, die die Fahrräder kontrollieren sollte. Im Buch haben wir Informationen gefunden, wie man ein Fahrrad schmiert und wie man kleinere Pannen selbst beheben kann. Toni hatte noch die Idee, im Fahrradgeschäft Flickzeug zu kaufen. Unsere Lehrerin hat uns gesagt, dass wir genau aufschreiben sollten, wann wir was machen.

Was brauchen wir dazu?
- Informationen einholen
- Informationen auswerten
- Produkte herstellen
- Texte schreiben
- sich an den Zeitplan halten
- Konflikte klären
- Präsentation vorbereiten und einüben

9.2

Wir sind bei unserer Arbeit nach Plan vorgegangen. Alle haben ihr Fahrrad mit in die Schule gebracht. Unsere Gruppe hat alle Räder kontrolliert. Bei drei Reifen ging immer wieder die Luft raus. Da mussten wir Schläuche flicken. Die Lehrer haben uns nicht geholfen. Wir mussten alles im Schulbuch nachschauen. Beim ersten Schlauch sind wir fast verzweifelt. Aber beim dritten waren wir schon Profis. Stolz haben wir unseren Mitschülern ihre Fahrräder vorgeführt und erklärt, was wir gemacht haben.

Wie können wir unsere Ergebnisse den anderen vorstellen?
- Ergebnisse präsentieren
- Fragen beantworten
- Über die Ergebnisse diskutieren
- Sich selbst und andere bewerten

9.3

Unsere Mitschüler wollten genau wissen, an welchen Stellen wir geölt haben. Manche hatten ihr Fahrrad noch nie geölt. Es war nicht leicht, ihnen beizubringen, warum man ein Fahrrad ölen muss. Am Schluss haben wir uns zusammengesetzt und darüber gesprochen, was in unserer Gruppe gut lief und was wir beim nächsten Mal anders machen würden. Unsere Lehrerin hat uns den Tipp gegeben, den Fragebogen von Seite 14 dazu zu nehmen.

Beispiel – Einen Flohmarkt organisieren

So kann das Buch eingesetzt werden, um ein Thema zu bearbeiten:

- Im Fächerverbund Wirtschaft – Arbeit – Gesundheit bearbeitet ihr Themen, die ihr gemeinsam mit euren Lehrern festlegt. Sie sollen mit den vier Bereichen „Arbeit, Produktion, Technik“ „Freizeit, Familie und Haushalt“, „Berufsfindung“ oder dem „Marktgeschehen“ zu tun haben.
- Ein Thema zu finden, ist nicht ganz einfach. Deshalb findet ihr im Buch einige Themenvorschläge.
- Bevor ihr ein Thema mit unterschiedlichen Schwerpunkten selbstständig bearbeiten könnt, müsst ihr einiges können und wissen. Das Buch gibt dazu viele Anregungen. Außerdem wissen eure Lehrer, welches Wissen und welche Fertigkeiten ihr für ein bestimmtes Thema benötigt.
- Wenn ihr euch auf ein Thema geeinigt habt, schaut im Buch nach, welche Kapitel im Buch euch weiterhelfen.
- Weil auch das Arbeiten in Gruppen gelernt sein will, findet ihr im Buch Vorschläge für eine gute Zusammenarbeit.
- Damit ihr wisst, was ihr schon könnt und wo ihr euch noch verbessern solltet, ist es wichtig, dass ihr lernt, euch selbst und andere in eurer Gruppe einzuschätzen. Auch dazu gibt es Methoden im Buch.

Was wird auf einem Flohmarkt verkauft?
Was steht im Schulbuch zu unserem Thema?
Mit wem soll ich zusammenarbeiten?
Was könnten wir selbst herstellen?
Wie können wir kaputte Dinge selbst reparieren?
Wie müssen wir die Waren auszeichnen?

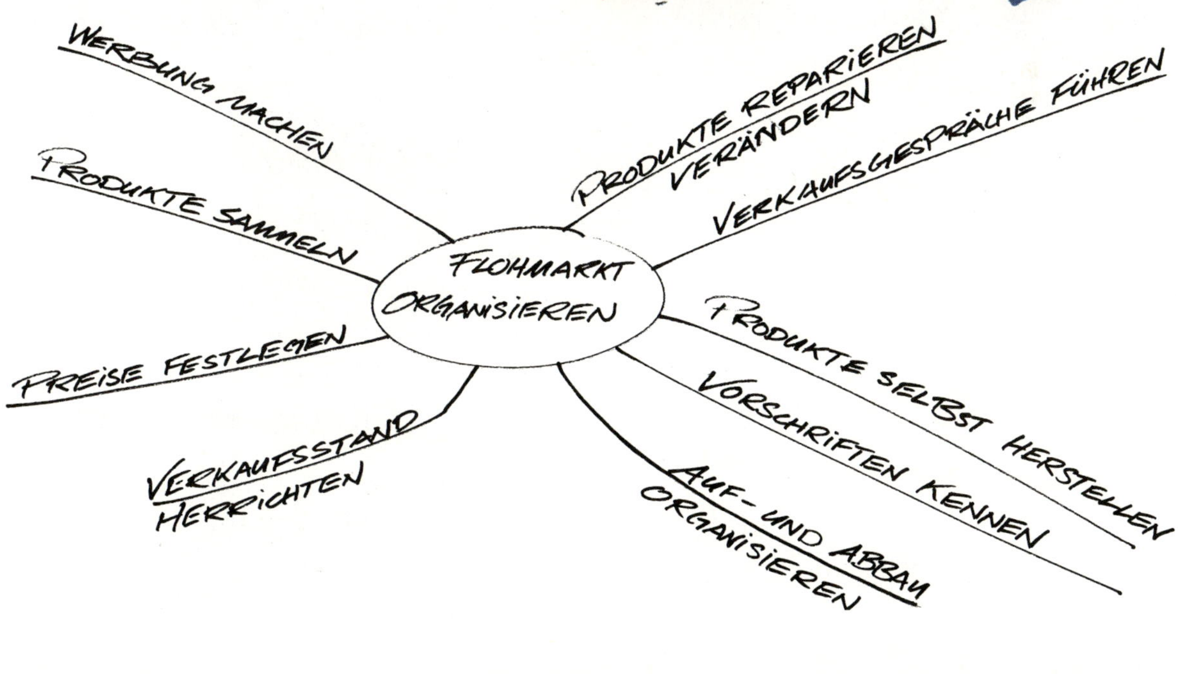
FLOHMARKT ORGANISIEREN
WERBUNG MACHEN
PRODUKTE SAMMELN
PREISE FESTLEGEN
VERKAUFSSTAND HERRICHTEN
PRODUKTE REPARIEREN VERÄNDERN
VERKAUFSGESPRÄCHE FÜHREN
PRODUKTE SELBST HERSTELLEN
VORSCHRIFTEN KENNEN
AUF- UND ABBAU ORGANISIEREN

Ideenkiste

Hier findet ihr Vorschläge für Themen. Die Fragen zeigen, was euch an diesem Thema möglicherweise interessieren könnte. Ihr könnt diese Fragen natürlich durch eure eigenen Fragen ergänzen.

Ein Grillfest mit den Eltern
- Wen laden wir ein?
- Welche Spiele könnten wir machen?
- Wie viel Geld haben wir zur Verfügung?
- Was gibt es zum Essen und Trinken?
- Woher bekommen wir den Grill?
- ...

Wir stellen unsere Kunstwerke aus
- Wen laden wir ein?
- Was bieten wir bei der Ausstellungseröffnung zu essen und zu trinken an?
- Wie könnten wir die Bilderrahmen selbst herstellen?
- ...

Wie lebten unsere Großeltern?
- Welche Berufe gab es?
- Was machten sie in der Freizeit?
- Was haben sie gekocht?
- Was war anders als heute?
- ...

Produkte aus der Region
- Welche Produkte werden in unserer Region hergestellt?
- Welche Betriebe können wir besichtigen?
- Was können wir mit diesen Produkten machen?
- ...

Geschenke selbst gemacht

- Welche Geschenke können wir selbst herstellen?
- Woher bekommen wir das Material?
- Wie viel Geld brauchen wir?
- Was wird in Geschenkläden angeboten und wie teuer ist das?
- ...

Spielekiste für die große Pause

- Umfrage: Was wird in der großen Pause gespielt?
- Was könnte man spielen?
- Welche Spiele können wir selbst herstellen?
- Wie organisieren wir den Verleih der Spielekisten?
- Wie finanzieren wir neue Spiele?
- ...

Technische Erfindungen im Haushalt und in der Freizeit

- Welche Geräte benutzte man früher zum Bohren, Waschen, Gemüseraspeln oder Rollschuhfahren?
- Wen könnten wir dazu befragen?
- Wo gibt es alte Geräte und wo können wir sie besichtigen?
- Was könnten wir selbst ausprobieren?
- Wie können wir unsere Ergebnisse präsentieren?
- ...

Augen auf beim Sportschuhkauf!

- Welcher Sportschuh ist für welchen Fuß und welche Sportart geeignet?
- Welche technischen Neuerungen gibt es bei Sportschuhen?
- Aus welchem Material sind Sportschuhe hergestellt?
- Wie liest man einen Testbericht?
- ...

Gesundes Pausenfrühstück

- Was ist gesund und schmeckt gut?
- Wie finanzieren wir die Aktion?
- Wie können wir Werbung machen?
- ...

Gemeinsam sind wir Spitze

Sind wir ein gutes Team?

Zu meinem Team gehören: ______					
So schätze ich unsere Teamarbeit ein:	Zufriedenheit				Kurze Begründung:
	–	0	+	++	das hat mich gestört – das fand ich gut
Mit der Zusammenarbeit im Team bin ich ...					
Mit unserer Vorgehensweise bin ich ...					
Mit der Mitarbeit der Teammitglieder bin ich ...					
Mit den Umgangsformen in unserem Team bin ich ...					
Mit unserem Arbeitsergebnis bin ich ...					

So kann man vorgehen:

- einen Fragebogen nach der Vorlage erstellen
- den Fragebogen einzeln ausfüllen

Mit den anderen aus dem Team vergleichen:

- Was ist gleich?
- Wo sind Unterschiede?

Wie entwickelt sich ein Team?

Gruppe bilden – anfangen

Meistens kann man in einer Gruppe nicht sofort mit der Arbeit beginnen. Jede Gruppe braucht am Anfang Zeit. Zuerst müssen sich alle aneinander gewöhnen. „Wer ist in meiner Gruppe?“, „Können wir uns leiden?“, „Wie schätze ich die anderen ein?“, können Fragen sein, die jede Gruppe am Anfang beschäftigt.

15.1

So war es bei uns:

Wir durften selbst entscheiden, mit wem wir zusammenarbeiten wollten. Eva und Ralf blieben übrig und wurden von unserer Lehrerin eingeteilt. Ralf kam zu uns und das hat uns geärgert, weil er immer nur Blödsinn macht. Das haben wir ihm auch deutlich gesagt. Aber es war auch lustig. Kelly hat einen Witz erzählt und wir mussten alle lachen.

Arbeit organisieren – Entscheidungen treffen

Wichtig ist zunächst, dass man weiß, was zu tun ist. Dann muss man sich überlegen, wer welche Aufgabe übernimmt, damit die Gruppe funktioniert. In dieser Phase muss viel entschieden werden.

15.2

Als wir die Arbeitsaufgaben durchgelesen haben, stellten wir fest, dass es ganz schön viel zu tun gab. Unsere Lehrerin gab uns den Tipp, dass wir am besten vorankommen, wenn wir die Aufgaben aufteilen. Präsentieren wollte niemand. Diese Entscheidung haben wir auf später verschoben.

Konflikte lösen, Rollen klären

Wenn Gruppen längere Zeit zusammenarbeiten, ist es ganz normal, dass es Streit gibt. Häufig liegt die Ursache darin, dass nicht geklärt wurde, wer welche Rolle übernimmt oder dass zu wenig darüber gesprochen wurde, was die Einzelnen wollen.

15.3

Am Anfang gab es oft Streit, weil Ralf immer wieder Blödsinn machte und Inna ausflippte. Wir mussten die Lehrerin holen. Sie hat uns geholfen, über den Streit zu reden und uns wieder zu vertragen.

Als Team gut zusammenarbeiten

Bis eine Gruppe gut zusammenarbeitet, braucht es Zeit. Gute Teams haben gelernt, dass jede Person Stärken hat, die für die Arbeit und das Ergebnis wichtig sind. Sie wissen, dass Streit nicht das Ende der Arbeit bedeutet, denn sie kennen Wege, den Streit zu schlichten.

15.4

Nun arbeiten wir schon seit mehreren Wochen im Team und inzwischen klappt es ganz gut. Wir haben entdeckt, dass Ralf super zeichnen kann, Inna ziemlich schnell merkt, wenn die Stimmung kippt und jeder einen Beitrag zur Gruppe leistet. Besonders gefreut hat es uns, als unsere Lehrerin sagte: „Gemeinsam seid ihr einfach Spitze.“

Methode: Gruppen bilden

Jede Methode zur Gruppenbildung hat Vor- und Nachteile. Man lernt sie kennen, wenn man die unterschiedlichen Methoden ausprobiert. Für eine gute Zusammenarbeit sind drei bis vier Personen in der Gruppe ideal.

Freundschaftsgruppen
Diejenigen, die sich gut verstehen oder gut zusammenarbeiten können, bilden eine Gruppe.

Zufallsgruppen
Es wird dem Zufall überlassen, wer in eine Gruppe kommt. Man kann zum Beispiel Quartettkarten ziehen, abzählen oder die Personen mit den passenden Puzzleteilen suchen.

Gruppen, die vom Lehrer gebildet werden
Der Lehrer teilt die Gruppen ein. Folgende Punkte können wichtig sein:
- Mädchen und Jungen trennen
- unterschiedliche Begabungen mischen
- bestimmte Personen sollen die Zusammenarbeit mit anderen üben

Interessengruppen
Bevor man sich entscheidet, müssen die Themen bekannt sein. Jede Schülerin und jeder Schüler entscheidet sich für ein Thema, für das sie oder er sich am meisten interessiert, und arbeitet in der entsprechenden Gruppe mit.

Arbeit im Team organisieren

Es gibt Arbeiten, die immer wieder erledigt werden müssen, zum Beispiel den Arbeitsplatz vorbereiten, das Material herrichten oder aufräumen. Am gerechtesten ist es, wenn diese Arbeiten abwechselnd erledigt werden. Um einen Überblick über alle regelmäßig anfallenden Arbeiten zu bekommen, ist es am besten, sie erst einmal aufzuschreiben. Dann teilt man diese Arbeiten so auf, dass alle Mitglieder im Team etwas zu tun haben. Die abgebildeten Vorschläge helfen, solche immer wiederkehrenden Arbeiten gerecht zu organisieren.

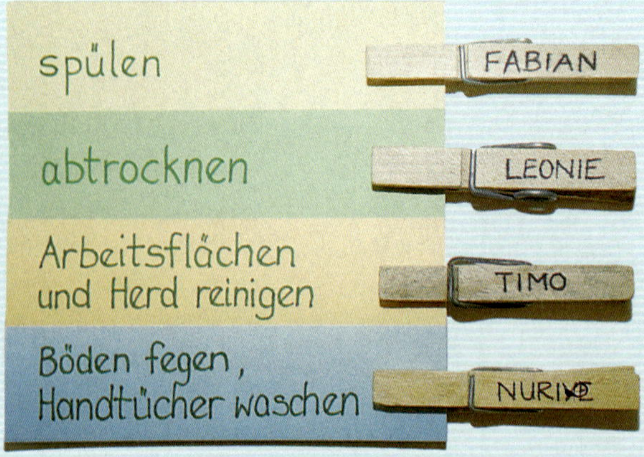

16.1

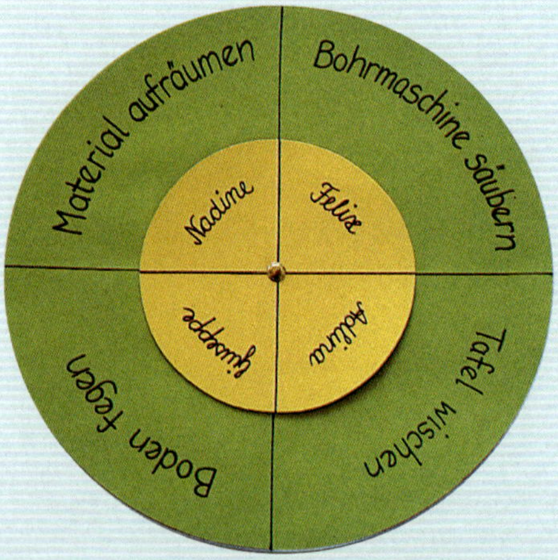

16.2

Arbeitsaufgaben verteilen

Wenn in der Klasse in Gruppen gearbeitet wird, müssen die einzelnen Gruppen ihre Arbeit organisieren. Gute Teams verteilen die Aufgaben und schreiben auf, wer was zu tun hat. Damit die Teamarbeit erfolgreich ist, müssen diese Absprachen eingehalten werden. Jedes Gruppenmitglied verpflichtet sich also, die Aufgaben zuverlässig zu erledigen. Wenn es Probleme gibt, muss die Gruppe rechtzeitig informiert werden, damit gemeinsam Lösungen gefunden werden können.

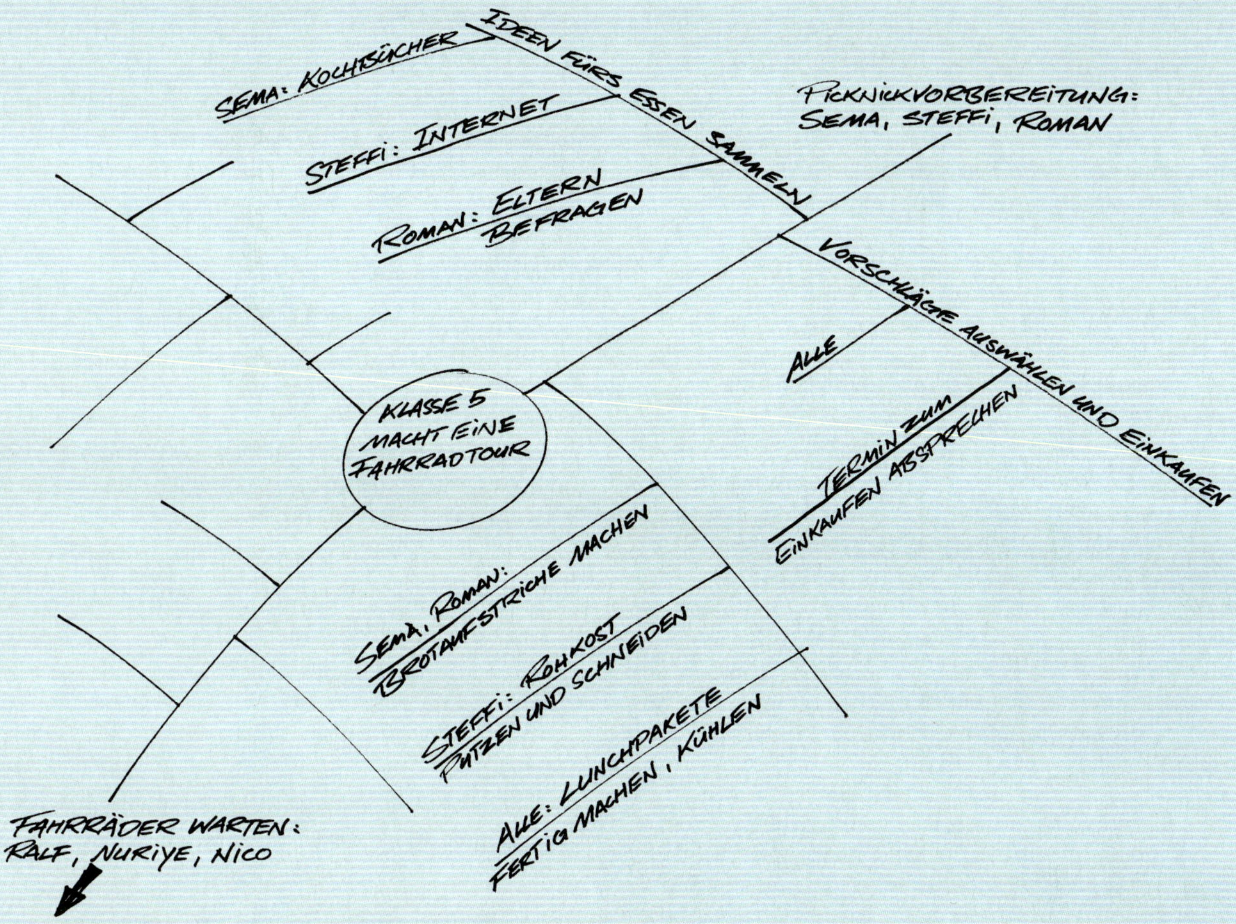

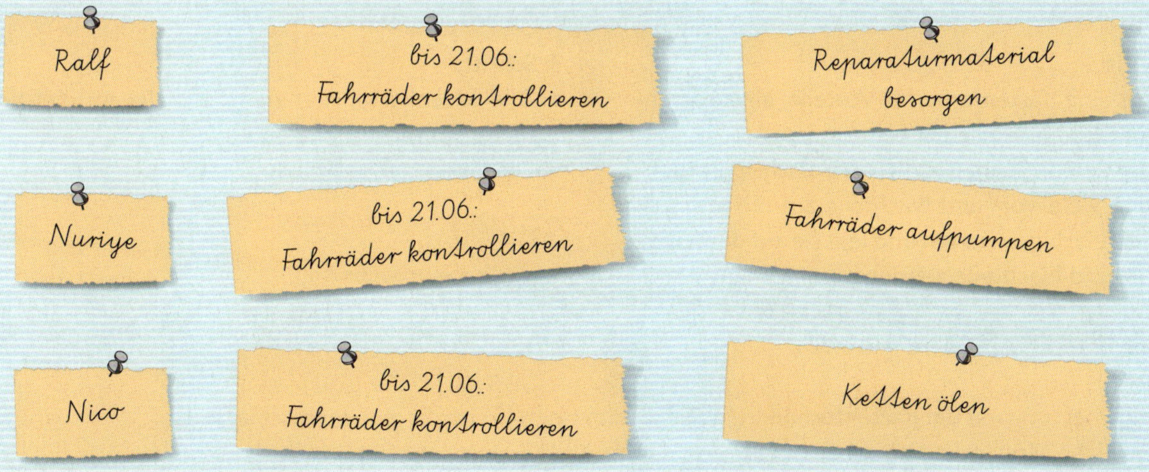

Methode: Gemeinsam Entscheidungen treffen

Während der Arbeit im Team müssen immer wieder Entscheidungen getroffen werden. Solche zum Beispiel:

- Welche Vorschläge wählen wir aus?
- Welche Themen wollen wir bearbeiten?
- Was wollen wir herstellen?

Entscheiden will gelernt sein. Es kann nämlich vorkommen, dass die einen alles bestimmen wollen, die anderen sich übergangen fühlen. Andere meinen, sie müssten zu viel arbeiten. Wieder andere haben keine Lust und fühlen sich für die ganze Sache nicht verantwortlich. Damit weniger Konflikte entstehen, ist es notwendig, Entscheidungen gemeinsam zu treffen. Bei Entscheidungen sollen alle Beteiligten ihre ganz persönlichen Ideen, Interessen und Wünsche äußern können und an der Entscheidung mitwirken. Dabei hilft die Kartentechnik.

Kartentechnik

Was ihr dazu braucht:

- verschiedenfarbiges Papier in Postkartengröße
- dicke Stifte

18.1 Ein Team probiert die Kartentechnik aus

So kann man vorgehen:

1. Schritt:

- Gemeinsam in der Gruppe überlegt ihr, was entschieden werden soll. Beispiel: „Was soll für unseren Fahrradausflug ins Lunchpaket eingepackt werden?“
- Die Frage auf einen Zettel schreiben.
- Den Zettel auf den Tisch legen. So fällt es leicht, beim Thema zu bleiben.

2. Schritt:

- Alle Ideen sammeln und auf Karten schreiben. Es kommen mehr Ideen zusammen, wenn jede Person dies zunächst für sich macht.

3. Schritt:

- Alle Ideenkarten auf den Tisch legen, gleiche Ideen übereinander legen.
- Die Ideen laut vorlesen.

4. Schritt:

- Legt eine Kartenfarbe für Vorteile, eine Kartenfarbe für Nachteile fest.
- Jede Person schreibt zu allen Vorschlägen möglichst viele Vor- und Nachteile auf die entsprechend farbigen Karten und legt sie auf den Tisch.
- Vor- und Nachteile werden nun im Team diskutiert.
- Eine Entscheidung wird getroffen.

Eine Entscheidung mit der Kartentechnik zu treffen ist immer hilfreich. Es gibt dabei viele unterschiedliche Möglichkeiten, wie man vorgehen kann.

Konflikte vermeiden

Regeln in unserem Team:
Wir lassen einander ausreden.
Wir helfen einander.
Jeder macht mit und gibt sein Bestes.
Wir beachten die Zeit.

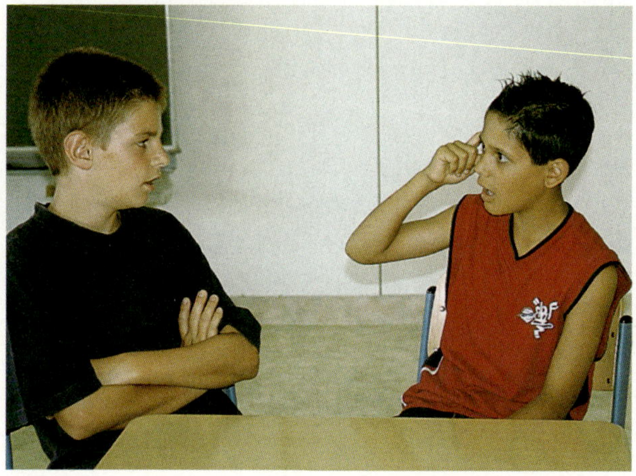

19.1

Regeln

Welche Regeln gelten in unserem Team?
Wie halten wir sie fest?
Wer achtet darauf, dass die Regeln eingehalten werden?
Was tun wir, wenn gegen die Regeln verstoßen wird?

Gestik

Welche Gesten verwende ich häufig und was will ich damit sagen?
Wie kommt dies bei den anderen an?
Was kann ich tun, damit mich die anderen richtig verstehen?

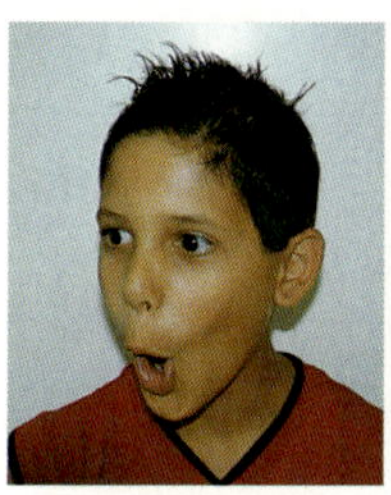

19.2

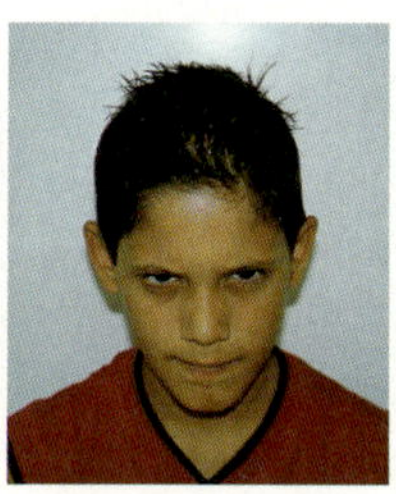

19.3

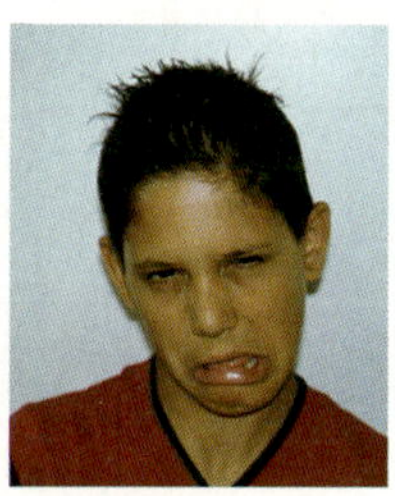

19.4

19.5

Mimik

Welcher Gesichtsausdruck zeigt welche Gefühle?
Welche Stimmungen lösen sie bei mir aus?
Wie reagiere ich auf Gesichtsausdrücke, die ich bei anderen sehe?
Was kann ich tun, damit ich den Gesichtsausdruck anderer richtig verstehe?

Sprache

Welche Aussagen verletzen?
Durch welche Aussagen verschärfe ich die Situation unnötig?
Wie sage ich meine Meinung, ohne andere zu verletzen?

Methode: Konflikte lösen

Wenn es einen Streit gibt, braucht man oft jemand anderen, der dabei hilft, den Streit zu lösen. Jeder kann diese Rolle übernehmen. Wichtig ist, dass diese Person nicht selbst in den Streit verwickelt ist und von allen als Hilfe akzeptiert wird. Wer sich bereit erklärt, bei einem Streit zu vermitteln, hört sich an, was die Einzelnen zum Streit zu sagen haben. Wichtig ist, dass der Vermittler oder die Vermittlerin die Sichtweisen der Streitenden nicht bewertet. Er oder sie muss unbedingt neutral bleiben. Vermittler ermuntern die Streitenden auch, über ihre Gefühle zu reden und geben Hilfe, wenn das Gespräch stockt.
Sie helfen den Streitenden eine Lösung für ihren Streit zu finden, bei der es keine Verlierer gibt. Das Ziel ist eine Einigung, die alle akzeptieren und umsetzen können.

Ablauf beim Lösen von Konflikten

1. Schritt: So steigt man ein

- Sucht einen geeigneten Platz zum Reden und legt die Dauer für das Gespräch mit der Person fest, die in dem Streit vermitteln soll. Alle vereinbaren, dass sie von dem Gespräch niemandem etwas erzählen. Die Streitvermittlerin erklärt die Regeln und den Ablauf des Gesprächs.

20.1

So war es bei uns

In unserem Team gab es ziemlich Ärger zwischen den Jungs und den Mädchen. Aus unserer Klasse wollte niemand bei dem Streit vermitteln, deshalb haben wir unsere Lehrerin gefragt. Sie hat unser ganzes Team mit ins Besprechungszimmer genommen und hat uns erklärt, wie das Gespräch ablaufen soll.

2. Schritt:
Das sagen die Streitenden

- Die Streitenden berichten der Streitvermittlerin nacheinander, wie sie den Streit sehen.
- Die anderen Beteiligten hören zu und unterbrechen nicht.
- Die Aufgabe der Streitvermittlerin ist es, darauf zu achten, dass die Regeln eingehalten werden. Sie hilft den Streitenden, wenn das Gespräch ins Stocken gerät.

20.2

Die Mädchen durften anfangen. Sie haben erzählt, wie sie von den Jungen dauernd gehänselt, gezwickt und geschubst werden. Dann kamen die Jungen dran. Sie haben sich ziemlich aufgeregt, weil die Mädchen sich immer lustig machen und miteinander tuscheln. Die Jungen haben sich ausgeschlossen gefühlt. Unsere Lehrerin musste immer wieder auf die Regeln hinweisen, weil es uns schwer fiel, den anderen zuzuhören, ohne Kommentare geben zu dürfen.

3. Schritt:
Um diesen Konflikt geht es

- Die Streitvermittlerin fasst zusammen, was die Streitenden gesagt haben. Sie sagt, worum es ihrer Meinung nach in diesem Streit geht.
- Sie fragt nach den Zielen und Wünschen der Streitenden.

21.1

Unsere Lehrerin meinte, dass es ihrer Ansicht nach bei unserem Konflikt darum geht, dass Buben und Mädchen nicht achtsam miteinander umgehen und sie sich dadurch gegenseitig reizen.
Die Jungs haben sich dann von den Mädchen gewünscht, dass sie sich nicht mehr lustig machen und dass sie mit dem Getuschel aufhören.
Die Mädchen haben sich von den Jungs gewünscht, dass sie sagen, wenn ihnen etwas nicht passt, anstatt sie immer zu ärgern.

4. Schritt:
So könnte eine Lösung aussehen

- Gemeinsam werden Lösungsmöglichkeiten gesucht.
- Die Lösungsmöglichkeiten werden diskutiert, alle Beteiligten sagen, was sie davon halten.
- Gute Lösungen sind solche, mit denen alle einverstanden sind.

21.2

Unsere Lösungsvorschläge waren sehr unterschiedlich:

- Ein Junge kontrolliert, ob die Mädchen miteinander tuscheln, und unterbricht sofort die Weiterarbeit.
- Die Sitzordnung wird so verändert, dass die Mädchen nicht mehr miteinander tuscheln können.
- Immer ein Junge und ein Mädchen arbeiten zusammen.
- Es werden nur noch Mädchen- oder Jungenteams gebildet.

5. Schritt: Das wird vereinbart

- Der Lösungsvorschlag wird aufgeschrieben und vorgelesen.
- Alle Beteiligten unterschreiben den Lösungsvorschlag und sprechen ab, ob und wann über die Vereinbarung noch einmal geredet werden soll.

21.3

Alle waren damit einverstanden, dass die Sitzordnung verändert wird und wir gleich sagen, wenn uns etwas nicht gefällt. Außerdem haben wir vereinbart, dass wir dies drei Wochen ausprobieren wollen und dann wieder miteinander darüber sprechen, ob wir mit der Lösung zufrieden sind.

Gemeinsam erleben und genießen

22.1 Familie

22.2 Sportverein

22.3 Freunde

Was fördert die Gemeinsamkeit?

- gemeinsame Erlebnisse
- gemeinsame Tradition und Kultur
- gemeinsame Probleme
- gemeinsame Interessen
- gemeinsame Ziele

22.4 Jugendtreff

22.5 Pfadfinder

22.6 Kirchengruppe

In jeder Gruppe gibt es Rituale und Regeln. Sie geben einem Sicherheit und das Gefühl dazuzugehören.

Was gilt in anderen Gemeinschaften?

Wo kann ich Gemeinschaft genießen?

Sich einschätzen – eingeschätzt werden

Wer lernt, verändert sich. Ich weiß mehr, werde geschickter, kenne mich besser aus, kann mit anderen besser zusammenarbeiten, kann mich besser konzentrieren – das alles können Lernfortschritte sein. Es lohnt sich, darüber ab und zu nachzudenken, um sich selbst besser einschätzen zu können.

Das ist wichtig, damit ich weiß, wo meine Stärken und meine Schwächen liegen. Es ist aber auch wichtig zu wissen, wie die anderen in der Gruppe mich einschätzen. Ich kann sie bitten, mir zu sagen, wo sie meine Stärken und Schwächen sehen.

23.1 Steckbrief

So kann ich mich selbst einschätzen

Man schreibt und zeichnet über sich einen Steckbrief.
Darauf kann stehen:
- Alter, Größe, Haarfarbe, Hobby ...
- Das gelingt mir gut ...
- Das möchte ich noch besser können ...

So können andere mich einschätzen

Rückenspiegel

- Mit Klebestreifen oder Wäscheklammer einen Pappteller bzw. eine Pappscheibe auf dem Rücken jedes Gruppenmitglieds befestigen.
- Erster Durchgang: Einen roten Stift nehmen und auf die Pappscheiben der anderen schreiben, was ich an ihnen schätze, z. B.: „Du kannst gut zuhören".
- Zweiter Durchgang: Einen blauen Stift nehmen und auf die Pappscheiben der anderen aufschreiben, was mir an ihnen nicht gefällt, z. B.: „Auf dich kann man sich nicht verlassen".
- Dritter Durchgang: Alle betrachten ihre Pappscheiben und haben Gelegenheit, sich dazu zu äußern.

23.2 Rückenspiegel

Bewertungsskala

- Vorbereitung: Für jede Person wird ein Blatt vorbereitet, auf dem drei bis vier Thermometer aufgemalt sind. Vor jedem Bewertungsdurchgang werden gemeinsam Bewertungskriterien festgelegt und dann auf dem Blatt zu den Thermometern notiert.
- Erster Durchgang: Mit einem Stift werden auf den Blättern der anderen Gruppenmitglieder Punkte auf dem Thermometer aufgemalt – je nachdem, wie man den anderen einschätzt.
- Zweiter Durchgang: Alle betrachten ihre Bewertungsskalen und haben Gelegenheit, sich dazu zu äußern.

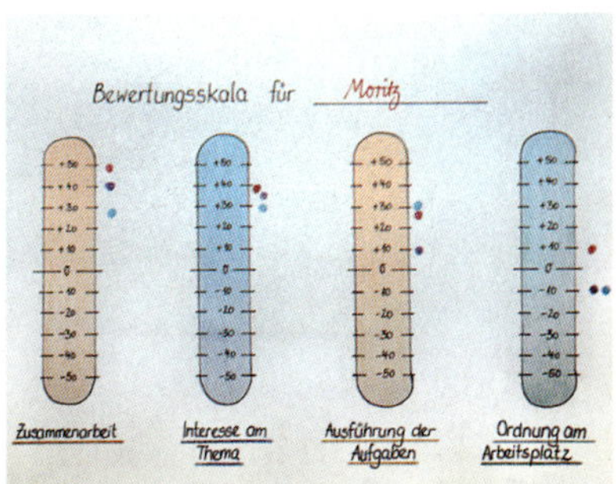

23.3 Bewertungsskala

Einblicke ins Marktgeschehen

rz ertrinken
EVERYONE IS AN ORIGINAL
Chesterfield
DSR
bebe ENTFERNT PICKEL SO SANFT.
bebe
AKTIV-GEL
AKTIV-STICK
AKTIV-TONIC
TYPISCH bebe
cDonald's
CHICKEN PARTY

Vor dem Einkauf informieren

Viele Wünsche

26.1

26.2

26.3

26.4

26.5

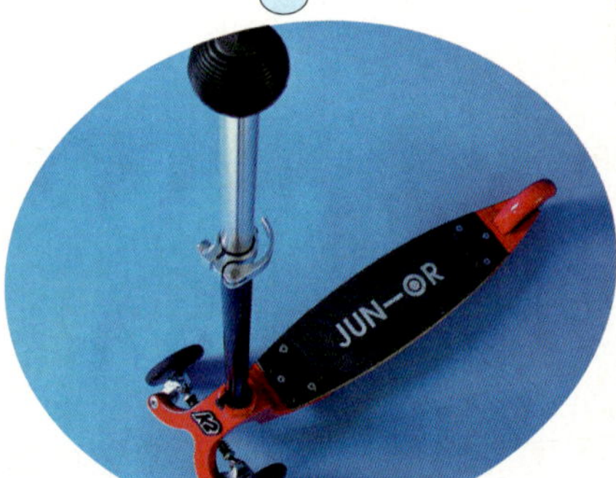
26.6

26.7

26.8

Was ist mir wirklich wichtig?

Es gibt viele Dinge, die man gerne haben möchte. Meistens hat man aber nicht genügend Geld oder Zeit, um sich seine Wünsche selbst erfüllen zu können. Aber selbst, wenn man sich die Sachen dann von anderen wünscht, muss man Entscheidungen treffen ...

Daniel muss sich entscheiden

Das ist Daniel, 13 Jahre alt und Fußballfan. Er hat viele Wünsche. Da er aber erst in acht Monaten Geburtstag hat, kann er augenblicklich nicht mit Geschenken rechnen. Deshalb spart er fleißig, um sich einige Wünsche selbst zu erfüllen. 100 Euro konnte er bereits zur Seite legen. Monatlich erhält er ein Taschengeld von 20 Euro, davon muss er seine Sonderausgaben (Süßigkeiten, Hamburger usw.) selbst bezahlen. In diesem Monat hat er noch nichts ausgegeben.

27.1

Verschiedene Interessen prägen unseren Einkauf

28.1

Menschen kaufen aus unterschiedlichen Beweggründen ein.

Manche Dinge braucht man zum Überleben, sie sind ein „Muss". Beispielsweise Wasser und Nahrungsmittel, aber auch wärmende Kleidung im Winter. Hier geht es also um die Grundbedürfnisse des täglichen Lebens.

Wir kaufen immer wieder auch Sachen, um anderen zu gefallen oder einfach um „in" zu sein. Man nennt das auch Prestigekäufe.

Manchmal macht es einfach nur Spaß einzukaufen – allein oder gemeinsam mit Freunden. Man kauft vorher geplante Dinge oder Sachen, die man ganz plötzlich haben muss. Diese Käufe bezeichnet man als Lustkäufe.

Händler und Hersteller nutzen solche Verhaltensweisen, um Geld zu verdienen. Kinder und Jugendliche spielen dabei eine wichtige Rolle. Da sie über viel Taschengeld verfügen, sind sie eine wichtige Zielgruppe, auf die Produkte und Werbung ausgerichtet werden.

Nicht nur Waren kosten Geld, sondern auch Aktivitäten muss man bezahlen (schwimmen, Eis laufen, ins Kino gehen oder telefonieren).

Kaufinteressen hinterfragen

Die 13-jährige Paula darf einen Tag machen, was sie will. Sie hat 12 Euro zur Verfügung – für ihren Geschmack viel zu wenig: Denn alles, was Spaß macht, kostet Geld.
Im elterlichen Küchenvorrat findet sie einige Lebensmittel und Getränke. Nun muss sie sich entscheiden, was sie unternimmt und wie sie ihr Geld verplant. Sie hat diese Möglichkeiten:

- Dosenravioli plus Saftgetränk, **1,50 €**
- Ins Kino gehen, **5,50 €**
- Marken-T-Shirt im Sonderangebot, **6,00 €**
- Spagettigericht mit Apfelschorle, **Vorrat**
- Nagellack in Trend-Farbe, **2,00 €**
- 0,75 Liter Limonade oder Saftgetränk, **Vorrat**
- Ein Liter Cola oder andere Softdrinks, **0,75 €**
- PC-Spiel ausleihen, **3,00 €**
- Tütensuppe, belegte Brötchen, Limo, **Vorrat**
- Comic-Heft, **2,50 €**
- Ins Schwimmbad gehen, **2,00 €**
- Buch ausleihen, **ohne Kosten**
- Tischfußball im Jugendzentrum, **1,00 €**
- Bummeln gehen, **ohne Kosten**
- Inliner fahren, **keine Kosten**
- Freunde treffen, **ohne Kosten**
- Fertigpizza und Fruchtsaft, **2,00 €**
- Halber Liter Energiegetränk, **1,00 €**
- Döner Kebab, **3,50 €**
- Zu Hause lesen, **keine Kosten**
- Hausaufgeben erledigen, **ohne Kosten**
- Maxi-CD, **6,00 €**
- Roman kaufen, **8,00 €**
- Ein Schokoriegel, **0,50 €**

Paulas Tag kann ganz unterschiedlich aussehen.
Welche Interessen könnten hinter möglichen Einkäufen oder Beschäftigungen stehen? Warum findet sie wohl, dass alles, was Spaß macht, Geld kostet?

Paulas Kaufinteressen gemeinsam diskutieren
Um Paulas Möglichkeiten und Kaufinteressen herauszufinden, lohnt es sich gemeinsam zu diskutieren (siehe Seite 30). So kann man dabei vorgehen:

1. Argumente sammeln
   - Überlegt euch eine Tagesplanung für Paula. Jeder schreibt die gewählten Sachen auf unterschiedliche Kärtchen.
   - Was denkt ihr, welche Argumente sie dafür angibt? Notiert eure Überlegungen auf der Rückseite.
2. Diskutieren
   - Nun sucht sich jeder zwei oder drei Diskussionspartner oder -partnerinnen und versucht diese davon zu überzeugen, dass eure Planung für Paula genau richtig ist. Oder haben andere auch sinnvolle Argumente?
3. Auswertung: in der Klasse
   - Man bespricht nun gemeinsam, welche Argumente einleuchtend waren.
   - Jetzt ist auch Zeit zu thematisieren, was in der Diskussion gut lief und was eher schief ging.

Methode: Diskutieren üben

„Die streiten sich!", denkt man oft, wenn man Diskussionen (zum Beispiel im Fernsehen) beobachtet. Diskutieren ist aber mehr als sich nur streiten. Im Gespräch versucht man andere mithilfe von Argumenten von seiner Meinung zu überzeugen. Damit Diskussionen nicht chaotisch verlaufen, muss man genau zuhören und einige Regeln einhalten.

Vor einer Diskussion
- Welche Meinungen oder Lösungen könnte es geben?
- Man überlegt sich die jeweiligen Vor- und Nachteile. Meistens wird einem dann auch klar, welchen Standpunkt man vertritt.

Tipp
- Schreibt die Pro- und Kontra-Argumente auf Karten.
- Wägt die Argumente ab und überdenkt eure Meinung.

Während der Diskussion
- In der Diskussion äußert man seine Überzeugung und begründet sie im Gespräch.
- Wichtig ist dabei, dass man die anderen Diskussionsteilnehmerinnen und -teilnehmer zu Wort kommen und auch ausreden lässt.
- Damit aus einem Gespräch auch wirklich eine Diskussion wird, ist es wichtig, sich auf die Argumente und Meinungen der anderen zu beziehen.

Tipp
- Bestimmt einen Diskussionsleiter, der sagt, wer an der Reihe ist.
- Nicht einfach in die Diskussion hineinplatzen.
- Die Argumente sollten sich auf die anderen Redebeiträge beziehen.

Nach der Diskussion
- Überlegungen zum Diskussionsverlauf anstellen: Was war gut? Was lief schief?

Tipp
- Überprüft mithilfe der Pro- und Kontra-Karten, welche Argumente genannt wurden.
- Befrage Diskussionsbeobachter oder -teilnehmer, ob du dich wirklich an die Regeln gehalten hast.

Tipps zum aktiven Zuhören

Bevor man seinen eigenen Gesprächsbeitrag leistet, fasst man möglichst kurz zusammen, was die Vorrednerin oder der Vorredner geäußert haben.
Dadurch wird deutlich, ob man die Argumente auch richtig aufgefasst hat.
Erst daraufhin äußert man sein eigenes Argument.
Durch die Kurzwiederholung am Anfang ist man gezwungen, das eigene Argument auf vorherige Aussagen zu beziehen.

30.1 Drei diskutieren, zwei achten auf das Einhalten der Regeln

Einkaufsmöglichkeiten kennen lernen

Die Angebotssituation auf dem Markt ist vielfältig. Deshalb findet auch der Verkauf von Waren oder Dienstleistungen an vielen Orten statt. Der Käufer hat die Qual der Wahl. So ist es nicht immer leicht zu entscheiden, welcher Einkauf an welchem Einkaufsort am besten ist.

Der Wochenmarkt
- breites regionales und überregionales Angebot an Lebensmitteln
- manchmal auch allerlei Produkte für den Haushalt
- …

Das Internet-Shopping
- unbegrenzte Angebotspalette
- keine Einkaufsberatung
- …

Das Fachgeschäft
- Verkauf von Waren oder Dienstleistungen meist einer Produktgruppe
- meist gute Beratung
- kann preislich höher liegen
- …

Das Kaufhaus
- unterschiedliche Abteilungen für verschiedene Produktgruppen
- häufig Fachberatung in den Abteilungen
- umfangreicheres Warenangebot als Fachgeschäfte
- …

Der Hofladen
- ausgesuchte Produkte, meist Lebensmittel aus eigener Herstellung
- auch zugekaufte Waren
- …

Der Katalog
- Einkaufsmöglichkeit rund um die Uhr
- längere Lieferzeiten
- …

Der Outletladen
- oft preiswerte Angebote
- teilweise Direktverkauf des Herstellers – ab Fabrik
- fehlerhafte Ware wird zum Teil zu günstigen Preisen verkauft
- Verkauf ausgelaufener Saisonartikel
- …

Der Supermarkt
- alle Waren des täglichen Bedarfs
- Auswahl innerhalb der Produktgruppen (z. B. viele unterschiedliche Kekssorten)
- breite zusätzliche Produktpalette (Schuhe, Textilien, Elektrogeräte, Haushaltswaren, Spielzeug)
- Fachberatung vom einzelnen Supermarkt abhängig
- …

Wo kaufe ich am besten ein?
Menschen müssen einkaufen. Für welche Einkaufsstätte sie sich entscheiden, hängt von den persönlichen Voraussetzungen des Käufers ab. Entsprechend der jeweiligen Lebens- und Alltagssituation wählt jeder seinen Einkaufsort.

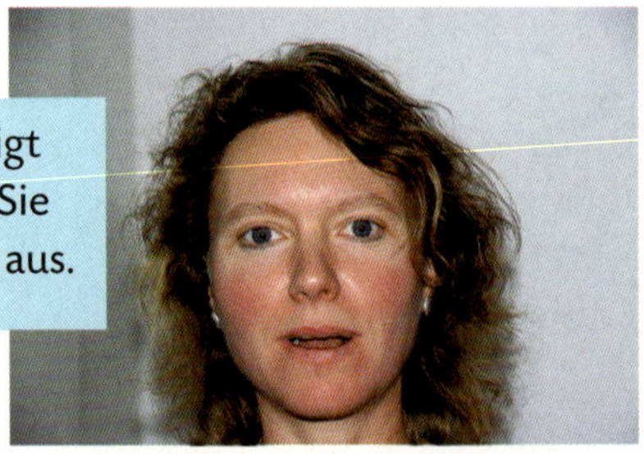
Frau Rapp benötigt einen neuen PC. Sie kennt sich wenig aus.

Jochen muss für ein gemeinsames Schulfrühstück einkaufen. Es soll schnell gehen.

Frau Franz hätte gerne eine neue Zimmerpflanze. Sie ist 77 und kann keine weiten Strecken laufen.

Jessica möchte einen kuscheligen Pullover kaufen. Er soll eine bestimmte Farbe haben.

Persönliche Voraussetzungen
- persönliche Vorlieben
- finanzielle Möglichkeiten
- Wohnort und Infrastruktur
- Berufstätigkeit oder Schulbesuch
- Alter
- Beweglichkeit im Alltag
- sonstige Lebensumstände
- …

Auswahlkriterien
- Ladenöffnungszeiten
- Wartezeiten (z. B. an der Kasse)
- Wegezeiten zum Geschäft
- Wegezeiten innerhalb des Geschäfts
- Beratung (notwendig oder gewünscht)
- Ökologie
- Preis
- …

Einkaufen im Internet

Mithilfe des Internets ist es einfach weltweit einzukaufen – und das sogar rund um die Uhr. Und gleichzeitig gibt es fast nichts, was im Internet nicht angeboten wird. Die Produktpalette reicht vom Auto über Urlaubsreisen, Werkzeuge, Kleingeräte und Bücher bis hin zum Klingelton fürs Handy.

Inzwischen ermöglichen sehr viele Hersteller und Händler ihren Kunden in so genannten Online-Shops neue Waren zu kaufen. Man kann aber im Internet auch problemlos gebrauchte Dinge erwerben – ähnlich wie in Secondhand-Läden.

Ideal ist das Internet zur Informationsbeschaffung. Wenn man etwas Bestimmtes kaufen möchte, kann man sich einfach und bequem über das Marktangebot informieren und die Preise vergleichen.

Clevere Käufer vergessen vor allem nicht, sich mithilfe des Internets über die Qualität des gewünschten Produktes zu informieren.

Vor- und Nachteile von Einkaufsstätten abwägen

Persönliche Voraussetzungen:

___

___

	Vorteile	Nachteile
Supermarkt	• viele Produkte, • breites Sortiment • …	• oft keine Fachberatung, • groß und unübersichtlich • …
Fachgeschäft	• …	• …
Outletladen (Fabrikverkauf)	• …	• …
???	• …	• …

Ideenkiste

- Einkaufstätten vor Ort erkunden und einen Einkaufsführer herstellen
- eine Erkundung durchführen und als Bildwand dokumentieren
- eine Ware oder Dienstleistung auswählen, sich bei verschiedenen Einkaufstellen darüber informieren, vergleichen und bewerten

Erst informieren, dann kaufen!

34.4

Wie kann man sich vor dem Kauf über diese Produkte informieren?

34.1 Sportschuhe

34.2 Digitalkamera

34.3 Gartenliege

Methode: Befragung

Wie sich Erwachsene vorm Kauf informieren

35.1 Befragung

Tipps für das Befragen

- Vorher überlegen: Was wollen wir wissen? In welcher Reihenfolge wollen wir die Fragen stellen?
- Klären, wie die Antworten festgehalten werden.
- Beim Ansprechen erklären, wer man ist, und höflich um Erlaubnis zur Befragung bitten. Am Ende des Gesprächs den Dank nicht vergessen.
- Erklären, welchen Sinn die Befragung hat.
- Nur Fragen stellen, die man selbst verstanden hat.
- Nicht mehrere Fragen auf einmal stellen.
- Nachfragen, wenn man etwas nicht verstanden hat oder wenn sich aus einer Antwort ein unerwarteter Gesichtspunkt ergibt.

Schüler: Guten Tag. Wir kommen von der Schiller-Hauptschule. Dürfen wir Sie etwas fragen?
Passant: Mh.
Schüler: Im Unterricht geht es bei uns um das Thema Marktgeschehen. Einige von uns sollen Erwachsene fragen, wie sie sich vorm Kauf informieren.
Passant: Ach so.
Schüler: Wir lassen den Kassettenrecorder mitlaufen, damit wir nicht alles mitschreiben müssen.
Passant: Ist recht.
Schüler: Also: Welche Informationsmöglichkeiten nützen Sie? Und welche halten Sie für besonders nützlich?
Passant: Kataloge.
Schüler: Gehen Sie auch zur Verbraucherberatung?
Passant: Verbraucherberatung? Was soll das sein?
Schüler: Na ja, das wissen wir auch nicht. Unsere Lehrerin hat halt gesagt, dass wir danach fragen sollen ...

- Welche Tipps wurden in dem Gesprächsausschnitt beachtet, welche nicht?
- Beachtet die Tipps, wenn ihr eine Befragung durchführt. Überlegt auch, wie ihr die Ergebnisse darstellen könnt.

Das Taschengeld

36.1

Verwendung des Taschengeldes

Jungen und Mädchen im Alter von sechs bis 19 Jahren wurden gefragt, wofür sie ihr Taschengeld verwenden. Aus den Antworten ergaben sich diese Reihenfolgen:

Jungen

1. Süßigkeiten/Schokolade
2. Getränke
3. Disco/Ausgehen/Konzerte
4. Kino
5. CDs
6. Speisen/Fast Food
7. Kinder-, Jugendzeitschriften/Comics
8. Fach-Zeitschriften/Zeitungen
9. Bekleidung/Schuhe
10. Kosmetik und Körperpflege

Mädchen

1. Süßigkeiten/Schokolade
2. Bekleidung/Schuhe
3. Disco/Ausgehen/Konzerte
4. Kosmetik und Körperpflege
5. Kino
6. Kinder-, Jugendzeitschriften/Comics
7. Fach-Zeitschriften/Zeitungen
8. CDs
9. Speisen/Fast Food
10. Getränke

Der Taschengeldparagraf

Wer noch nicht 18 Jahre alt ist, ist nach dem Gesetz ein Minderjähriger. Minderjährige dürfen noch keinen Vertrag abschließen, auch keinen Kaufvertrag. Da jeder Einkauf rechtlich gesehen ein Kaufvertrag ist, dürften Minderjährige eigentlich allein nichts kaufen. Ein Beispiel: In einem Laden werden Spielfilme auf DVD für 12,95 Euro angeboten. Wenn der 19-jährige Timo eine solche Kassette nimmt und an der Kasse bezahlt, wurde rechtlich gesehen ein gültiger – man sagt dazu wirksamer – Kaufvertrag abgeschlossen.

Bürgerliches Gesetzbuch § 110
Ein von dem Minderjährigen ohne Zustimmung des gesetzlichen Vertreters geschlossener Vertrag gilt als von Anfang an wirksam, wenn der Minderjährige die vertragsmäßige Leistung mit Mitteln bewirkt, die ihm zu diesem Zwecke oder zu freier Verfügung von dem Vertreter oder mit dessen Zustimmung von einem Dritten überlassen worden sind.

Wenn die 16-jährige Nicole ebenfalls diese DVD kaufen will, müsste eigentlich die Frau an der Kasse Nicole fragen, wie alt sie ist. Da sie erst 16 Jahre alt ist, müsste die Kassiererin die Annahme der 12,95 Euro verweigern. Sie müsste Nicole erklären, das sie noch keinen Kaufvertrag abschließen dürfe, da sie noch minderjährig sei. Es müsse die Zustimmung ihrer Eltern („gesetzliche Vertreter") vorliegen.

Wenn die Kassiererin die 12,95 Euro dennoch nimmt, hat Nicole zwar die DVD. Es wurde jedoch kein gültiger Kaufvertrag abgeschlossen. Nicoles Mutter könnte beispielsweise die DVD wiederbringen und das Geld zurückverlangen.
Da das alles im Alltag sehr unpraktisch wäre, gibt es im Gesetzbuch den „Taschengeldparagrafen". Er enthält eine Ausnahmeregelung: Ein Minderjähriger darf sein Taschengeld („Mittel") selbst ausgeben. Das gilt auch für geschenktes Geld, zum Beispiel wenn der Onkel („Dritter") Nicole 30 Euro zum Geburtstag schenkt und ihr sagt, sie solle sich etwas dafür kaufen („zu freier Verfügung").

Also: Im Rahmen ihres Taschengeldes dürfen alle unter 18 Jahren Kaufverträge abschließen. Die Kassiererin wird daher ohne weiteres Nicole die DVD für 12,95 Euro verkaufen, da dieser Betrag im Rahmen des üblichen Taschengeldes liegt. Anders wäre es, Nicole wollte eine teure Digitalkamera für 500 Euro kaufen. Dieser Betrag liegt weit über dem üblichen Taschengeld.

Das muss ein Verbraucher wissen

Werbung – eine Hilfe für Verbraucher?

38.1 Zeitungsanzeige

38.2 Plakatwand

38.5 Internet-Seite

38.3 Trikotwerbung

38.4 Fernsehwerbung

38.6 Leuchtreklame

Wer etwas verkaufen will, muss werben. Hersteller und Händler wollen durch Werbung Verbraucher auf ihre Produkte aufmerksam machen. Sie wollen diese beeinflussen, ihre Waren zu kaufen oder ihre Dienstleistungen in Anspruch zu nehmen.
Werbung begegnet uns jeden Tag auf vielfältige Weise. Es gibt unterschiedliche Werbemittel, also Gegenstände oder Wege, die uns Werbebotschaften übermitteln.
Profis helfen den Anbietern beim Verkauf ihrer Produkte. Solche Fachleute sind in Werbeagenturen beschäftigt. Sie werden dafür bezahlt, dass sie die Werbung entwickeln.

Werbefachleute wissen, dass eine erfolgreiche Werbung vor allem vier Punkte beachten muss:

- Den Verbrauchern muss die Werbung auffallen.
- Ihr Interesse muss auf das Produkt gelenkt werden.
- Es soll in ihnen der Wunsch entstehen, dieses Produkt zu besitzen.
- Sie sollen zum Handeln – also zum Kauf – veranlasst werden.

Methode: Pro- und Kontra-Diskussion

Im Leben gibt es viele Dinge, zu denen man unterschiedliche Meinungen haben kann. Der eine ist dafür. Im Lateinischen heißt das „pro". Der andere ist dagegen. Im Lateinischen heißt das „kontra".
Wenn Menschen mit unterschiedlichen Meinungen über eine Streitfrage reden, sollten sie sachlich bleiben. Sachlich bleiben heißt, dass man nicht drohen, brüllen oder beleidigen darf. Streiten darf man nur mit Argumenten. Das sind verständliche und stichhaltige Begründungen für die eigene Meinung. Man muss auch bereit sein, die Argumente anderer anzunehmen, wenn man von ihrer Richtigkeit überzeugt wird.
Argumentieren kann man durch eine Pro- und Kontra-Diskussion üben.

Vorbereitung

Die Klasse teilt sich in zwei Gruppen. Die eine Gruppe vertritt in der Streitfrage das Pro, ist also dafür. Die andere Gruppe ist dagegen, vertritt das Kontra. Jede Gruppe überlegt sich dann ihre Argumente. Sie bereitet sich auch auf die zu erwartenden Argumente der anderen Seite vor. Dann wird von jeder Seite ein Spieler für das Gespräch ausgewählt. Die Diskussion soll geordnet ablaufen. Deshalb müsst ihr einen Gesprächsleiter wählen.

Durchführung

Die beiden ausgewählten Spieler führen das Pro- und Kontra-Gespräch durch. Der Gesprächsleiter oder die Gesprächsleiterin nennt am Anfang nochmals die Frage, um die es geht, und erteilt dann abwechselnd das Wort. Die Gesprächsleitung achtet darauf, dass jeder der beiden Spieler etwa die gleiche Zeit zum Argumentieren bekommt. Die übrigen Schüler und Schülerinnen beobachten die Diskussion und machen sich Notizen.

Auswertung

Nach der Diskussion berichten zunächst die beiden Spieler, wie sie sich gefühlt haben und was sie zum Verlauf sagen möchten. Dann bespricht die Klasse den Verlauf. Dabei geht es zum Beispiel um diese Fragen:

- Wer hat besonders geschickt argumentiert?
- Wer ist auf den anderen eingegangen?
- Wer ist sachlich geblieben?

Wenn die Zeit reicht, kann es interessant sein, die Diskussion mit anderen Spielern zu wiederholen.

- In den Schlagzeilen stehen Aussagen zur Werbung. Sortiert sie nach Pro und Kontra.
- Führt eine Pro- und Kontra-Diskussion zum Thema „Werbung – hilfreich oder nicht?" durch.

40.1

Informierende und beeinflussende Werbung

Werbung hat zwei Seiten. Sie kann dem Verbraucher wichtige Informationen bieten. Das nennt man informative Werbung. Sie kann aber auch versuchen, den Verbraucher durch schöne, aber nichts sagende Worte und Bilder einzufangen. Solche Werbung, die vor allem die Gefühle anspricht, nennt man beeinflussende Werbung.

Meist besteht Werbung aus einer Mischung von informierenden und beeinflussenden Teilen. Da Werbung verkaufen will, kann man eines von ihr nicht erwarten: Dass sie Nachteile oder Schwächen eines Produktes nennt.

40.2

Informierende Werbung

Diese Art der Werbung sagt etwas aus über:

- das Aussehen des Produkts
- seinen Preis
- seine wichtigsten Eigenschaften
- die technischen Einzelheiten
- die Serviceleistungen des Anbieters
- die Beurteilung des Produkts durch Verbraucherberatungsstellen, z. B. Stiftung Warentest

Sammelt Beispiele für beide Arten von Werbung und bringt sie in den Unterricht mit.

Beeinflussende Werbung

Werbung kann auch nur die Gefühle, Wünsche und Träume der Verbraucher ansprechen. Dabei spielen schöne Bilder eine große Rolle. Die angenehmen Vorstellungen, die sie auslösen, sollen mit dem Produkt verbunden werden. Die Sprache benutzt Worte, die nur positive Werte mit dem Produkt in Verbindung bringen, z. B.: naturrein, aprilfrisch oder kuschelweich. Zur beeinflussenden Werbung gehört auch die Werbung mit Stars. Bekannte Persönlichkeiten wie Sportler oder Schauspieler werben für ein Produkt. Ihr Ansehen soll auf das Produkt übertragen werden und so zum Kauf anregen.

Wir entwickeln Werbeideen

Ihr könnt mehr über Werbung erfahren, wenn ihr einmal selbst versucht, Werbeideen zu entwickeln. Das ist eure Ausgangslage:
Die Firma phone möchte mehr Handys an jüngere Schüler und Schülerinnen verkaufen.
Deshalb will sie eine Werbung entwickeln lassen, die sich besonders an Zehn- bis Zwölfjährige richtet. Anzeigen in Jugendzeitschriften und ein kurzer TV-Werbefilm sollen entstehen. Da diese Werbung die Jugendlichen ansprechen muss, wendet sich die Werbeabteilung von phone direkt an Jugendliche. Sie werden gebeten, Ideen für die Anzeigen und den Fernsehspot zu liefern.
Die Anzeige soll als Skizze vorgelegt werden und einen einprägsamen Werbespruch enthalten. Für den Werbefilm sollen die Personen und die Handlung kurz beschrieben werden.

41.1 Präsentation vor der Klasse

41.2

Geht so vor:
1. Teilt eure Klasse in mehrere Gruppen ein. Jede Gruppe entwickelt unabhängig von den anderen ihre Ideen für die *phone*-Werbung.
2. Jede Gruppe stellt dann ihre Vorschläge vor. Erläutert dabei den anderen Gruppen, welche Überlegungen für euch wichtig waren.
3. Vergleicht eure Ergebnisse: Wo findet ihr informative und beeinflussende Elemente in eurer Werbung?

Kennzeichen für Produkte und Lebensmittel

42.1

Lebensmittel in Fertigpackungen müssen fünf **Angaben** enthalten. Diese Angaben müssen auf der Packung deutlich sichtbar und leicht lesbar sein.

1. Verkehrsbezeichnung
2. Mengenangabe
3. Mindesthaltbarkeitsdatum
4. Hersteller
5. Zutatenliste

A Die Benennung des Produkts muss eine für den Verbraucher verständliche Beschreibung des Lebensmittels sein.

B Zusatzstoffe sind z. B. Farbstoffe, Konservierungsmittel, Aromastoffe. Sie müssen bei der Aufzählung der Bestandteile mit angegeben werden. Meist haben sie eine Nummer: Z. B. kennzeichnet die Nummer E 102 den künstlichen Farbstoff Tartrazin.

C Es muss der Name und die Anschrift des Herstellers auf dem Etikett stehen.

D Fantasienamen wie „Mitternachtssuppe" oder „Diplomatensalat", die keinen genauen Rückschluss auf den Inhalt ermöglichen, dürfen allein – also ohne erklärenden Zusatz – nicht verwendet werden.

E Es muss der Zeitpunkt angegeben werden, bis zu dem das Lebensmittel bei sachgerechter Lagerung seine jeweiligen Eigenschaften behält. Auf Packungen von Lebensmitteln, die bis zu drei Monaten haltbar sind, muss der Tag und der Monat angegeben werden.

Welche Erklärung gehört zu welcher Angabe?
Ein Tipp: Zwei gehören immer zusammen.

F An erster Stelle der Aufzählung steht der Bestandteil des Lebensmittels, von dem die größte Menge verwendet wurde, an letzter Stelle der mit der kleinsten Menge. Genaue Mengen müssen nicht angegeben werden.

G Bei leicht verderblichen Lebensmitteln, wie z. B. Hackfleisch, muss das Verbrauchsdatum angegeben werden. Hat ein Lebensmittel dieses Datum überschritten, darf es auf keinen Fall verwendet werden.

H Bei Lebensmitteln, die in einer Flüssigkeit gelagert werden (z. B. Essiggurken), muss neben der Füllmenge auch das Abtropfgewicht angegeben werden.

I Der Inhalt der Fertigpackung muss nach Gewicht (Gramm oder Kilogramm), Volumen (Milliliter oder Liter), Stückzahl oder in einer anderen Größe angegeben werden.

J Bei Erzeugnissen, die in fremden Ländern hergestellt wurden, müssen mindestens der Name und die Anschrift des Verpackers oder eines in der Europäischen Union niedergelassenen Verkäufers angegeben sein.

Steintaler
Müsli
GESUNDE VOLLKORNFLOCKEN, EXOTISCHE FRÜCHTE UND KNACKIGE MANDELBLÄTTCHEN. EINE KOMBINATION AUS REICHEM GESCHMACK UND LEBENSWICHTIGEN VITAMINEN UND MINERALSTOFFEN.
BIO-PRODUKT
SONNENGEREIFT UND SCHONEND VERARBEITET.
XL
PACKUNG
VOM BIO-BAUERN FÜR DEINE GESUNDHEIT
LANGE HALTBAR

43.1

Ich werde einige Fertigpackungen in den Unterricht mitbringen.
Daheim schaue ich auf Etiketten nach, wo die gesetzlich vorgeschriebenen Angaben zu finden sind.

Kennzeichen für Produkte

Gütezeichen ...
sollen dem Verbraucher einen Qualitätsstandard garantieren. Sie werden von Gütegemeinschaften vergeben und kontrolliert.

44.1

44.2

44.3

44.4

Umweltzeichen ...
werden nur an umweltverträgliche Produkte vergeben. Sie verfügen über deutlich bessere Umwelteigenschaften als vergleichbare andere Waren.

44.5

44.6

44.7

44.8

Zeichen für Produkte aus Entwicklungsländern ...
weisen auf Waren aus der „Dritten Welt" hin, die dort unter fairen Bedingungen produziert wurden, z. B. ohne Kinderarbeit und zu gerechten Löhnen.

45.1

45.2

45.3

45.4

Sicherheitszeichen ...
kennzeichnen technische Geräte, die nach dem Gerätesicherheitsgesetz nur verkauft werden dürfen, wenn sie nach den Regeln der Technik gebaut wurden.

45.5

45.6

45.7

45.8

Verbraucherzentrale Baden-Württemberg

Was bieten Verbraucherzentralen?
In jedem Bundesland gibt es eine Verbraucherzentrale. Sie hat die Aufgabe, die Interessen der Verbraucher zu vertreten, zu informieren und bei Problemen weiterzuhelfen. Die Verbraucherzentrale in Baden-Württemberg hat ihren Sitz in 70178 Stuttgart, Paulinenstraße 47.

Telefonische, schriftliche und persönliche Beratung in der Verbraucherzentrale in Stuttgart und in weiteren Beratungsstellen vor Ort.

Das Selbstinformationssystem „Infothek" mit Testergebnissen der Stiftung Warentest und aus unterschiedlichen Fachzeitschriften kann kostenlos genutzt werden.

Es gibt viele Broschüren mit Ratschlägen zu ganz unterschiedlichen Themen.

Die Verbraucherzentrale bietet folgende Fachberatungen an:

- Bau- und Wohnberatung
- Energieberatung
- Ernährungsberatung
- Beratung zu Banken, Baufinanzierung und Geldanlage
- Beratung zu Gesundheitsdienstleistungen
- Beratung zu Haushalt, Freizeit, Telekommunikation
- Versicherungsberatung

Methode: Erkundung im Internet

Die Verbraucherzentralen bieten auch Informationen im Internet an. Wenn man diese Internetseiten besucht und planvoll vorgeht, erfährt man viel über die Arbeit und die Angebote einer Verbraucherzentrale.

Die Internet-Adresse der Verbraucherzentrale Baden-Württemberg ist **www. verbraucherzentrale-badenwuerttemberg.de**. Wenn man sie eingibt, landet man auf der Homepage. Dabei stellt man fest, dass diese Webseite ein gemeinsamer Online-Auftritt von vier Verbraucherzentralen ist. Es sind dies die Verbraucherzentralen von Baden-Württemberg, Bayern, Brandenburg und Nordrhein-Westfalen.

Auf der linken Seite der Homepage findet man eine Navigationsleiste mit 17 Links zu verschiedenen Themen. Sie gelten für alle vier Verbraucherzentralen.

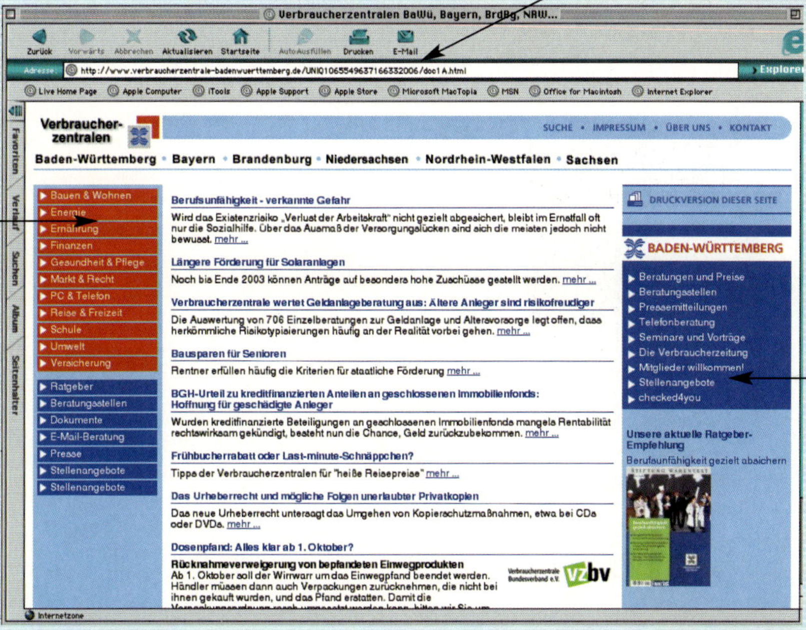

Wenn man sich besonders für die Verbraucherzentrale Baden-Württemberg interessiert, ist die Navigationsleiste auf der rechten Seite der Homepage wichtig. Dort sind unter der Überschrift „Baden-Württemberg" neun Links angeführt. Klickt man sie an, erhält man Informationen, die Baden-Württemberg betreffen.

- Um welches Thema geht es bei der letzten Pressemitteilung der Verbraucherzentrale Baden-Württemberg?
- Unter welcher Telefonnummer kann man Broschüren telefonisch bestellen?
- Was kostet bei telefonischer Beratung eine angefangene Minute?
- Was bietet der Link „checked4you"?

48.1

„test" – eine Hilfe für Verbraucher

Die Stiftung Warentest wurde von der Bundesregierung gegründet. Sie soll die Öffentlichkeit neutral über die Qualität von Waren und Dienstleistungen informieren.
Dazu führt die Stiftung vergleichende Tests durch.

Die Ergebnisse werden in der Zeitschrift „test" veröffentlicht. Um die Unabhängigkeit von den Herstellern zu wahren, gibt es in der Zeitschrift keine Werbung. Die Testgegenstände werden in normalen Geschäften eingekauft und auch ganz normal bezahlt.

Beispiel: Testbericht Inlineskates

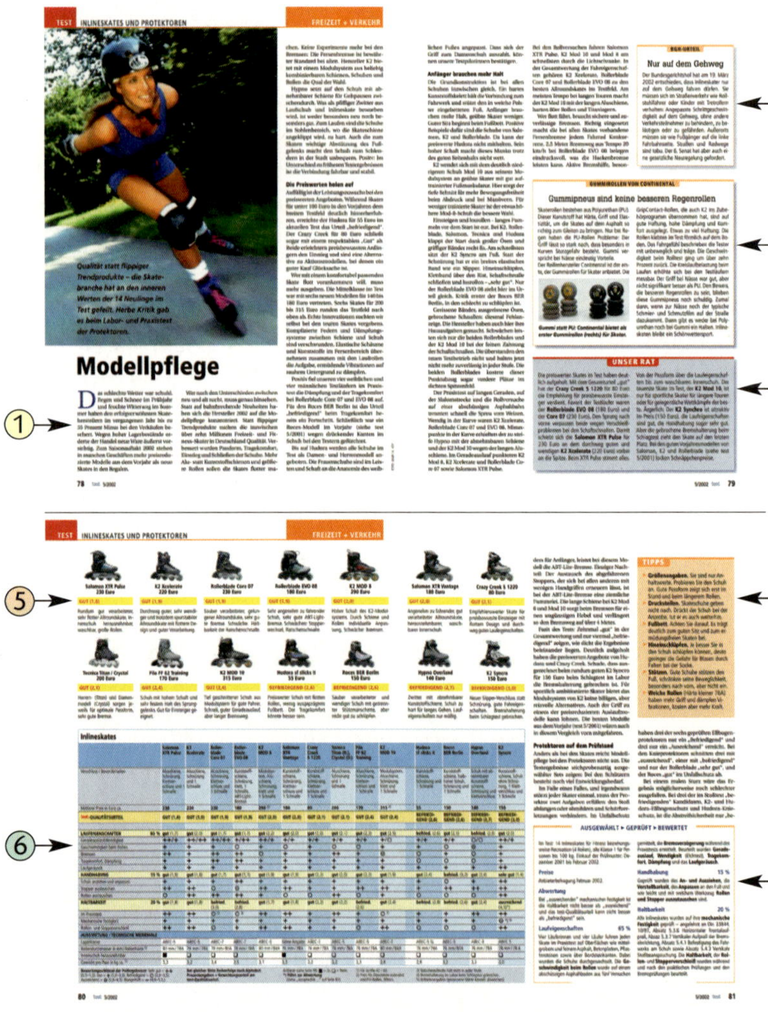

48.2

Legende zum Testbericht

① Beschreibung der Marktsituation bei Inlineskates und zusammenfassender Bericht.

② Meldung über ein Gerichtsurteil, wo Skater fahren dürfen.

③ Bericht über die Vor- und Nachteile neuartiger Skaterrollen aus Gummi.

④ Bei jedem Testbericht gibt es die Spalte „Unser Rat". Hier werden Aussagen zum Preis-Leistungs-Verhältnis der getesteten Waren gemacht.

⑤ Jedes getestete Produkt ist abgebildet. Darunter stehen das zusammenfassende Qualitätsurteil als Note und eine Kurzbeschreibung.

⑥ In einer Tabelle sind alle Gesichtspunkte des Tests aufgelistet. Bei jedem Gerät ist durch Symbole angegeben, wie es jeweils abgeschnitten hat.

⑦ In der Spalte „Tipps" werden Gesichtspunkte genannt, die man beim Kauf beachten sollte.

⑧ Bei jedem Testbericht gibt es die Spalte „Ausgewählt – Geprüft – Bewertet". Hier wird zu den Testkriterien beschrieben, mit welcher Methode gemessen wurde und welche Rolle dieses Teilergebnis beim zusammenfassenden „test"-Qualitätsurteil spielte.

Salomon XTR Pulse
230 Euro

GUT (1,8)

Rundum gut verarbeiteter, sehr flotter Allroundskate, Innenschuh herausnehmbar, waschbar, große Rollen.

Hudora sf slicks II
55 Euro

BEFRIEDIGEND (2,6)

Preiswerter Schuh mit flotten Rollen, wenig ausgeprägtem Fußbett. Der Tragekomfort könnte besser sein.

Roces BER Berlin
150 Euro

BEFRIEDIGEND (2,6)

Sauber verarbeiteter und wendiger Schuh mit getrennter Stützmanschette, aber nicht gut zu schlüpfen.

		Salomon XTR Pulse	Hudora sf slicks II	Roces BER Berlin
Verschluss / Besonderheiten		Aluschiene, Schnürung, Klettverschluss und 1 Schnalle	Kunststoffschiene, Schnürung und 1 Schnalle	Kunststoffschiene, halbhoher Schuh, Schnürung und 1 Schnalle
Mittlerer Preis in Euro ca.		230	55	150
test-QUALITÄTSURTEIL		**GUT (1,8)**	**BEFRIEDIGEND (2,6)**	**BEFRIEDIGEND (2,6)**
LAUFEIGENSCHAFTEN	**65 %**	**gut** (1,7)	**befried.** (2,6)	**gut** (2,5)
Geradeauslauf/Wendigkeit		++/+	+/+	+/+
Geschwindigkeit beim Rollen		+	+	○
Bremsen		++	○	+
Tragekomfort, Dämpfung		+	○	○
Laufgeräusch		+	+	+
HANDHABUNG	**15 %**	**gut** (1,9)	**gut** (2,4)	**befried.** (3,2)
Schuh anziehen und anpassen		+	+	○
Stopper austauschen		++	+	++
Rollen austauschen		○	○	○
HALTBARKEIT	**20 %**	**gut** (1,8)	**befried.** (2,8)	**befried.** (2,6)
Im Praxistest		++	+	+
Mechanische Festigkeit		+	+	+
Rollen- und Stopperverschleiß		++	○	○
AUSSTATTUNG / TECHNISCHE MERKMALE				
Lagerklasse		ABEC-5	ABEC-5 SL	ABEC-5
Rollendurchmesser in mm / Rollenhärte [5)]		80 mm / 78A	76 mm / 78A	76 mm / 80A
Innenschuh herausnehmbar		■	☐	☐
Gewicht pro Paar in kg ca. [1)]		3,3	2,9	3,2

Bewertungsschlüssel der Prüfergebnisse: Sehr gut = ++ (0,5–1,5). Gut = + (1,6–2,5). Befriedigend = ○ (2,6–3,5). Ausreichend = ⊖ (3,6–4,5). Mangelhaft = — (4,6–5,5,).

49.1

Tipp: Im Internet bietet www.stiftung-warentest.de kostenlose Meldungen und Kurzfassungen ausgewählter Tests. Alle Testergebnisse der Zeitschrift „test" seit Januar 2000 sind hier zu finden.

Technische Informationen als Entscheidungshilfe

In Testberichten werden immer wieder Begriffe verwendet, die man nicht gleich versteht. Zusätzliche Informationen sind notwendig, um eine Kaufentscheidung zu treffen.

Als Käufer steht man vor einem sehr vielseitigen Angebot von Inlineskates. Den meisten Skatern geht es darum, dass die Inlineskates leicht und schnell laufen. Aber auch das Thema Sicherheit darf man nicht außer Acht lassen. Welches Material ausgewählt wird, hängt von den persönlichen Skategewohnheiten ab. Die Teile, die dem größten Verschleiß unterworfen sind, können bei den Inlineskates ausgetauscht werden. Das sind die Rollen, Lager und der Bremsklotz des Bremssystems.

50.1

(1) Der Schuh

Der Außenschuh besteht aus einer Hartplastikschale oder aus einer Leder-Kunststoff-Kombination. Er ist für die Fußstabilität verantwortlich. Der Innenschuh sorgt für die ideale Passform, da er aus weichem Material gefertigt ist. Für die unterschiedlichen Skategewohnheiten, wie Fitness-, Freizeit- oder Speedskaten gibt es unterschiedlich geformte Schuhe.

(2) Die Schiene

Die Schiene nimmt die Lager und Rollen auf. Sie wird auch manchmal mit dem englischen Begriff „frame" bezeichnet. Die Schiene ist extremen Belastungen ausgesetzt und der Schuhart angepasst. Es gibt Schienen aus stabilem Aluminium, aber auch preiswertere aus Kunststoff oder verschiedenen Materialkombinationen. Man unterscheidet Schienen für vier und fünf Rollen (Schnelllauf).

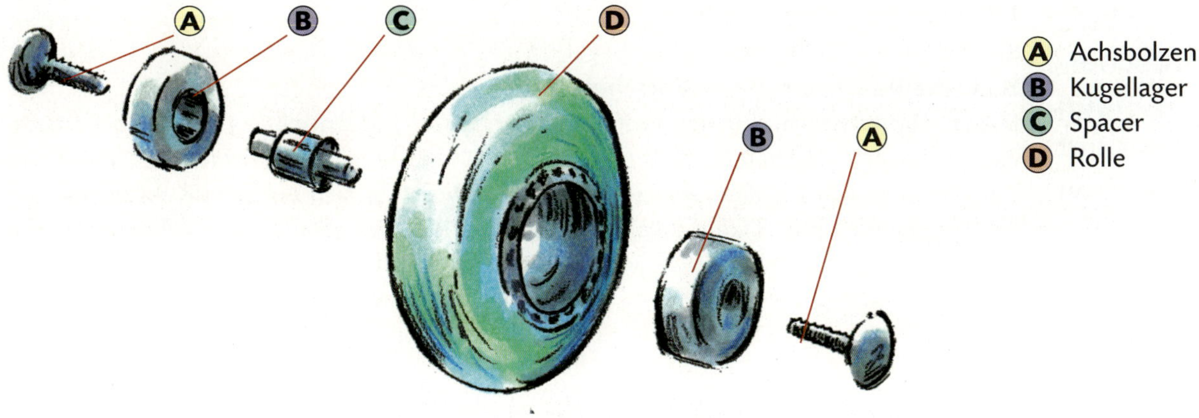

51.1 Aufbau der Achse

3

Rollen, Lager und Spacer

Für den Kontakt zwischen Fahrbahn und Schuh sorgen die Rollen. Sie sind aus Gummi oder Plastikmaterialien gefertigt und werden in verschiedenen Härten angeboten. In jede Rolle sind jeweils zwei Kugellager hineingedrückt. Zwischen den Kugellagern befindet sich der „Spacer", der sicherstellt, dass der Abstand zwischen den Kugellagern erhalten bleibt. Dieser Abstandshalter sollte aus Aluminium bestehen, da die ebenfalls angebotenen Spacer aus Kunststoff sich bei starkem Druck verziehen können.

Es gibt Kugellager aus Stahl, beschichtetem Stahl, Edelstahl, Keramik und verschiedenen Materialkombinationen. Die Qualität und Haltbarkeit des Lagers hängt von der Materialhärte ab. Leider kann man die Qualität eines Lagers nicht am Aussehen erkennen. Die häufig verwendete „ABEC"-Kennzeichnung (ABEC 3 oder ABEC 5) sagt über die Qualität, die Haltbarkeit und den Rollwiderstand fast nichts aus. Wenn man es genau wissen will, muss man sich im Fachgeschäft beraten lassen.

51.2 Kugellager

Durch eine Achse werden die Rollen und Kugellager in der Schiene gehalten. Beim Austausch der Rollen muss darauf geachtet werden, dass sie in die Schiene passen. Die Kugellager und die Spacer müssen wiederum zur Rolle passen. Bei den Achsen gibt es zwei verschiedene Durchmesser.

Die Rollenhärte hat Einfluss auf den Rollwiderstand (Schnelllauf), den Rollkomfort und zum Teil auch auf die Griffigkeit und Haltbarkeit.

51.3 Bremssystem

4 Bremssystem

Es gibt verschiedene Bremssysteme, die jedoch fast gleich wirken. Der Bremsklotz sitzt am rechten Skate. Durch Anstellen des Fußes wird die Bremswirkung erreicht. Der Bremsklotz drückt entweder auf den Boden oder auf die hintere Rolle.

Kaufentscheidungen überlegt treffen

Mit Plan oder spontan?

Bewegte Pause, eine SMV-Entscheidung
Die Schülermitverwaltung der Pfiffigschule will ihre Pausen bewegter gestalten.
Über Monate wurde durch unterschiedlichste Aktionen Geld gesammelt. Dafür sollen nun Sportgeräte gekauft werden, die sich für bewegte Pausenspiele eignen.
Ideen gibt es viele. Ob sich alles realisieren lässt? In einem Gespräch mit allen Klassensprechern werden Möglichkeiten und Vorgehensweisen abgesprochen.
Es gibt viele Meinungen ...

Katrin ist sehr spontan. Ihr geht die lange Diskussion auf die Nerven. Sie würde am liebsten gleich loslegen und Spielgeräte besorgen. Bälle und Hüpfseile gäbe es doch schließlich auch im Supermarkt problemlos zu kaufen. Sie schlägt vor …

Dominik ist sehr zögerlich. Für Entscheidungen braucht er sehr lange und ist sich dann nicht einmal sicher, ob es die richtige war. Die Idee der SMV findet er gut, aber diese Diskussion geht ihm viel zu schnell. Eine gute Information sei notwendig. Er fragt sich, ob …

Jessica ist Mitglied einer Jugendgruppe. Sie ist oft auf Freizeiten und hat die Erfahrung gemacht, dass die Spielinteressen je nach Alter sehr unterschiedlich sein können. Auch vertritt sie die Meinung, dass die Geräte bestimmten Sicherheitsaspekten entsprechen müssen. Sie ist sich sicher, dass Einkäufe gut geplant sein müssen, damit auch wirklich nichts schief geht. Sie sagt, es sei gut, wenn …

Viele Meinungen

Florian ist für seine schnellen Entscheidungen bekannt. Außerdem ist er der Superskater der Schule. Keine Gefahr ist ihm zu groß, wenn es um einen spektakulären Auftritt geht. Ihm wäre eine Skaterbahn recht, bei der die Skateboards an Schüler ausgeliehen werden. Außerdem weiß er, dass es diese gerade beim „Nimm-Mit-Markt" supergünstig gibt. Am liebsten würde er gleich …

Frau Zoller, die Verbindungslehrerin, bemüht sich die verschiedenen Argumente zu bündeln. Die Schülerinnen und Schüler wissen, dass sie jede Meinung ernst nimmt. Sie kennt ihre Schüler und weiß, dass es nicht einfach wird, allen gerecht zu werden. Dazu sind es viel zu unterschiedliche Persönlichkeiten.
Außerdem muss sie darauf achten, dass die Vorschläge nicht die Sicherheit der Schüler gefährden und dass sie umsetzbar sind. Deshalb sagt sie ...

In eine fremde Rolle schlüpfen
- Situationsbeschreibung lesen
- Rollen verteilen
- Rollenkarte ...
- ...

(Methode Rollenspiel: siehe auf Seite 53 nach.)

Methode: Rollenspiel

Bei einem Rollenspiel kommt es darauf an, dass verschiedene Meinungen zu einem Thema dargestellt werden. Dazu schlüpfen einige Schüler in vorgegebene Rollen, so wie es auch Schauspieler machen.
Die Klasse lernt dabei verschiedene Standpunkte kennen und kann später über die unterschiedlichen Ansichten diskutieren. Damit das Rollenspiel gut gelingt, müssen die Spiel- und Gesprächsregeln berücksichtigt werden.
Das Rollenspiel eignet sich auch, um eine aktuelle Situation zu klären. Dazu muss man den Fall kennen und beschreiben. Anschließend können die Rollenkarten selbst entwickelt werden.

53.1 Rollenspiel in der Klasse

Die Spielregeln

Die ganze Klasse informiert sich über die Ausgangssituation. Anschließend werden die Rollen an Kleingruppen vergeben.
Mithilfe der Rollenkarten bereiten sich jeweils drei bis vier Schülerinnen und Schüler auf das Rollenspiel vor und bestimmen eine Person aus ihrer Gruppe, die die Rolle übernimmt.
Die Darsteller müssen sich an die Grundangaben auf den Rollenkarten halten und sollten ihre Rolle möglichst realistisch spielen.
Wer nicht mitspielt beobachtet das Rollenspiel und notiert die Argumente, die genannt werden.
Anschließend wird das Rollenspiel gemeinsam ausgewertet.

Gesprächsregeln – nicht nur für Rollenspiele

- anderen zuhören und andere ausreden lassen
- nicht vom Thema abschweifen, stets sachlich bleiben
- ehrlich sein, sagen, was einem nicht gefällt oder welche Wünsche man selbst hat
- versuchen, Standpunkte zu vertreten und seine Interessen durchzusetzen, gleichzeitig aber auch das Interesse anderer zu berücksichtigen
- eigene Meinungen begründen, aber nicht dem anderen aufdrängen
- nicht durch Lautstärke überzeugen, sondern durch Argumente
- Kompromisse finden und einhalten

Das Rollenspiel auswerten

- unterschiedliche Meinungen zusammenfassen
- Argumente auf ihre Vor- und Nachteile überprüfen
- überlegen, welche Folgen sich aus den unterschiedlichen Vorgehensweisen ergeben würden
- gefundene Lösung(en) auf ihre Machbarkeit überprüfen

Markterkundung

54.9

54.1 Shampoo

54.2 Mobiltelefon

54.3 Erfrischungsgetränk

54.4 Obst

Auf was sollte man bei diesen Waren besonders achten?

54.5 DVD-Spieler

54.6 Batterien

54.7 Tiefkühlpizza

54.8 Hose

Methode: Eine Markterkundung durchführen

① Ein Produkt auswählen
Als Klasse könnt ihr gemeinsam trainieren, wie man eine Markterkundung macht. Einigt euch zuerst auf ein Produkt, z. B. Walkman, Sportschuhe oder Pizza.

② Informationen über das Produkt besorgen
Zuerst muss man wissen, worauf es beim Produkt ankommt. Informiert euch in Gruppen über die wichtigen Produkteigenschaften.

③ Sich beraten lassen
Welche Eigenschaften des Produkts sind euch besonders wichtig? Wie viel wollt ihr ausgeben?

④ Angebote einholen
Welche Angebote gibt es, die euren Vorstellungen (Preis, Ausstattung) entsprechen?

⑤ Marktübersicht erstellen
Stellt in eurem Klassenzimmer auf einem Plakat die Ergebnisse eurer Erkundung vor.

Neue Marktangebote bewerten

Viele Produkte werden laufend weiter- oder neu entwickelt. Manche der Produzenten investieren viel Geld in die Erforschung neuer Techniken und Werkstoffe. Eingesetzt werden sie dann in der Regel in neuen Produkten. Die Verbesserung der Sicherheit beim Autofahren durch Airbags ist ein Beispiel hierfür – und dass Airbags sinnvoll sind, bezweifelt wohl keiner. Doch nicht alle Innovationen – so nennt man diese Neuheiten – dienen jedem Kunden. Bei der Bewertung spielt die jeweilige Lebenssituation eine wichtige Rolle. Aufmerksamkeit ist geboten, denn manche angebliche Neuheit ist nur ein Werbegag.

56.1

56.2

Beispiel Sportkleidung

Es gibt viele neuartige Textilien auf dem Markt: von Mikrofasern und so genannten Klimafasern bis hin zu Materialien, die Wärme speichern können. Für Sportkleidung werden viele dieser Neuheiten benutzt.

Wenn wir frieren oder schwitzen, fühlen wir uns nicht wohl. Darauf nehmen wir Rücksicht und kleiden uns im Winter und Sommer unterschiedlich.
Trotzdem kommt man ganz schön ins Schwitzen, wenn man mal wieder dem Bus hinterherlaufen muss.
Auch bei vielen Sportarten wird geschwitzt, da wir uns dabei bewegen. Nichts oder zu wenig anzuziehen wäre aber auch nicht gut, denn sonst friert man, wenn die Bewegung fehlt. Außerdem finden viele Sportarten im Freien statt und es wäre gut, wenn ein plötzlich einsetzender Regenschauer uns nicht bis auf die Haut durchnässt.

Das Besondere an moderner Sportkleidung z. B. aus Mikro- oder Klimafasern ist, dass die Materialien so verändert wurden, dass man sich beim Sport länger wohl fühlt. Der Schweiß kann verdunsten, aber Wind und Regen dringen kaum durch die Fasern bis auf die Haut. Man bleibt dadurch länger fit.

Bewerten von neuen Produkten

Hintergrundinformationen einholen:

- Worin besteht die Verbesserung oder das Besondere des Produkts?
- Sich über die Qualität des Produktes informieren: Werden die Versprechen eingelöst?
- Preise vergleichen: Wie teuer ist die Neuentwicklung im Vergleich zum herkömmlichen Produkt?
- Bewerten: Lohnt sich die Anschaffung des neu entwickelten Produktes für mich?

56.3

Vor- und Nachteile abwägen

Ole und Sarah brauchen für ihre liebsten Freizeitbeschäftigungen neue T-Shirts. Weil es ihnen Spaß macht, sich gegenseitig zu beraten, beschließen sie gemeinsam einzukaufen. Sie durchstöbern erst Kataloge und erkunden dann das Angebot vor Ort. Dabei notieren sie, was ihnen wichtig erscheint. Die Entscheidung muss am Ende zwischen folgenden Angeboten fallen:

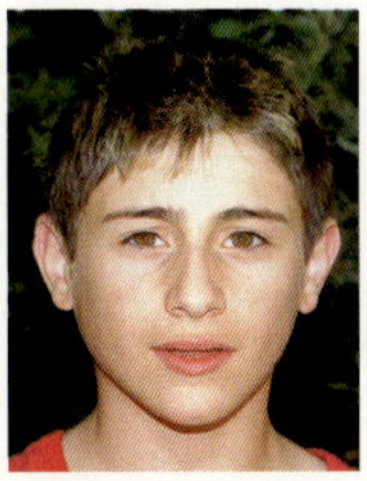

57.1 Ole geht bei schönem Wetter nachmittags lange mit seinem Hund spazieren.

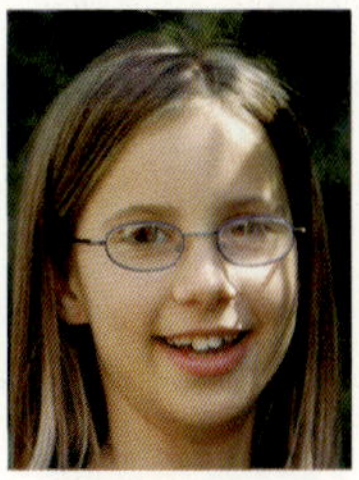

57.2 Sarah ist im Leichtathletik-Team des SV Grün-Weiß und geht oft zum Training.

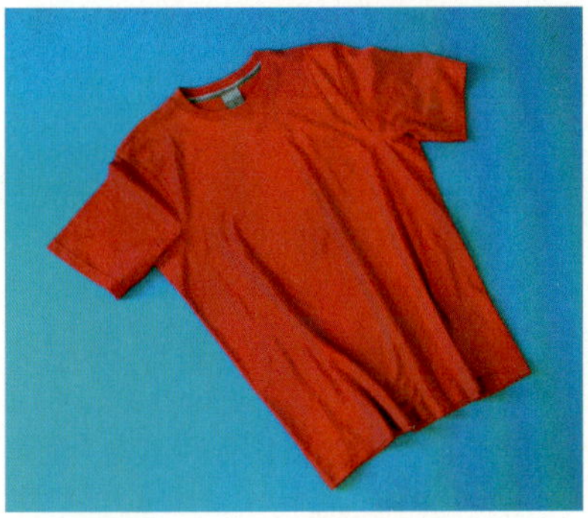

57.3 T-Shirt:
ganz normaler Schnitt, Baumwolle, einfarbig,
Preis: 10,95 Euro

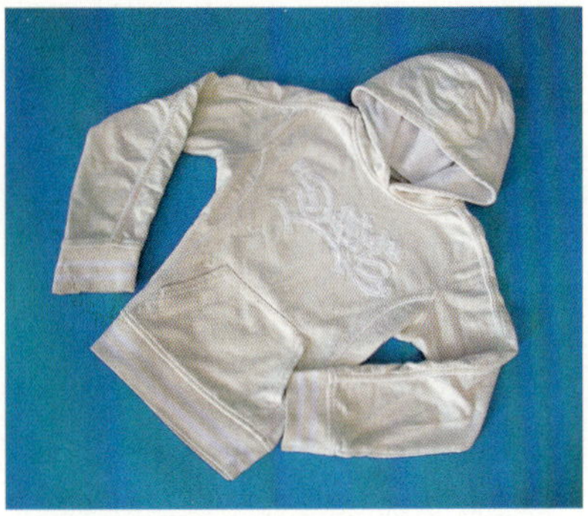

57.4 Sweatshirt mit Kapuze:
eng anliegend, voll im Trend, Baumwolle,
Preis: 14,90 Euro

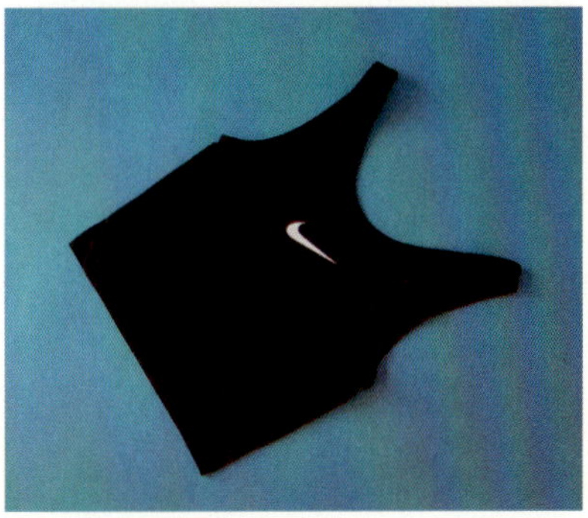

57.5 Sport-Top:
ärmellos, Baumwolle mit Beimischungen, einfarbig, Produkt eines Markenherstellers,
Preis: 21,70 Euro

57.6 Funktionsshirt:
aus speziellen Klimafasern gemacht, getestet, hilft gegen unangenehmes Schwitzen und bei Pausen wärmt es sehr gut,
Preis: 39,99 Euro

Verkaufsgespräche

58.1

Verkäuferin: Guten Tag, was darf es sein?
Sarah: Ich hätte gern ein T-Shirt.
S: Da haben wir sehr schöne, neu hereingekommene Sachen. *(Die Verkäuferin holt ein buntes T-Shirt mit V-Ausschnitt und ein bedrucktes mit weitem Ausschnitt.)* Das dürfte auch deine Größe sein: 36.
S: Das bunte T-Shirt würde mir schon gefallen. Bloß hätte ich es gerne mit Kragen.
V: Das haben wir natürlich auch: bunt, mit Kragen. Du willst es doch sicherlich in reiner Baumwolle. Das ist beim Tragen sehr angenehm.
S: Ja, natürlich!
V: *(Die Verkäuferin bringt das bunte T-Shirt mit Kragen und aus reiner Baumwolle.)* Darf ich es dir einmal hinhalten? Schau in den Spiegel. Das steht dir ausgezeichnet.
S: Ja, das stimmt. Das nehme ich.
V: Gut. Möchtest du noch ein nettes Tüchlein probieren? In diesem schönen Orange, das in dem T-Shirt vorkommt?
S: Ja, probieren wir es einmal.
V: *(Hält das Tuch an den Kragen des T-Shirts.)* Das passt ideal dazu. Und es kostet nur 4 Euro – beides zusammen 19 Euro.
S: Also, das nehme ich dazu.
V: Darf ich dir sonst noch etwas zeigen?
S: Nein, danke.
V: Dann darf ich mich bedanken. Da hast du ja nun etwas Passendes gefunden. Ich bringe es zur Kasse. Auf Wiedersehen!
S: Auf Wiedersehen! *(Geht zur Kasse und zahlt.)*

Regeln für Verkäuferinnen und Verkäufer:

1. Bleiben Sie immer freundlich, auch wenn es Ihnen schwer fällt.
2. Legen Sie Waren vor und ermitteln Sie so die Vorstellungen des Kunden. „Reden ist Silber, zeigen ist Gold!"
3. Verwenden Sie Fragen, mit denen Sie dem Käufer bejahende Antworten in den Mund legen. („Ist das nicht ein schönes Kleid?")
4. Vermeiden Sie Entscheidungsfragen. („Nehmen Sie das teurere oder das billigere Kleid?")
5. Sagen Sie etwas, was für den Käufer angenehm ist. („Das steht Ihnen hervorragend!"oder „Sie sehen darin glänzend aus")
6. Nehmen Sie mögliche kritische Bemerkungen des Kunden vorweg, dann sind Sie in einer besseren Lage. („Diese Jeans sind etwas teurer, aber dafür haben sie eine hervorragende Qualität.")

Rollenspiele zu Verkaufsgesprächen

In Rollenspielen kann man das Verhalten während eines Käufer-Verkäufer-Gesprächs sehr gut üben. Geht bei der Durchführung der Rollenspiele so vor:

- Bildet zwei Gruppen. Eine übernimmt die Rolle des Verkäufers, die andere die des Käufers.
- Jede Gruppe bereitet sich vor: Die Verkäufergruppe überlegt sich die Angaben (Preis, Ausstattung, usw.) für die Produkte und das mögliche Vorgehen bei der Gesprächsführung. Die Käufergruppe überlegt sich, welche Gesichtspunkte für die gespielte Kaufentscheidung wichtig sein könnten.
- Jede Gruppe wählt dann einen Spieler für das Rollenspiel aus. Die anderen notieren sich während des Spiels Stichwörter zum Verhalten und zu den Aussagen der Spieler.

59.1

59.2

59.3

Situation 1

Miroslav ist im zweiten Lehrjahr als Elektromechaniker. In seiner Freizeit geht er gerne in die Natur. Er fährt Rad und unternimmt mit seinen Freunden vom Albverein lange Wanderungen. Miroslav will sich einen neuen Anorak kaufen. Wichtiger als das Aussehen ist ihm dabei das Material. Er hat gehört, dass es Gewebe aus Mikrofasern gibt, das leicht ist und in dem man nicht so schnell ins Schwitzen kommt. Für solch einen Anorak würde er schon 100 bis 150 Euro zahlen.

Situation 2

Marie will ihrer Tante zum 60. Geburtstag ein Buch kaufen. Welches, das weiß sie nicht – vielleicht einen Bildband. Marie hat 50 Euro dabei, will aber nur 20 bis 30 Euro für das Buch ausgeben.

Situation 3

Tim hat zu Weihnachten von seinen Eltern 100 Euro bekommen, damit er sich einen Wunsch erfüllen kann. Tim möchte sich gerne einen Mini-CD-Spieler kaufen. Allerdings möchte er dafür nicht den ganzen Betrag ausgeben.

Einen Kauf vorbereiten

Zwischen der Markterkundung und dem Kauf liegt ein wichtiger Schritt: Der Käufer muss sich entscheiden, welches der angebotenen Produkte er nehmen will. Dazu muss man zunächst überlegen, auf was es bei dem Produkt ankommt. Dann muss der Käufer nach seiner persönlichen Bewertung abwägen, wie wichtig ihm die einzelnen Produkteigenschaften sind. Der Käufer legt also für sich fest, welche Eigenschaft für ihn von besonderer Bedeutung ist und welche für ihn keine Rolle spielt. Man sagt dazu auch, dass eine „Gewichtung" vorgenommen wird. Ihr könnt eine solche Gewichtung an diesem Beispiel üben.

- Die elf Aussagen enthalten Gesichtspunkte, die beim Kauf eines elektrischen Handrührgeräts von Bedeutung sein können. Stellt sie stichwortartig in einer Liste zusammen.
- Jeder von euch kann nun nach seiner Einschätzung acht Punkte vergeben. Ein Kaufgesichtspunkt kann auch mehrere Punkte enthalten, wenn man ihn für sehr wichtig hält.
- Vergleicht dann eure Gewichtungen untereinander: Wo gibt es Übereinstimmungen, wo Abweichungen? Wie werden sie begründet?

„Der Mixer muss vor allem klein und handlich sein."

„Ich achte darauf, dass im Kaufpreis auch Zubehörteile wie ein Schnitzelwerk enthalten sind."

„Ich lege Wert auf einen guten Kundendienst, denn schließlich kann jedes Gerät einmal defekt sein."

„Wichtig ist mir ein Überlastungsschutz, also eine Sicherung, die das Gerät abschaltet, wenn es einen zu schweren Teig nicht mehr durchkneten kann."

„Das Gerät muss gut aussehen."

„Der Preis ist für mich entscheidend."

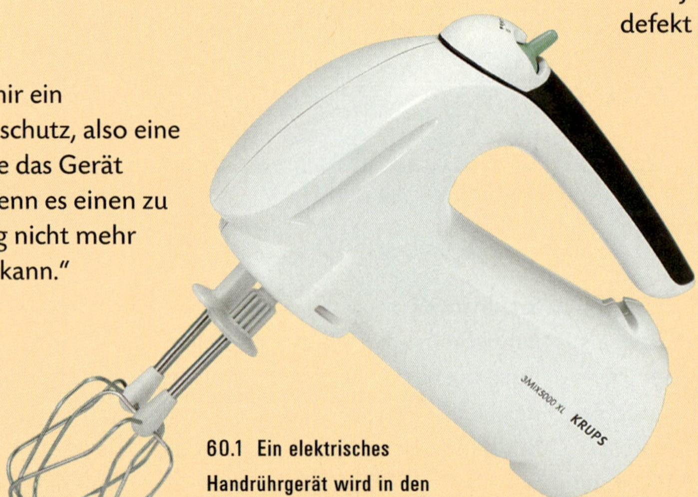

60.1 Ein elektrisches Handrührgerät wird in den meisten Haushalten als handlicher Küchenhelfer gebraucht, wenn kleinere Mengen Teig gerührt, Eiweiß oder Schlagsahne geschlagen werden sollen.

„Die Gebrauchsanweisung muss leicht verständlich sein. Sie sollte auch Tipps für das richtige Arbeiten mit dem Gerät enthalten."

„Ich will nur ein Gerät, zu dem ich weiteres Zubehör kaufen kann – zum Beispiel einen Schnellmixstab mit Becher."

„Es kommt darauf an, dass das Gerät genügend Kraft hat, selbst schwere Teige durchzukneten."

„Die Geschwindigkeit des Handmixers muss stufenlos einstellbar sein, selbst wenn das Gerät dann teurer ist."

„Ich möchte einen Handmixer, der ein leises Motorengeräusch hat."

Gesichtspunkte einer Kaufentscheidung

QUALITÄT

AUSSEHEN

LEBENSDAUER

AUSSTATTUNG

PREIS

MENGE

NEBENWIRKUNGEN

FOLGEKOSTEN

KUNDENDIENST

UMWELTVERTRÄGLICHKEIT

61.1 Buch

61.2 Anzug

61.3 Dose Lackfarbe

61.4 Sessel

61.5 Digitalkamera

61.6 Weintrauben

61.7 Kartoffelchips

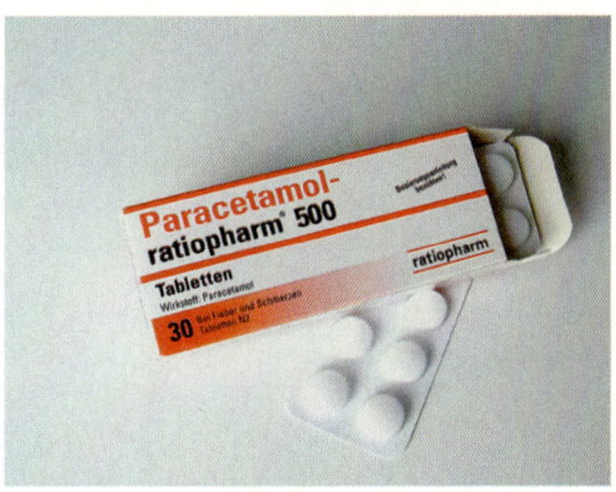

61.8 Schmerztabletten

61.9 Blumen

Methode: Informationen aus Sachtexten erschließen

Durch das Lesen von Texten kann man viele Informationen bekommen. Damit man in möglichst kurzer Zeit die wichtigsten Informationen herausfiltern kann, ist es notwendig, Wichtiges von Unwichtigem zu trennen. Die einfachste Methode ist es Textstellen zu markieren. Bleistift oder Textmarker sind dazu notwendig.

Vorgehensweise
- Text lesen
- unklare Begriffe nachschlagen
- Schlüsselbegriffe markieren
- Schlüsselbegriffe und Nebeninformationen zusammenfassen und in das Schema übertragen

Werbung – eine Hilfe für den Verbraucher?

Werbung beeinflusst	Werbemittel	Werbebotschaft
Gefühle	…	…
Wünsche	…	…
…	…	..

Werbung – eine Hilfe für Verbraucher?
Wer etwas kaufen will, muss werben. Hersteller und Händler wollen durch Werbung Verbraucher auf ihre Produkte aufmerksam machen. Sie wollen diese beeinflussen, ihre Waren zu kaufen oder ihre Dienstleistung in Anspruch zu nehmen. Dabei werden Gefühle angesprochen. Wünsche werden geweckt.
Werbung begegnet uns jeden Tag auf vielfältige Weise. Es gibt unterschiedliche Werbemittel, also Gegenstände oder Wege (z. B. Plakate, Fernsehwerbung, Zeitungswerbung, ...), die uns Werbebotschaften übermitteln. Werbebotschaften sollen uns überzeugen, dass beim Kauf eines Produktes ein bestimmtes Versprechen eingelöst wird oder ein Wunsch erfüllt wird (Freiheit, Mut, ...).
Profis helfen den Anbietern beim Verkauf ihrer Produkte. Solche Fachleute sind in Werbeagenturen beschäftigt. Sie werden dafür bezahlt, dass sie die Werbung entwickeln.

Richtig markiert?
Wenn einem beim Betrachten der Schlüsselbegriffe auch die wichtigen Nebeninformationen zum Text einfallen, dann wurden die Schlüssel zum Text richtig gewählt.
Warum zusammenfassen?
Damit man nicht alles vergisst und das Wissen länger verfügbar ist, bietet es sich an die wichtigen Textstellen sortiert zusammenzufassen.

Methode: Methodentreppe

Entscheidungen treffen ist nicht immer einfach. Auch wenn man weiß, was man möchte, ist es oft schwer die richtige Wahl zu treffen. Fragen, die sich ergeben, müssen geklärt werden.
Beim Einkaufen kann man so vorgehen.

Schritt für Schritt zur Entscheidung

Was will ich kaufen?

Welche Informationen benötige ich?

Wie und wo informiere ich mich?

Welche Vor- und Nachteile ergeben sich im Vergleich der Informationen?

Wie entscheide ich mich?

Habe ich mich richtig entschieden?

Was will ich kaufen?
Welche Vorstellung habe ich von meinem Einkauf und der Ware, die ich benötige?

Welche Informationen benötige ich?
Informationen ...
- zum Preis
- zur Funktion
- zur Qualität

Wie informiere ich mich?
Informationen erhalte ich auf unterschiedlichen Wegen
- schauen, was es gibt
- Fachverkäufer befragen
- Produktinformationen lesen

Welche Vor- und Nachteile ergeben sich im Vergleich der Informationen?
- Tabelle erstellen
- in eine Spalte stichwortartig alle Vorteile und alle Nachteile eintragen

Wie entscheide ich mich?
- Vor- oder Nachteile abwägen
- Lösungsmöglichkeiten mit weiteren Personen diskutieren

Habe ich mich richtig entschieden?
Überprüfen, ob die mögliche Kaufentscheidung mit den ursprünglichen Vorstellungen übereinstimmt.

Arbeit, Produktion, Technik

GIANT
RST

Den Technikraum kennen lernen

Arbeiten im Technikraum

Der Technikraum ist ein Fachraum. Ähnlich wie die Fachräume für Biologie oder Physik verfügt er über eine ganz spezielle Einrichtung. Er ähnelt mehr einer Werkstatt als einem Klassenzimmer. In diesem Raum wird mit verschiedenen Materialien, Werkzeugen, Geräten und Maschinen gearbeitet. In Technikräumen findet man unterschiedliche Bereiche:

Schülerarbeitsplätze: Das sind zumeist Werkbänke, an denen eine Gruppe von vier Schülerinnen und Schülern arbeiten kann.

Maschinentische: Hier haben Maschinen wie z. B. Bohrmaschinen ihren festen Platz.

Werkzeugschränke: In diesen Schränken werden alle Werkzeuge übersichtlich und geordnet aufbewahrt.

Materiallager: Ein Vorrat von Werkstoffen und Materialresten wird hier gelagert. Auch angefangene Werkstücke können im Materiallager aufbewahrt werden.

66.1 An der Werkbank

Wichtig: Der Technikraum darf nur in Begleitung des Lehrers oder der Lehrerin betreten werden!

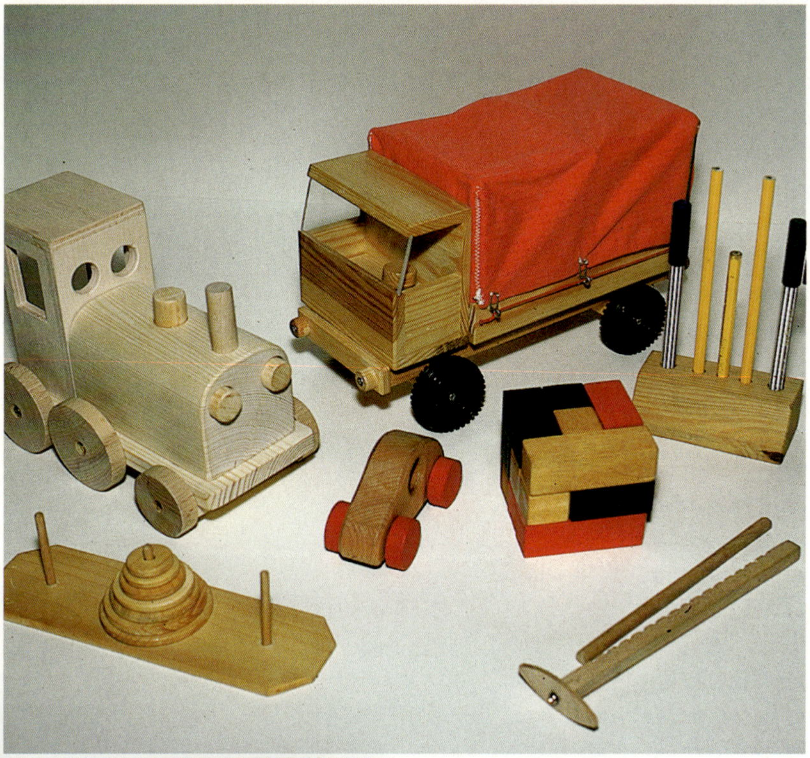

67.1 Werkstücke

67.2 Werkzeugschrank

67.3 Materiallager

Das muss am Anfang geklärt werden

- Wo werden angefangene Werkstücke in deinem Technikraum gelagert?
- Wo werden Mappen und Jacken abgelegt?
- Wo werden Materialreste aufbewahrt und Abfälle gesammelt?
- Wie sind die Werkzeugschränke geordnet?
- Welche Funktion haben die Maschinen im Technikraum?

Kennzeichnung von Gefahrenzonen

Aufgepasst – Unfälle vermeiden

Bevor man die vielen Möglichkeiten des Technikraumes nutzen kann, muss man die besonderen Verhaltensregeln und Unfallverhütungsvorschriften kennen lernen und beachten. Nur wer mögliche Gefahrenquellen bei der Arbeit im Technikraum erkennt, kann sich vor Verletzungen schützen.
Der Umgang mit **Werkzeugen** erfordert neben viel Übung erhöhte Aufmerksamkeit. Man darf nur mit einwandfreien Werkzeugen arbeiten. Arbeiten mit beschädigtem Werkzeug ist gefährlich. Beschädigtes Werkzeug muss dem Lehrer oder der Lehrerin sofort gemeldet werden.
Auch bei der Arbeit mit **Werkstoffen und Materialien** kann Unachtsamkeit zu Verletzungen führen. Vor allem beim Umgang mit scharfkantigen Gegenständen wie Blechen sollten daher Schutzhandschuhe getragen werden.
Maschinen dürfen nur nach gründlicher Einweisung durch den Lehrer oder die Lehrerin benutzt werden. Manche Maschinen erfordern spezielle Schutzmaßnahmen wie Schutzbrille und Haarschutz. Bestimmte Maschinen – wie die Bandsäge – dürfen von Schülerinnen und Schülern nicht bedient werden.

68.1 Maschinenraum

Auf besondere Gefahrenzonen und Gefahrenquellen wird im Technikraum durch Sicherheitszeichen hingewiesen.

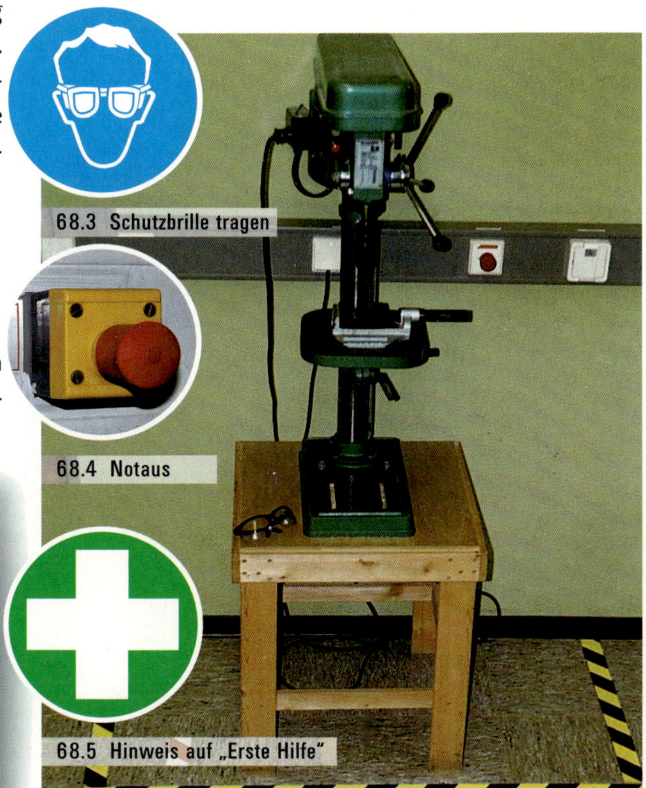

68.3 Schutzbrille tragen

68.4 Notaus

68.5 Hinweis auf „Erste Hilfe"

68.2 Bohrmaschinenarbeitsplätze

- *Welche Bedeutung haben die abgebildeten Sicherheitszeichen? Erkläre die unterschiedlichen Farben.*
- *Wo befinden sich im Technikraum Notausschalter? Erläutere deren Funktion und Handhabung.*
- *Wo befindet sich im Technikraum der Erste-Hilfe-Kasten?*

Arbeit gut organisiert

Im Technikraum wird nur dann erfolgreich gearbeitet, wenn in Schränken, Regalen und an den Arbeitsplätzen Ordnung herrscht. Nach Abschluss der Arbeit müssen alle verwendeten Gegenstände wieder an den Platz zurückgebracht werden, von dem sie geholt wurden.

69.1 Aufgeräumter Arbeitsplatz

69.2 So nicht

Der Arbeitsplatz

Am Arbeitsplatz werden Werkzeuge und Gegenstände übersichtlich und griffbereit angeordnet. Das spart Zeit und verhindert Beschädigungen. Messwerkzeuge legt man getrennt ab, damit sie nicht verschmutzen. Nicht mehr benötigte Werkzeuge werden gereinigt und zurückgebracht.

	Woche 1	Woche 2	Woche 3
Boden kehren	Taner Marco	Natalie Tina	Max Tanja
Werkzeug-ausgabe	Merat Daniel	Heinz Mehmet	
Werkzeuge einräumen	Heinz Mehmet	Merat Daniel	
Maschinen-kontrolle	Claudia Timo	Merat Daniel	
Material-ausgabe	Natalie Tina		
Tafel wischen			

69.3 Ämterplan

Arbeit an Maschinen

Kein Technikraum verfügt über so viele Maschinen, dass alle gleichzeitig damit arbeiten können. Störungsfreies Arbeiten ist daher nur möglich, wenn man in der Gruppe abspricht, wer zu welchem Zeitpunkt eine Maschine benötigt. Diese Absprache ermöglicht es, seine Arbeit einzuteilen und in der Zwischenzeit andere Arbeiten zu erledigen.

Arbeit im Team

Viele Arbeiten lassen sich alleine nicht oder nur schwer erledigen. Es ist dann wichtig, dass man sich hilft. Dazu gehört, dass man Probleme bespricht und sich gegenseitig Ratschläge zur Lösung gibt.

Aufgabenverteilung

Es gibt bestimmte Aufgaben, die in jeder Technikstunde erledigt werden müssen, zum Beispiel das Kehren oder das Einsortieren von Werkzeugen. Die Verteilung dieser Aufgaben wird in einem Plan gemeinsam festgelegt.

Aufräumen von Resten

Materialreste gehören nicht in den Müll. Sie werden in verschiedenen Behältern gesammelt und bei Bedarf wieder verwendet.

69.4 Abfallsortierung

Erste Hilfe bei Verletzungen

Jedes Jahr passieren in Deutschland mehr als zwei Millionen Unfälle in Haushalten. Neben Stürzen sind dabei Verbrennungen und blutende Wunden wie Schnittwunden besonders häufig. Wenn ein schwerer Unfall passiert ist, musst du die Unfallrettung anrufen. Bei kleineren Verletzungen kannst du dir oder deinen Mitschülerinnen und Mitschülern jedoch auch selbst helfen.

Grundsätze bei der Wundversorgung:
- Wunden nicht berühren
- Wunden nicht auswaschen
- Keine Puder, Salben, Sprays oder Desinfektionsmittel verwenden
- Zum eigenen Schutz und zum Schutz des Verletzten Schutzhandschuhe tragen

70.1 Brandwunden lassen sich mit Wasser kühlen

Verbrennungen
Brandwunden sind besonders schmerzhaft. Zur Schmerzlinderung solltest du schnellstmöglich kaltes Wasser über die verbrannte Stelle fließen lassen. Wenn sich Blasen bilden, sollte ein Arzt oder eine Ärztin aufgesucht werden.

Schnittwunden
Kleine blutende Wunden kannst du mit einem Pflaster oder mit einer Wundauflage bedecken. Beide darfst du an der Stelle, die später auf der Wunde liegt, nicht mit den Fingern berühren. Bei schweren Schnittwunden, die heftig bluten, muss nach der Erstversorgung der Wunde ein Arzt oder ein Ärztin aufgesucht werden.

Was tun bei einem NOTRUF?

Telefonnummer der Unfallrettung „19222" oder „112" wählen

Bei einer Notfallmeldung müssen folgende Fragen beantwortet werden:

- Wer meldet?
- Was ist passiert?
- Wo ist es passiert?
- Wie viele Verletzte?

Telefonhörer erst auflegen, wenn der Gesprächspartner keine Fragen mehr hat!

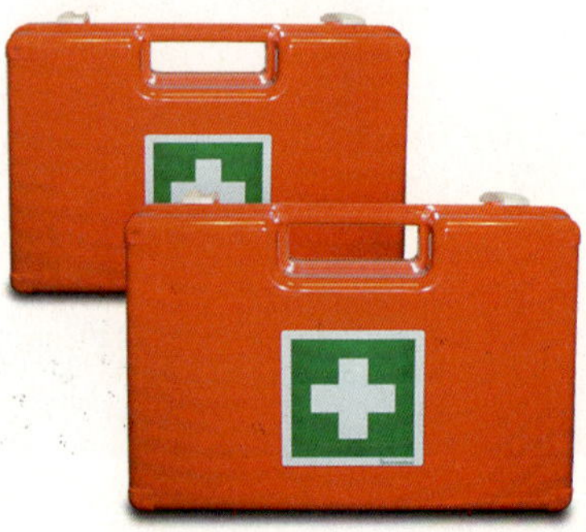

Inhalt der Notfallapotheke:
- Heftpflaster
- Wundpflaster
- Verbandpäckchen
- sterile Wundauflagen
- Mullbinden
- elastische Binden
- Einmalhandschuhe
- Schere und Pinzette
- Dreieckstuch

71.1 Blutende Wunde am Knie

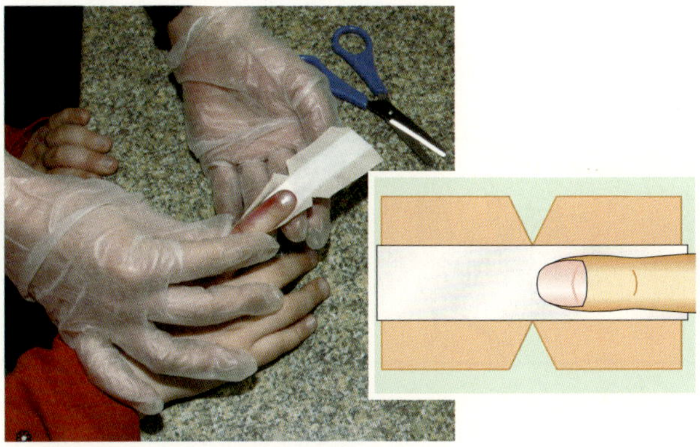

71.2 Blutende Wunde am Finger

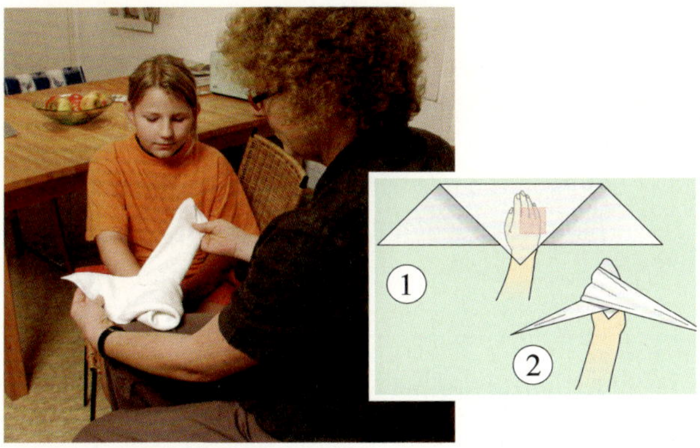

71.3 Verletzung an der Hand

Internet-Tipps

Erste Hilfe für Kinder und Jugendliche

http://www.drk.de/erstehilfe

http://www.drk.dortmund.org/ehonline

Streifenverband

Wenn ein Wundpflaster zu klein ist, verwendest du einen Streifenverband. Er besteht aus einer keimfreien Wundauflage und Heftpflaster zur Befestigung. Beim Auflegen kannst du sie am Rand mit zwei Fingern vorsichtig anfassen und direkt auf die Wunde legen. Befestige die Wundauflage anschließend mit Heftpflasterstreifen auf der unverletzten Hautoberfläche. Achte beim Abschneiden der Heftpflasterstreifen auf eine ausreichende Länge. Je nach Breite der Wundauflage musst du mehrere Heftpflasterstreifen verwenden. Je nach Lage der Verletzung kannst du auch ein Verbandpäckchen verwenden. Es besteht aus einer keimfreien Wundauflage, an der eine Mullbinde befestigt ist.

Fingerkuppenverband

Eine Verletzung an der Fingerspitze kann man mit einem normalen Pflaster nur schlecht behandeln.
Du verwendest deshalb besser ein Fingerkuppenpflaster. Falls du kein vorgefertigtes Pflaster hast, kannst du leicht eines selbst zuschneiden. Nimm ein etwa 8 cm langes Wundpflaster und schneide in der Mitte der Klebestreifen jeweils ein keilförmiges Stück heraus. Lege den verletzten Finger bis zur Hälfte auf das Wundpflaster. Befestige die Klebestreifen auf der unverletzten Haut. Klappe anschließend die andere Hälfte über den Finger und befestige die Klebestreifen auf der Seite.

Handverband

Bei größeren Handverletzungen musst du die ganze Hand verbinden. Lege zuerst eine keimfreie Wundauflage auf die verletzte Stelle. Dann legst du die ganze Hand in die Mitte eines Dreieckstuchs. Die Hand zeigt dabei zur Spitze des Tuchs. Anschließend schlägst du die Spitze des Tuchs über die Hand zum Handgelenk. Dann nimmst du die beiden Enden des Tuches und wickelst sie über die Spitze um das Handgelenk des Verletzten. Am Schluss werden die beiden Enden miteinander verknotet.

- *Beschreibe, wie du bei einem Notruf vorgehst.*
- *Erkläre, warum bei der Versorgung von Wunden Einmalhandschuhe getragen werden.*
- *Informiere dich über weitere Maßnahmen der ersten Hilfe bei Unfällen.*

Wenn es brenzlig wird – Gefahrenquellen erkennen

72.1 Suchbild Gefahrenquellen

Nicht nur beim Arbeiten an Maschinen und im Umgang mit Werkzeugen und Material muss man, um Unfälle zu vermeiden, bestimmte Regeln beachten. Vernünftiges und aufmerksames Verhalten ist während der ganzen Zeit, in der man im Technikraum arbeitet, sehr wichtig. Am besten einigt man sich in der Technikgruppe auf bestimmte Regeln für dieses Verhalten und erstellt gemeinsam eine **Technikraumordnung**.

- *Im Suchbild auf dieser Seite findest du viele Gefahrenquellen. Beschreibe sie und mache Vorschläge zu deren Vermeidung.*
- *Sammelt in eurer Gruppe Verhaltensregeln zur Vermeidung von Unfällen und zur fachmännischen Organisation der Arbeit. Erstellt daraus eine Technikraumordnung.*

Technikraumordnung

- Wir betreten den Technikraum nur in Begleitung des Lehrers oder der Lehrerin.
- Wir tragen praktische und sichere Arbeitskleidung.
- Wir rennen im Technikraum nicht.
- Wir halten um alle Arbeitsplätze einen Sicherheitsabstand ein.
- Wir gehen mit Werkzeugen sorgfältig um und melden Beschädigungen sofort.
- Nach der Arbeit räumen wir unseren Arbeitsplatz auf und säubern ihn.
- ...

Spielend leichtes Arbeiten im Technikraum

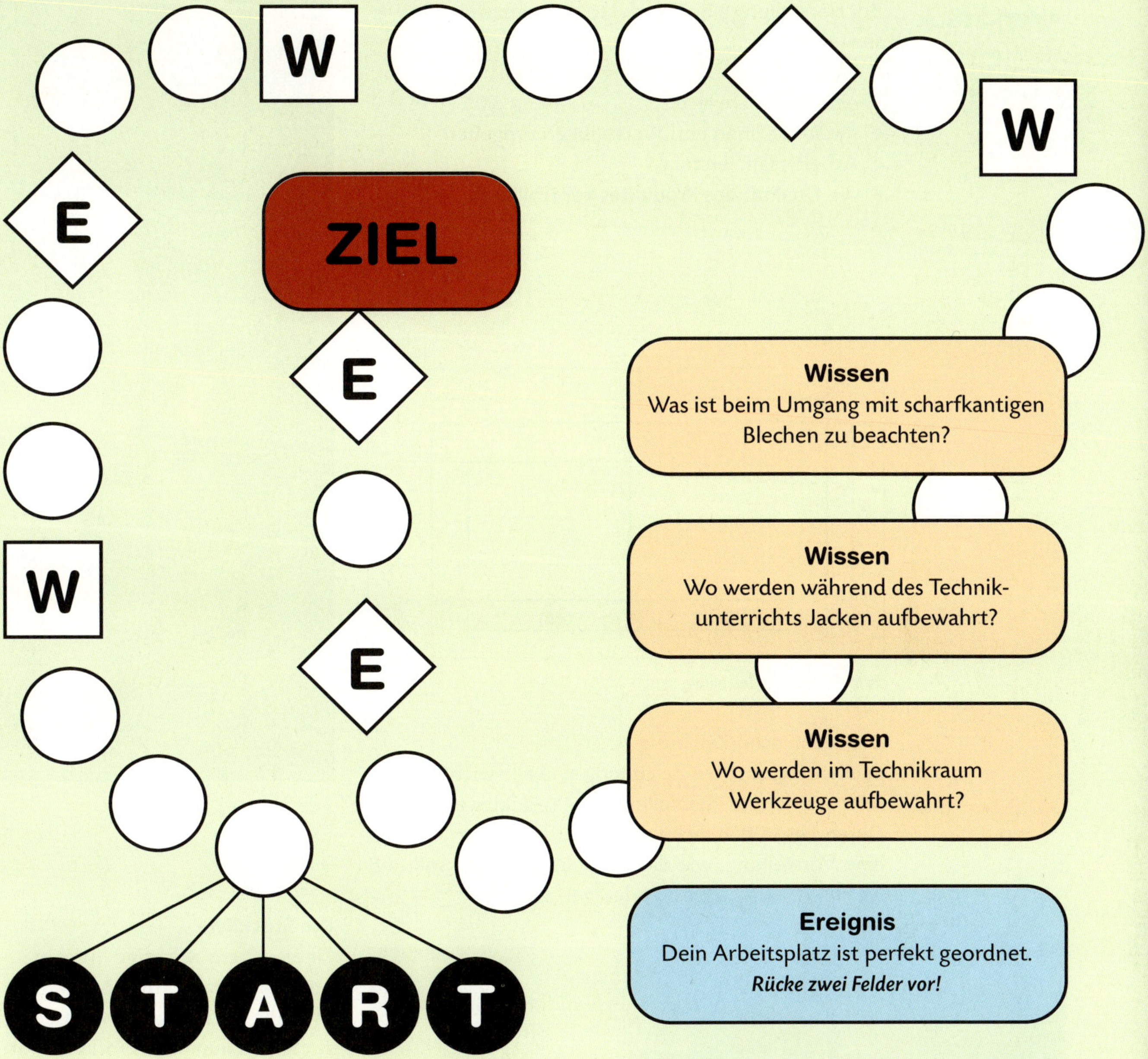

Wissen
Was ist beim Umgang mit scharfkantigen Blechen zu beachten?

Wissen
Wo werden während des Technikunterrichts Jacken aufbewahrt?

Wissen
Wo werden im Technikraum Werkzeuge aufbewahrt?

Ereignis
Dein Arbeitsplatz ist perfekt geordnet.
Rücke zwei Felder vor!

Ereignis
Du hast dein Werkzeug nach Abschluss der Arbeit nicht gereinigt.
Zwei Felder zurück!

Ereignis
Du hast ohne Erlaubnis deines Lehrers eine Maschine in Betrieb genommen.
Zurück zum Start!

- *Übertrage den Spielplan auf einen DIN-A3-Karton. Ergänze ihn mit eigenen Gestaltungsideen.*
- *Denke dir weitere Ereignis- und Wissensfragen aus. Stelle aus dünnem Karton die benötigte Anzahl von Ereignis- und Wissenskarten her.*
- *Stellt im Technikunterricht Spielfiguren her.*
- *Einigt euch in der Gruppe auf Spielregeln und probiert sie aus.*

Ein Werkstück nimmt Formen an

Ein Produkt entsteht

Zur Herstellung eines Produktes muss man einiges wissen und können:

- eine technische Zeichnung verstehen
- eine Stückliste lesen
- mit Maschinen und Werkzeugen umgehen
- Arbeitspläne erstellen
- die Qualität des Produktes kontrollieren

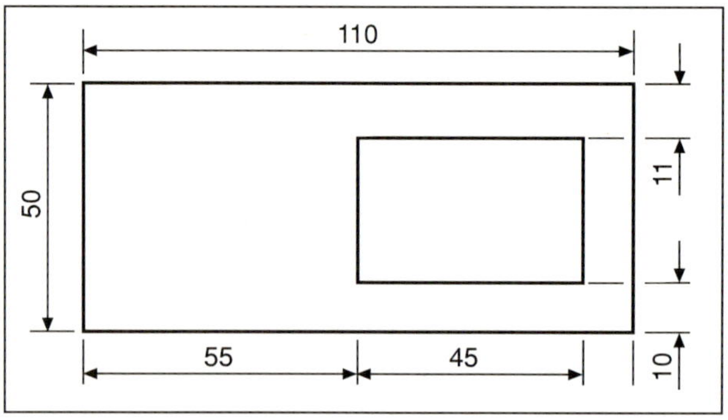

74.1 Technische Zeichnung

Die technische Zeichung

In einer technischen Zeichnung sind alle wichtigen Informationen zur Herstellung des Produktes enthalten. Durch Lesen der technischen Zeichnung erhält man eine Vorstellung, wie das Produkt aussehen soll und welche Arbeitsgänge zu erledigen sind.

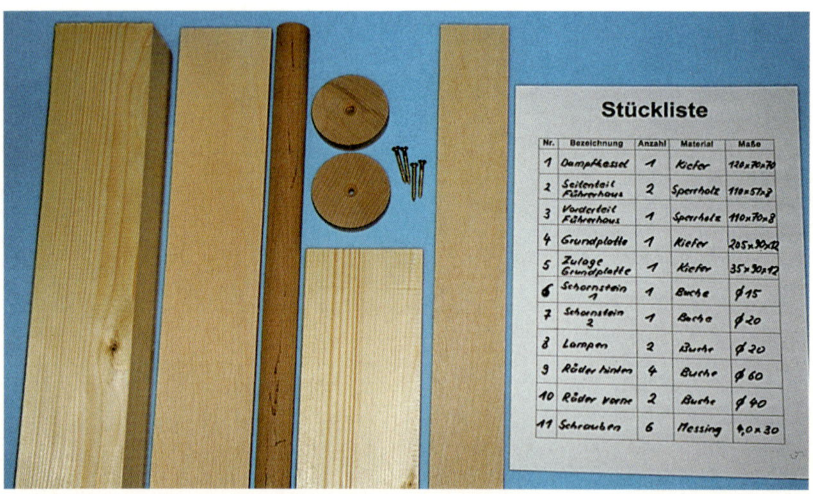

74.2 Materialauswahl und Stückliste

Die Stückliste

Eine weitere wichtige Informationsquelle ist die Stückliste. Auf ihr sind alle Einzelteile zu finden, die zur Herstellung des Produkts notwendig sind. Angegeben werden meist die Größe und die Anzahl und das Material, aus dem die Einzelteile bestehen. Mithilfe der Stückliste erhält man einen Überblick über die benötigten Materialien. Sie kann auch als Einkaufsliste dienen.

Zur Herstellung des Produkts muss jedes Einzelteil der Stückliste angefertigt oder gekauft werden.

75.1 Schülerwerkstück

75.2 Werkzeuge

Die Werkzeuge

Ohne Werkzeug geht nichts. Doch Werkzeug allein reicht nicht zur Herstellung der Einzelteile aus. Man muss auch wissen, wie man mit dem Werkzeug umgeht. Die Handhabung muss man lernen. Wenn man weiß, wie das Werkzeug eingesetzt wird, dann muss man meist noch seine Geschicklichkeit durch Üben im Umgang mit dem Werkzeug verbessern. Der richtige Umgang mit dem Werkzeug ist für ein gutes Ergebnis und zum Schutz vor Verletzungen wichtig.

Die Maschinen

Die Maschinen sind für die Herstellung eines Produktes eine große Hilfe. Maschinen werden von Menschen erdacht und konstruiert, um die Arbeit zu erleichtern und das Ergebnis zu verbessern.

Im Technikunterricht lernt man den Umgang mit Maschinen. Die elektrische Ständerbohrmaschine ist die wichtigste Maschine im Technikraum. Bevor man jedoch selbstständig mit ihr arbeiten darf, muss man eine Bohrmaschinenführerscheinprüfung ablegen.

75.3 Schülerin an der Bohrmaschine

Lehrgang: Technische Zeichnungen lesen und erstellen

Mit **technischen Zeichnungen** kann man Werkstücke oder Teile davon so darstellen, dass man selber oder auch andere das Werkstück nach diesen Angaben herstellen können. Dazu müssen diese Zeichnungen alle wesentlichen Informationen über das Werkstück enthalten.
Für die Planung eines Werkstücks fertigt man zuerst eine **Planungsskizze**. Mit ihrer Hilfe werden erste Vorstellungen über die Form und die Größenverhältnisse des Werkstücks festgehalten.

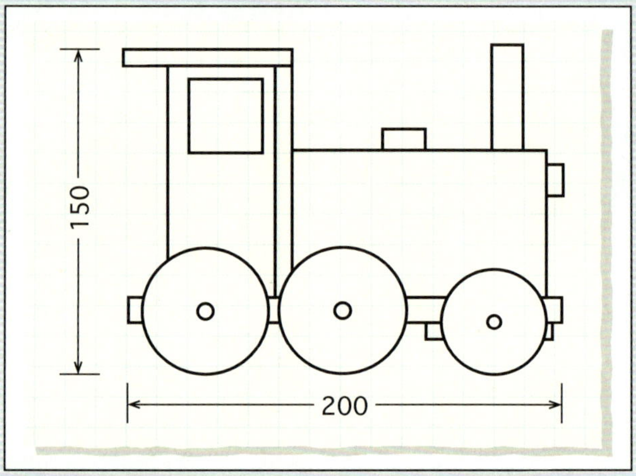

76.1 Planungsskizze

Für die Herstellung eines Werkstücks benötigt man eine oder mehrere technische Zeichnungen. Damit sie jeder versteht, muss man bestimmte Vorschriften einhalten:
Umrisslinien sind breite Volllinien. Sie zeigen die sichtbaren Kanten des Werkstücks. **Maßhilfslinien** sind dünne Linien, die die Umrisslinien nach außen verlängern. Zwischen ihnen werden die **Maßlinien** eingezeichnet. Maßlinien werden parallel zu den Umrisslinien mit ungefähr 10 mm Abstand gezeichnet. An ihren Enden wird ein dünner **Maßpfeil** angebracht. **Maßzahlen** geben die Größe des Gegenstandes an. Sie müssen von unten oder von rechts lesbar sein. **Strichlinien** werden für die Darstellung unsichtbarer Kanten verwendet. Mit **Strichpunktlinien** lassen sich Mittellinien einzeichnen. Mittellinien, Strichlinien, Maßhilfslinien und Maßlinien werden dünn gezeichnet.

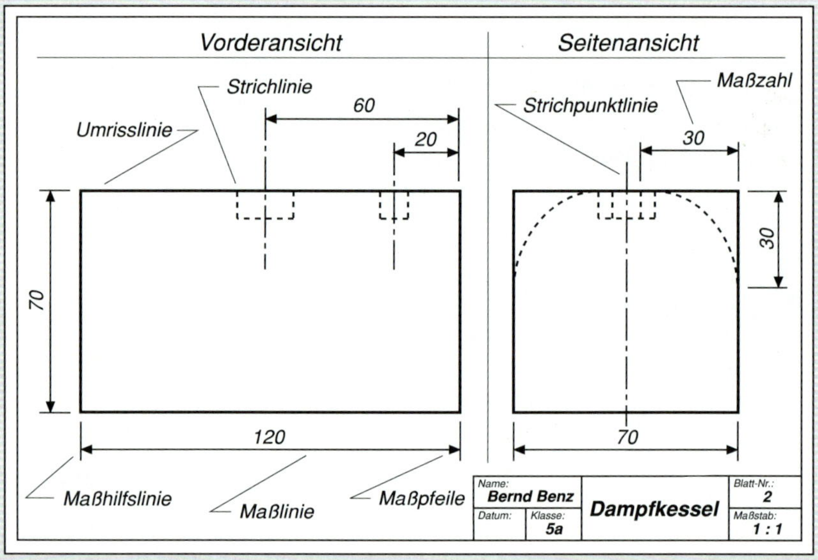

76.2 Technische Zeichnung

Um ein Werkstück oder seine Einzelteile genau erkennen zu können, sind verschiedene Ansichten notwendig. Für einfache Gegenstände genügen meist die Vorderansicht und die Seitenansicht. Kompliziertere Werkstücke benötigen zusätzlich eine Draufsicht.

Beim Zeichnen mit dem Computer benötigt man ein Zeichenprogramm. Es bietet ähnliche Zeichenwerkzeuge wie Bleistift, Radiergummi und Lineale an.

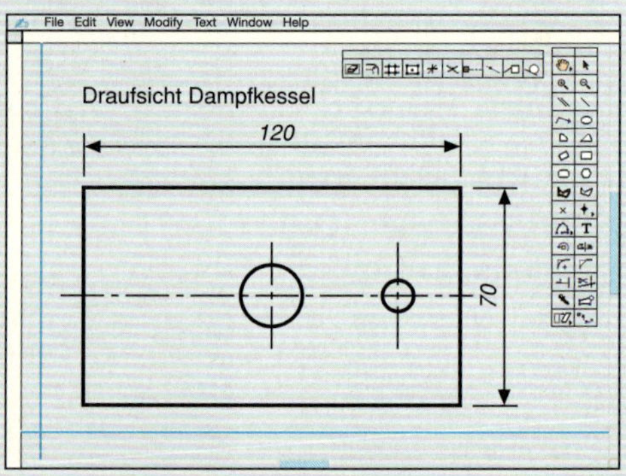

76.3 Zeichnen mit dem Computer

Was wird benötigt?

Die Nummer: Jedes Einzelteil des Produktes erhält eine Nummer. So sieht man, aus wie vielen Teilen ein Produkt entsteht.

Die Anzahl: Mit der Anzahl gibt man an, wie oft man das Einzelteil herstellen muss.

Die Bezeichnung: Jedem Einzelteil wird ein Name gegeben. Die Bezeichnung hat oft etwas mit der Funktion des Teils zu tun.

Die Maße: Durch die Maßangaben erfährt man, wie groß und in welcher Form das Einzelteil hergestellt wird. Meist werden die Länge, die Breite und die Tiefe angegeben. Bei runden Einzelteilen wird der Durchmesser genannt.

Das Material: Damit der Hersteller weiß, welches Material er verwenden muss, wird diese Information gegeben.

Nr	Bezeichnung	Anzahl	Material	Maße
1	Dampfkessel	1	Kiefer	120 x 70 x 70
2	Seitenteil Führerhaus	2	Sperrholz	110 x 51 x 8
3	Vorderteil Führerhaus	1	Sperrholz	110 x 70 x 8
4	Grundplatte	1	Kiefer	200 x 90 x 12
5	Zulage Grundplatte	1	Kiefer	35 x 90 x 12
6	Schornstein 1	1	Buche	∅ 15
7	…	…	…	…

77.1 Stückliste

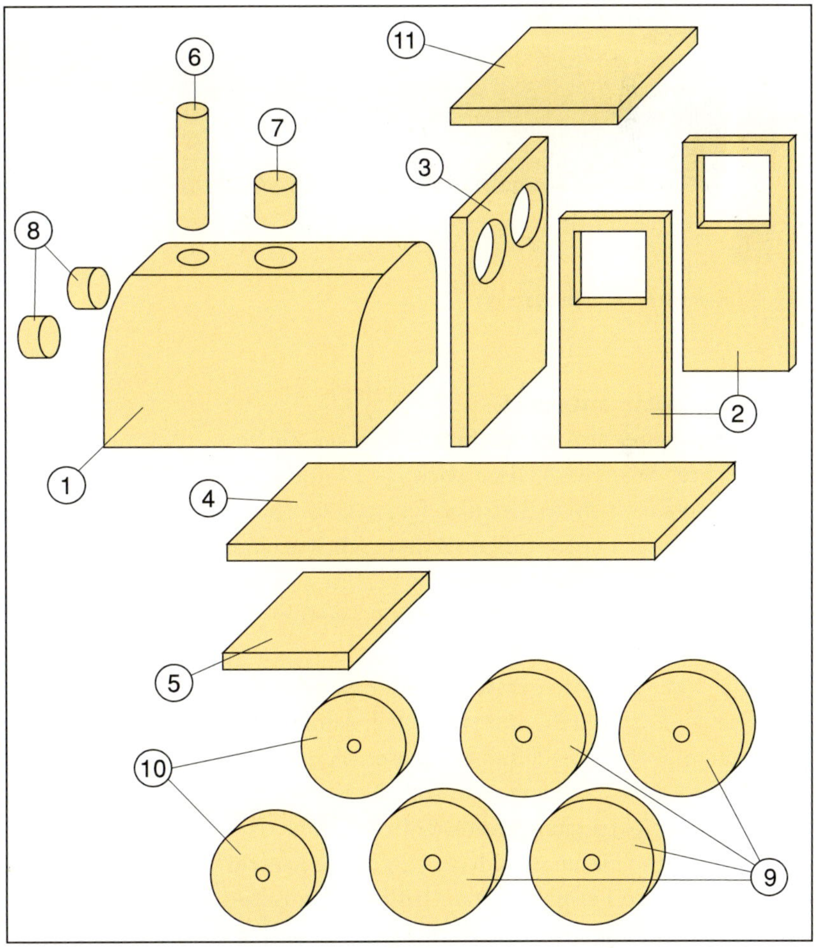

77.1 Explosionszeichnung

Explosionszeichnung
Wie bei einer Explosion wird das gesamte Produkt – hier die Holzlokomotive – wie auseinander gesprengt gezeichnet. Diese Zeichnung erleichtert das Verständnis für die Lage der einzelnen Teile und hilft beim Zusammenbauen der Einzelteile. Explosionszeichnungen werden meist von Experten – so genannten technischen Zeichnern – angefertigt.

Die Reihenfolge muss stimmen!

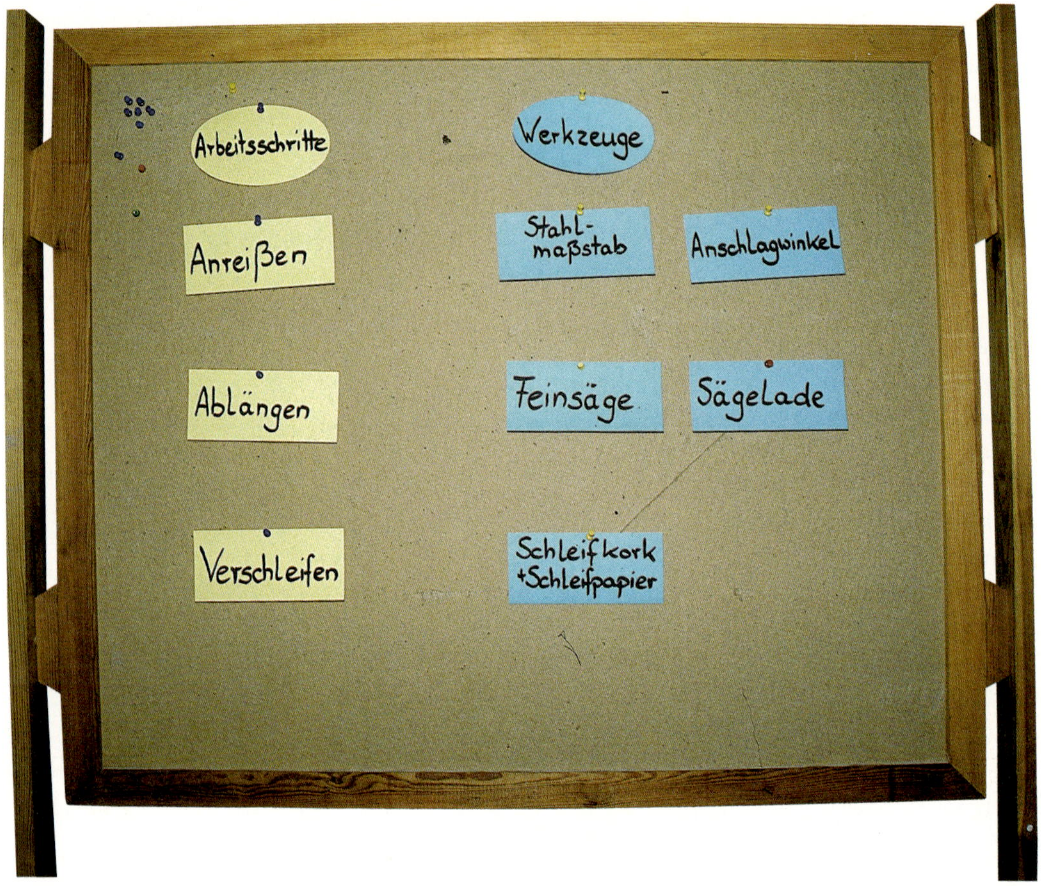

78.1 So kann ein Arbeitsplan aussehen

Ein Arbeitsplan entsteht

Mit richtig geplanten Arbeitsschritten lässt sich ein Produkt leichter herstellen. Diese wichtigen Informationen werden auf einem Arbeitsplan festgehalten. So erhält man über alle notwendigen Arbeitsschritte einen guten Überblick und kann gleichzeitig bestimmen, welche Werkzeuge oder Maschinen benötigt werden.

Manche Arbeitsschritte müssen in einer ganz bestimmten Reihenfolge durchgeführt werden. Andere können hingegen in beliebiger Reihenfolge erfolgen. Wenn man dies erkannt hat, kann man zum Beispiel die Arbeiten an der elektrischen Ständerbohrmaschine dann ausführen, wenn niemand anderes gerade die Maschine benötigt – so vermeidet man lange Wartezeiten. Man führt statt dessen andere Tätigkeiten aus, die nicht an eine bestimmte Reihenfolge gebunden sind.

Wenn man ein Produkt selbst entwirft, dann hilft der Arbeitsplan in der richtigen Reihenfolge vorzugehen. Der Arbeitsplan erleichtert die Herstellung und hilft Fehler zu vermeiden.

- *Erstellt einen Arbeitsplan für die Herstellung eures Produktes. Notiert auch die dazu notwendigen Werkzeuge.*
- *Überlegt, in welcher Reihenfolge die Arbeitsschritte durchgeführt werden.*
- *Sucht nach Möglichkeiten, wie ihr die Reihenfolge bei Engpässen an bestimmten Maschinen verändern könnt.*

Lehrgang: Vom Messen zum Anreißen

Messen kann man mit Messwerkzeugen wie Gliedermaßstab und Stahlmaßstab. **Anreißen** nennt man das Anzeichnen von Maßen und Formen auf dem Werkstück. Beim Messen und Anreißen muss man sehr genau arbeiten, damit die Einzelteile eines Werkstücks am Ende auch zusammenpassen.

Für Messungen mit einer Genauigkeit bis zu einem Millimeter wird ein **Gliedermaßstab** verwendet (79.1). Der **Stahlmaßstab** (79.2) hat eine Skala mit Halbmillimetereinteilung. Mit ihm können sehr genaue Messergebnisse erzielt werden. Beide Maßstäbe beginnen bei **Null**.

79.1

79.2

Beim Ablesen von Maßstäben wird der Blick senkrecht auf die Skala gerichtet, da sonst **Ablesefehler** auftreten. Um **Messfehler** (79.4) zu vermeiden, wird der Maßstab immer im rechten Winkel zur Bezugskante angelegt (79.3). Das Werkstück darf beim Messen nicht verschmutzt sein.

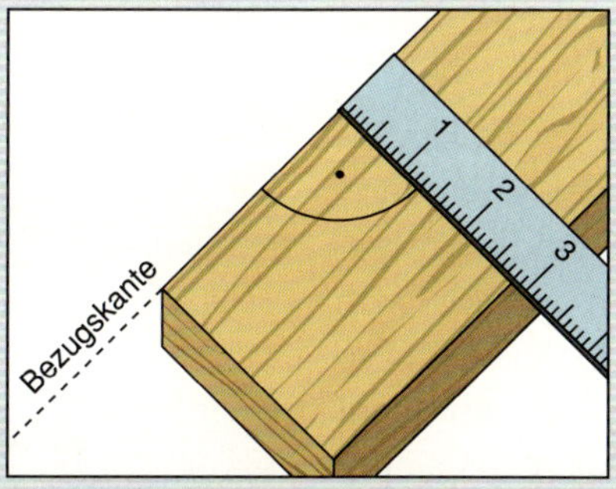

79.3

79.4

An den Bildern 79.5 und 79.6 ist das fachmännische Anreißen eines rechtwinkligen Sägeschnitts zu erkennen. Wichtig ist, dass ein spitzer Bleistift verwendet wird, der schräg zum **Anschlagwinkel** geführt und zum Körper gezogen wird. Der Anschlagwinkel muss exakt an der Werkstückkante anliegen.

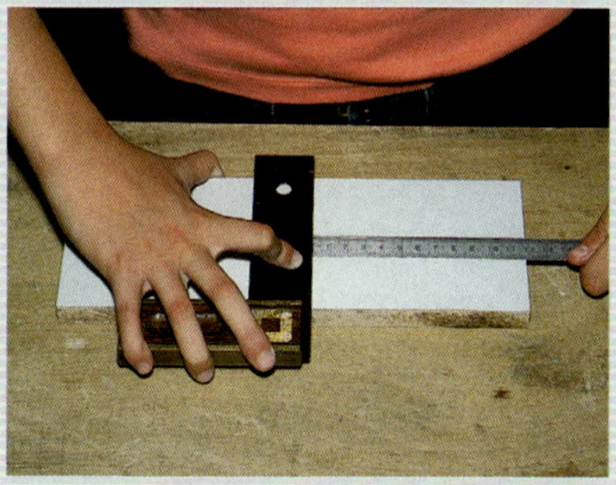

79.5

79.6

Bohrungen werden mit einem Kreuz markiert. Es wird von zwei **Bezugskanten** ausgehend gemessen und angerissen (79.7). In der Mitte des Kreuzes wird mit dem **Vorstecher** (79.8) eine punktförmige Vertiefung eingestochen. So kann die Spitze des Bohrers genau an diesem Punkt eindringen.

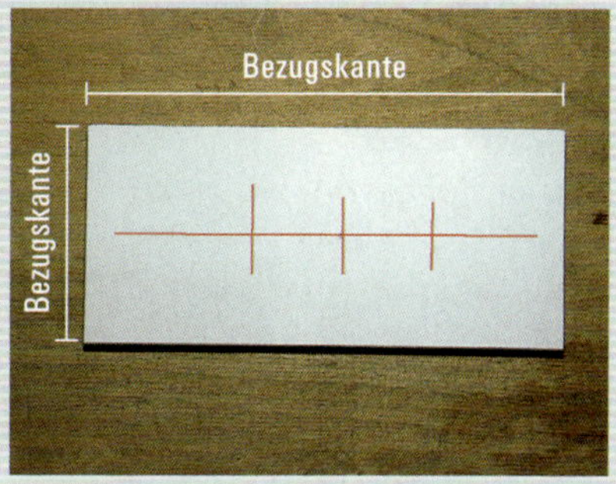

79.7

79.8

Jetzt fallen Späne!

Sägen

Fast jeder kennt das Sprichwort „Wo gehobelt wird, da fallen Späne". Späne gibt es auch beim Sägen. Dort sind die Späne aber meist sehr klein. Mithilfe einer Säge werden große Holzstücke auf das passende Maß oder in die gewünschte Form gebracht. Je nach Aufgabe muss man die dafür passende Säge auswählen. Zuerst muss man aber die Eigenschaften der einzelnen Sägen kennen, bevor man diese Entscheidung treffen kann.

80.1 Feinsäge

Die Feinsäge: Mit der Feinsäge lassen sich gerade Schnitte machen. Durch das lange, gerade Sägeblatt aus Metall und einer oben angebrachten Verstärkung wird verhindert, dass sich das Sägeblatt verbiegt. Mithilfe einer Sägelade kann man den Schnitt noch verbessern.

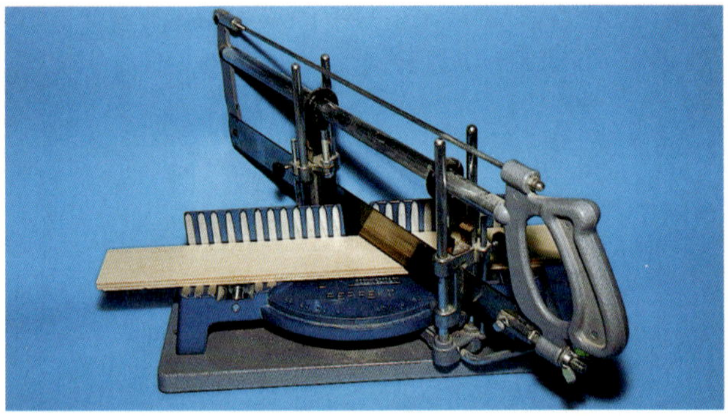

80.2 Gehrungssäge

Die Gehrungssäge: Die Gehrungssäge ist besonders gut für rechtwinklige Schnitte geeignet. Man kann auch andere Winkel einstellen, wenn man zum Beispiel für einen Bilderrahmen einen Winkel von 45 Grad (Gehrung) benötigt. Gehrungssägen sind so genannte „Stoßsägen", das heißt, die Säge schneidet immer dann, wenn man sie nach vorne schiebt oder eben „stößt". Deshalb kann sie auch manchmal etwas haken. Dann hilft es, den Druck auf die Säge zu verringern, um die Säge wieder in Bewegung zu setzen.

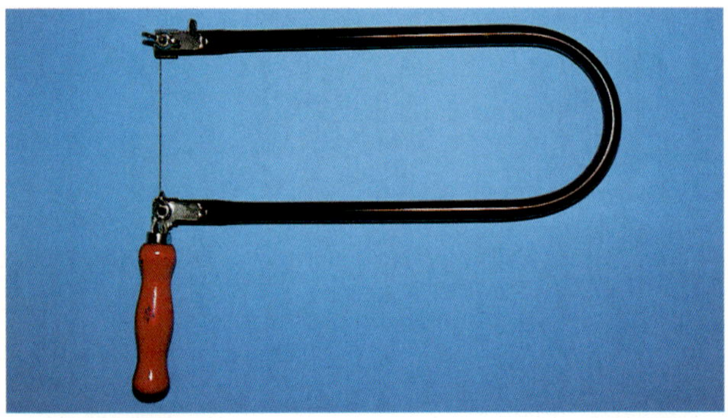

80.3 Laubsäge

Die Laubsäge: Das Sägeblatt der Laubsäge unterscheidet sich völlig von denen der anderen Sägen. Erst beim genaueren Hinsehen entdeckt man die kleinen Sägezähne. Bei einem richtig eingespannten Laubsägeblatt müssen diese Zähne zum Griff zeigen. Die Laubsäge schneidet dann, wenn man sie in Griffrichtung zieht. Das Sägen mit der Laubsäge erfordert Geschick. Man darf am Anfang nicht verzweifeln, wenn ein Sägeblatt bricht oder die Säge im Werkstück verklemmt. Am besten kommt man zurecht, wenn man die Säge langsam bewegt und das Werkstück auf dem Laubsägetisch dreht. Zu starker Druck führt zum Verklemmen. Zum Laubsägen muss man sich immer hinsetzen und den Laubsägentisch auf Brusthöhe einstellen. Laubsägen sind ideal für Kurvenschnitte, da man durch das kleine Sägeblatt die Sägerichtung leicht ändern kann.

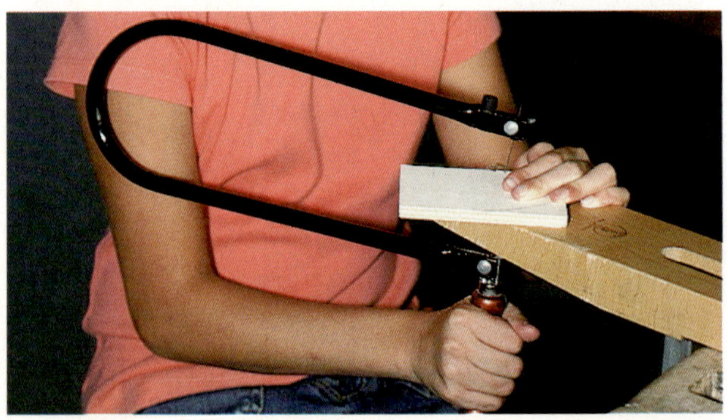

80.4 Schüler am Laubsägentisch

Feilen und Raspeln

Auch beim Feilen und Raspeln werden Späne produziert. Allerdings sind Feilen und Raspeln nicht zum Trennen von Holz geeignet, sondern zum Verändern der Form eines Werkstückes.

Die Raspel: Raspeln benötigt man zur groben Formveränderung. Es gibt sie in verschiedenen Formen und mit verschieden großen Zähnen. Die Größe der Zähne ist dafür verantwortlich, wie viel Material abgeraspelt wird. Die Raspel wird mit einer Hand hinten am Griff (dem Heft) und mit der anderen Hand am vorderen Ende gehalten. Durch gleichmäßigen Druck auf beide Enden erhält man die besten Ergebnisse. Raspeln schneiden nur bei der Vorwärtsbewegung. Beim Zurückziehen verringert man den Druck und die Späne können entweichen. Wichtig ist, dass man quer zur Faserrichtung des Werkstückes raspelt.

Die Feile: Auch Feilen gibt es in verschiedenen Formen. Je nach gewünschter Form des Werkstücks sucht man sich die dafür passende Feilenform aus. Feilen machen eine glattere Oberfläche als Raspeln. Je feiner die Schneiden der Feilen sind, desto glatter wird die Oberfläche beim Feilen.

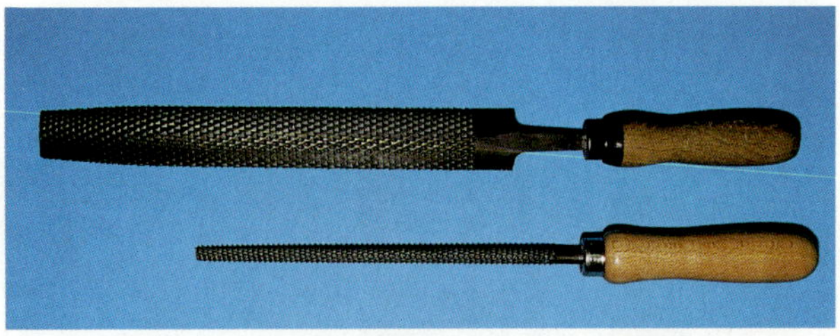

81.1 Verschiedene Raspeln

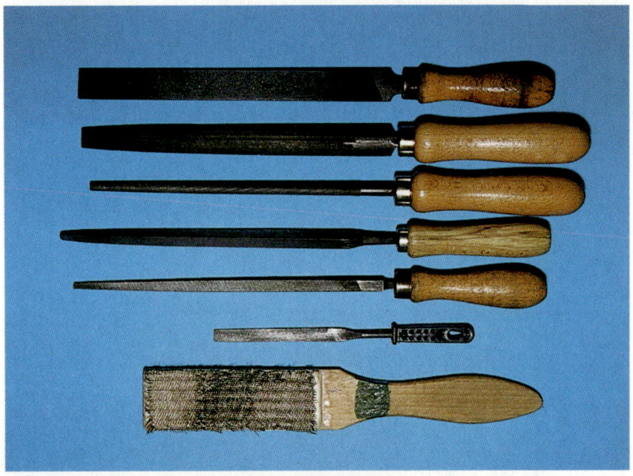

81.2 Verschiedene Feilen mit Feilenbürste

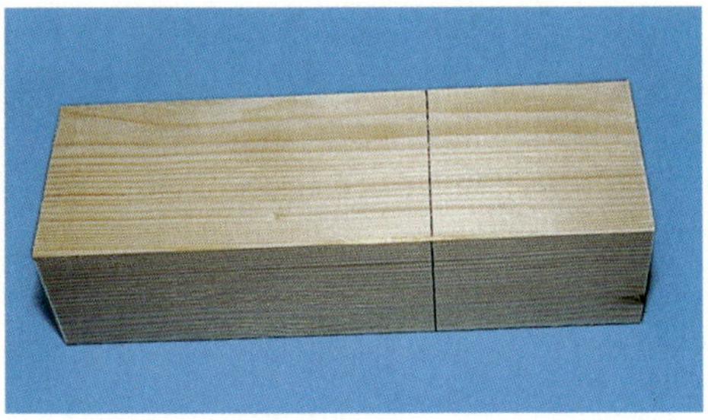

81.3 Kantholz mit Anrisslinie

81.4 Dampfkessel mit Anrisslinie

81.5 Führerhauswand mit Anrisslinie

- *Die drei kleinen Fotos 81.3 bis 81.5 zeigen verschiedene Aufgaben für den Einsatz von Sägen, Raspeln und Feilen. Sucht euch für jede Aufgabe das richtige Werkzeug aus und begründet eure Entscheidung.*

L

Lehrgang: Zusammengefügtes muss halten

82.1 Leimen und Spannen

82.2 Nageln und Leimen

82.3 Schrauben

Es gibt verschiedene Verbindungstechniken, mit denen man Einzelteile eines Produktes oder Gegenstandes zusammenfügen kann. Man unterscheidet zwischen lösbaren und nicht lösbaren Verbindungen. Lösbare Verbindungen, wie zum Beispiel geschraubte, können geöffnet werden, ohne das Werkstück dabei zu zerstören. Anders ist dies bei Leimverbindungen. Sie sind so fest, dass sie ohne Zerstörung des Werkstücks nicht mehr gelöst werden können.

Leimen und Spannen: Dauerhaft und sehr fest lässt sich Holz durch Leimen verbinden. Die Einzelteile müssen dazu an der Verbindungsstelle gut aneinander passen. Wichtig ist auch, dass die Holzfläche sauber und staubfrei ist. Durch gleichmäßiges Auftragen von Holzleim auf beide Seiten wird die Verbindung vorbereitet. Mithilfe einer Schraubzwinge spannt man die Einzelteile fest zusammen. Anschließend wischt man mit einem feuchten Tuch den überschüssigen Holzleim ab. Nach einer Presszeit von 10 – 30 Minuten kann man die Schraubzwinge entfernen.

Nageln und Leimen: Das Nageln und Leimen ist eine Kombination von zwei Verbindungstechniken. Zuerst trifft man die gleichen Vorbereitungen wie beim Leimen. Anstatt der Schraubzwingen werden an der Verbindungsstelle Nägel eingeschlagen. Mit den Nägeln werden die Einzelteile zusammengezogen und aneinander gepresst. Das Anbringen einer Schraubzwinge kann entfallen.

Schrauben: Durch Schrauben kann man zwei Holzelemente sehr fest miteinander verbinden und bei Bedarf durch das Herausdrehen der Schrauben wieder lösen. Um Schrauben anzubringen, muss man die Einzelteile vorbohren. Dazu muss man mit zwei verschieden großen Bohrern arbeiten. In das Einzelteil, in dem der Schraubenkopf sitzt, muss man so groß bohren, dass die Schraube durchgesteckt werden kann. Im anderen Einzelteil wird eine kleinere Bohrung angebracht. Schrauben müssen mit einem passenden Schraubendreher festgezogen werden. Gebräuchlich sind Schraubendreher für Schlitz- und Kreuzschlitzschrauben.

Lehrgang: schön und praktisch

Um das Aussehen eines Produktes zu verschönern oder um es haltbar zu machen, kann man die Oberfläche mit einem entsprechendem Mittel aus der unten stehenden Tabelle behandeln.

83.1 Schleifkork und Schleifpapier

Die Vorbereitung

Bevor man die Oberfläche behandelt, muss man den Untergrund vorbereiten. Mit dem Schleifpapier und einem Schleifkork verschleift man alle Unebenheiten. Je feiner das Schleifpapier ist, desto glatter wird die Oberfläche. Der Schleifkork sorgt für einen besseren Halt des Schleifpapiers. Nach dem Schleifen muss der Schleifstaub gründlich entfernt werden, damit die Oberfläche sauber ist und den Lack, das Öl oder die Lasur aufnehmen kann.

Verschiedene Verfahren zur Oberflächenbehandlung

Öl/Wachs	Öle und Wachse sind meist umweltfreundliche Mittel zum Schutz der Holzoberfläche. Das Holz ist anschließend Wasser abweisend. Ein Schutzanstrich mit Öl muss nach einiger Zeit wiederholt werden.
Lasur	Lasuren dringen in das Holz ein und schützen es von innen. Durch Lasieren bleibt die Struktur des Holzes sichtbar. Durch farbige Lasuren erhält man interessante Oberflächen.
Lack	Lacke bilden eine dauerhafte Schutzschicht, die das Holz von außen gegen Schmutz schützen. Es gibt farblose und bunte Lacke.

Das Auftragen

Man verwendet einen Pinsel für Lacke und Lasuren, ein Tuch oder einen Schwamm für Wachse und Öle. Man darf nicht zu viel auf einmal auftragen, sonst bilden sich Tropfen.

Gesundheitsschädlich

Alle Stoffe, die für die Gesundheit des Menschen schädlich sind, müssen mit diesem Zeichen versehen werden.

Leicht entzündlich

Alle Stoffe mit diesem Zeichen können leicht Feuer fangen und brennen. Man muss deshalb sehr vorsichtig mit ihnen umgehen.

Verarbeitungshinweise lesen!

Bevor man die Mittel zur Oberflächenbehandlung benutzt, muss man genau die aufgedruckten Verarbeitungs- und Sicherheitshinweise lesen. Man erhält dort wichtige Informationen zum Umgang mit dem Mittel und lernt mögliche Gefahren kennen. Die Tabelle erklärt zwei wichtige Symbole, die man immer wieder auf Verpackungen findet.

Stimmt die Qualität?

In einem Betrieb wird die Qualität der hergestellten Gegenstände ständig überprüft. Über Produkte, die schnell kaputt gehen, ärgert sich der Käufer, weil sie von schlechter Qualität sind.
Für jeden Gegenstand kann man Anforderungen bestimmen, die für eine gute Qualität wichtig sind. Ein Spielzeug darf zum Beispiel nicht schnell kaputt gehen und außerdem darf sich ein Kind beim Spielen daran nicht verletzen. Auch für Gegenstände, die in der Schule gebaut werden, muss man vor der Herstellung Qualitätsmerkmale bestimmen. Diese Merkmale müssen bei der Herstellung ständig geprüft werden. So ist es zum Beispiel wichtig, dass sich bei der Holzlokomotive die Räder gut drehen.

84.1 Qualitätssicherung im Betrieb

84.2

Funktionstüchtigkeit
- Drehen sich die Räder?
- Wackeln die Räder – haben sie zu viel Spiel?
- Laufen die Räder rund?
- Berühren alle Räder den Boden?
- Sind alle Einzelteile fest miteinander verbunden?
- …

Verarbeitung und Aussehen
- Sind alle Kanten sauber abgerundet?
- Ist die Oberfläche sauber geschliffen?
- Wurde überschüssiger Holzleim abgewischt?
- Sind die Einzelteile passgenau zusammengefügt?
- Wurde die Oberfläche fachmännisch behandelt?
- …

Bewertungsbogen für die Holzlokomotive von: Natalie

	gelungen	teilweise gelungen	nicht gelungen
Funktionstüchtigkeit			
• drehen sich die Räder?			
• Berühren alle Räder den Boden?			
• ...			
Aussehen Verarbeitung			
• sind alle Kanten sauber abgerundet?			
• ...			

Die Qualität des Produkts und der Arbeit verbessern

Die Bewertung des Produkts

Bevor man mit der Herstellung eines Produkts beginnt, legt man fest, welche Anforderungen es erfüllen muss.

Auf diese Anforderungen muss man bei der Herstellung achten. Bei der Lokomotive ist es zum Beispiel wichtig, dass sich alle Räder drehen und die Einzelteile sauber zusammenpassen. Nach der Fertigstellung wird mit einem Bewertungsbogen geprüft, ob das Produkt diese Anforderungen auch wirklich erfüllt.

Die Bewertung der Arbeit

Mit einer Selbstbewertung der eigenen Arbeitsweise kann man seine Fähigkeiten einschätzen lernen. Die Fremdbewertung der eigenen Arbeitsweise durch Mitschüler und Lehrer hilft diese Einschätzung zu überprüfen. Man kann so Stärken und Schwächen erkennen und damit seine Fähigkeiten immer weiter verbessern.

Bewertungsbogen Name: Natalie Bauer

[X] Selbstbewertung Fremdbewertung durch: ____________

Konnte Arbeitsanweisungen selbstständig umsetzen	☐ immer	☐ meistens	☐ selten
Benötigte Hilfestellungen	☐ nie	☐ manchmal	☐ oft
Konnte anderen helfen	☐ immer	☐ manchmal	☐ nie
Hat bei der Arbeit auf andere Rücksicht genommen	☐ immer	☐ meistens	☐ nie
War im Umgang mit Werkzeugen und Maschinen	☐ sehr sicher	☐ sicher	☐ unsicher
Hat sich an Sicherheitsvorschriften gehalten	☐ immer	☐ nicht immer	
Erledigte die einzelnen Arbeitsschritte	☐ schnell	☐ weniger schnell	
Konnte den Arbeitsplan selbstständig umsetzen	☐ immer	☐ manchmal	☐ nie
Hat bei der Gestaltung des Gegenstandes eigene Ideen eingebracht	☐ häufig	☐ manchmal	☐ nie

Mit der Bohrmaschine richtig umgehen

So klappt es beim Bohren

Mit der elektrischen Bohrmaschine werden im Technikunterricht Löcher gebohrt. Die elektrische Ständerbohrmaschine ermöglicht sehr genaues Bohren. Um in einem Werkstück eine Bohrung anzubringen, muss man das Bedienen einer solchen Maschine zuerst lernen. Das muss man wissen:

- die Funktionsweise einer Ständerbohrmaschine
- die einzelnen Arbeitsschritte
- die notwendigen Sicherheitsmaßnahmen.

Gehäuse
Im Gehäuse befinden sich der Antriebsmotor und das Getriebe.

Drehzahl
Die Drehzahl gibt an, wie schnell sich der Bohrer dreht. Die richtige Drehzahl hängt vom Bohrerdurchmesser und vom Werkstoff ab.

Ein- und Ausschalter
Wenn das Werkstück richtig eingespannt und die Bohrermitte ausgerichtet ist, wird hier die Maschine eingeschaltet. Nach dem Bohren schaltet man die Maschine sofort aus. Der Einschalter ist immer grün, der Ausschalter rot.

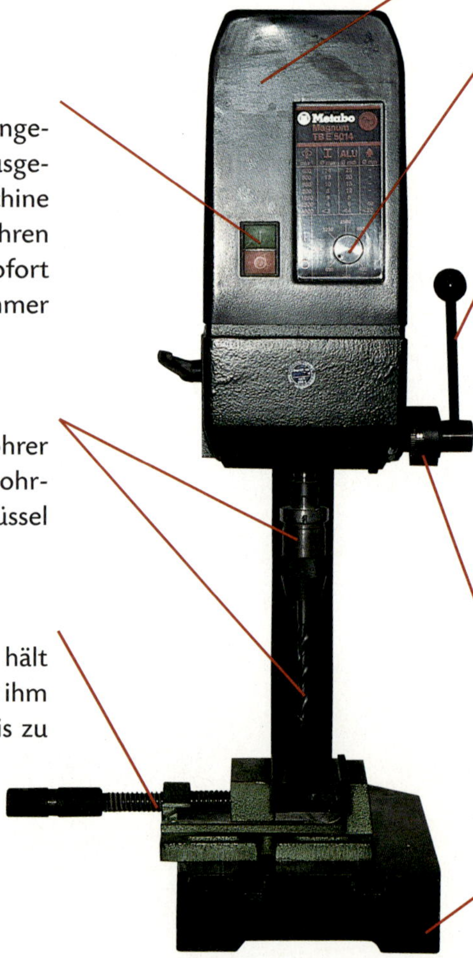

86.1

Vorschubhebel
Mit dem Vorschubhebel wird der sich drehende Bohrer in das Werkstück geführt. Dabei ist es wichtig, langsam zu drücken und durch zeitweises Zurückführen des Vorschubhebels die Späne entweichen zu lassen. Ist die Bohrung fertig, wird der Hebel wieder langsam in seine Ausgangsstellung zurückgebracht.

Bohrfutter und Bohrer
In das Bohrfutter wird der Bohrer eingespannt. Bei manchen Bohrfuttern ist dazu ein Spannschlüssel erforderlich.

Maschinenschraubstock
Der Maschinenschraubstock hält das Werkstück sicher fest. Mit ihm lassen sich nur Werkstücke bis zu einer bestimmten Größe einspannen. Eine Unterlage verhindert das Ausreißen am Ende der Bohrung.

Tiefeneinstellung
Mit der Tiefeneinstellung kann man die Tiefe der Bohrung vorher festlegen. Sie begrenzt den Weg des Vorschubhebels.

Maschinenfuß
Auf dem Maschinenfuß wird das Werkstück entweder mit einem Maschinenschraubstock oder Schraubzwingen befestigt.

87.1

Sicherheitsmaßnahmen und Arbeitsregeln beim Bohren

Ein Unfall ist nie Zufall. Durch das Beachten der Sicherheitsmaßnahmen und der richtigen Arbeitsregeln können Unfälle vermieden werden. Das abgebildete Gefahrenzeichen erinnert an dies. Eine zweckmäßige Kleidung, Konzentration und Aufmerksamkeit sind für die Sicherheit wichtige Voraussetzungen. Mit einer Checkliste lässt sich überprüfen, ob man an alles gedacht hat.

Eng anliegende Kleidung
Eine eng anliegende Kleidung verhindert, dass Ärmel oder andere Kleidungsstücke vom Bohrer mitgerissen werden.

Haarschutz
Bei längeren Haaren schützen eine Mütze oder ein Haarnetz vor Verletzungen. Die Haare können sich dann im drehenden Bohrer nicht verfangen.

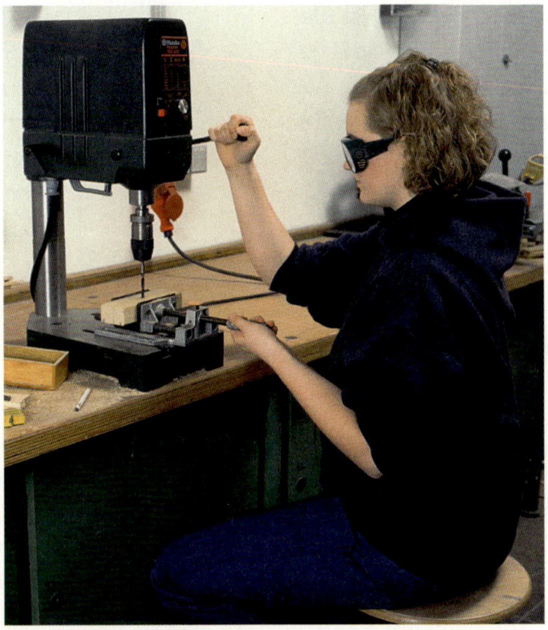

87.2 Sicheres Bohren

Spannvorrichtungen
Maschinenschraubstock und Spannvorrichtungen verhindern, dass das Werkstück mitgerissen wird.

Schmuck
Schmuck und Uhren müssen vor dem Bohren unbedingt abgelegt werden.

Schutzbrille
Die Schutzbrille hält umherfliegende Späne von den Augen fern.

So geht man vor

	Checkliste fürs richtige Bohren
✓	Bohrung anreißen und vorstechen
✓	richtigen Bohrer fest ins Bohrfutter einspannen
✓	korrekte Drehzahl und Bohrtiefe einstellen
✓	Werkstück fest einspannen
✓	Bohrer über der vorgestochenen Markierung ausrichten
✓	Bohrmaschine einschalten
✓	Vorschubhebel mit gleichmäßigem Druck langsam nach unten führen
✓	Späne durch wiederholtes kurzes Zurückführen entweichen lassen
✓	Nach dem Bohren: Vorschubhebel vorsichtig in seine Ausgangsstellung bringen
✓	Maschine ausschalten
✓	Werkstück entnehmen
✓	Bohrarbeitsplatz mit dem Handbesen säubern und Aufräumen des Bohrers

88.1

Der Bohrvorgang

Fast jeder Bohrer besteht aus zwei Schneiden und einer so genannten Schnecke. Die Schneiden dringen in das Material ein (siehe Abbildung) und schälen Stück für Stück etwas vom Werkstoff ab. Die Schnecke fördert die Späne aus dem Werkstoff heraus und verhindert so, dass das Bohrloch verstopft wird und sich der Bohrer darin verklemmt. Die Auswahl des richtigen Bohrers ist für das Gelingen des Bohrvorgangs entscheidend. Für jeden Werkstoff gibt es spezielle Bohrer. Die am häufigsten verwendeten Bohrer sind:

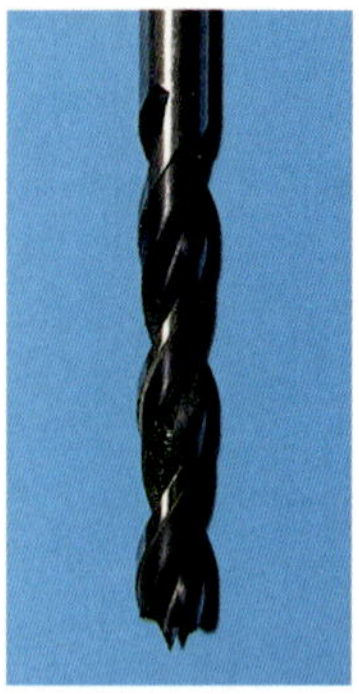

88.2

Der Holzspiralbohrer

Wie der Name schon sagt, ist dieser Bohrer zum Bohren in Holz gedacht. Er hat eine Zentrierspitze. Sie erleichtert das Ausrichten des Bohrers über der Bohrmarkierung.

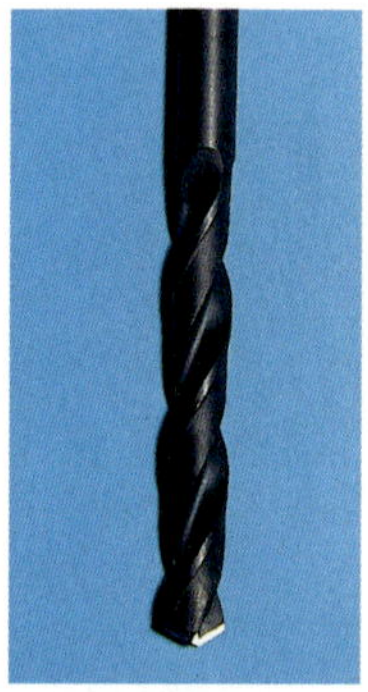

88.3

Der Universalbohrer

Mit dem Universalbohrer kann man verschiedene Werkstoffe bohren. Für Metalle und Kunststoffe werden Universalbohrer verwendet. In einer Bohrerkassette sind meist Größen von 1 bis 10 mm untergebracht.

88.4

Der Forstnerbohrer

Der Forstnerbohrer ist für große Bohrungen in Holz vorgesehen und auch er verfügt über eine Zentrierspitze. Er wird mit niedriger Drehzahl betrieben und vorsichtig in das Holz eingeführt. Mit ihm erhält man saubere Bohrungen.

88.5

Der Senker

Beim Säubern oder Entgraten von Bohrungen und zum Versenken von Schrauben wird der Senker eingesetzt. Er wird langsam und vorsichtig in den Werkstoff eingeführt. Mit einem korrekt eingestellten Tiefenanschlag können Bohrungen gleichmäßig gesenkt werden.

Die Drehzahltabelle

Eine richtig eingestellte Drehzahl ist für einen sauberen Bohrvorgang entscheidend. Mithilfe der abgebildeten Tabelle kann man die jeweils richtige Drehzahl bestimmen. Die Drehzahl hängt vom Bohrdurchmesser und vom Material ab. Je größer der Bohrdurchmesser ist, desto langsamer muss sich der Bohrer drehen. Die Angaben gelten bei Stahl und Kunststoff für Universalbohrer, bei Holz für Holzspiralbohrer und Universalbohrer.

Bohrerdurchmesser in mm	Drehzahl U/min		
	Holz	Stahl	Kunststoff
2– 4	3000	2200	1900
5– 6	2000	1350	1100
7– 8	1500	1000	850
9–10	1000	700	650
11–12	700	550	500
13–14	480	400	380
15–16	340	310	300

Der Bohrmaschinenführerschein

Mit dem Bohrmaschinenführerschein wird nachgewiesen, dass man in der Lage ist, die elektrische Ständerbohrmaschine unter Aufsicht des Lehrers oder der Lehrerin selbstständig zu bedienen.
Dazu muss man die Funktionsweise der elektrischen Ständerbohrmaschine gut kennen. Ebenso muss man richtig, unter Beachtung aller Sicherheitsvorschriften, bohren können.

Im Technikunterricht ist die Ständerbohrmaschine meist die erste elektrische Maschine, die verwendet wird. Der Bohrmaschinenführerschein kann nach Bedarf um die Berechtigung für zusätzliche Maschinen erweitert werden.

Bohrmaschinenführerschein

Der/die Schüler/in

Melanie Maier

hat die Berechtigung für das Arbeiten mit der Ständerbohrmaschine erworben. *

Musterdorf, 23. 03. 03
Ort, Datum

Melanie Meier
Unterschrift Schüler/in

Luis Lempel
Unterschrift Lehrer/in

Zusätzliche Maschinen

Der/die Inhaber/in dieses Dokuments kennt die Arbeitsregeln an nachfolgenden Maschinen und die entsprechenden Schutzmaßnahmen. Er/sie erhält daher die Erlaubnis diese Maschinen zu benutzen.

Maschine	Datum	Unterschrift Lehrer/in
______	______	______
______	______	______
______	______	______
______	______	______
______	______	______
______	______	______

* Diese Berechtigungen können bei Verstößen gegen Arbeitsregeln und Schutzmaßnahmen entzogen werden. Die jeweiligen Berechtigungen müssen dann erneut erworben werden.

- *Überlegt euch in der Technikgruppe ein Verfahren für die praktische Prüfung zum Bohrmaschinenführerschein.*
- *Denkt euch Fragen für den theoretischen Teil der Prüfung zum Bohrmaschinenführerschein aus.*

L

Lehrgang: Kunststoffe bearbeiten

Verschiedene Werkstoffe im Einsatz

Um im Technikunterricht einen Gegenstand aus Kunststoff herzustellen, verwendet man meist die gleichen Werkzeuge und Maschinen wie bei der Bearbeitung von Holz und Metall. Neu ist, dass sich Kunststoffe durch Erwärmung leicht biegen lassen.

Anreißen

Zum Anreißen von Bohrungen oder Sägelinien auf Kunststoffen sind Bleistift und Anreißnadel ungeeignet. Gute Ergebnisse erzielt man mit **wasserlöslichen Folienstiften**.

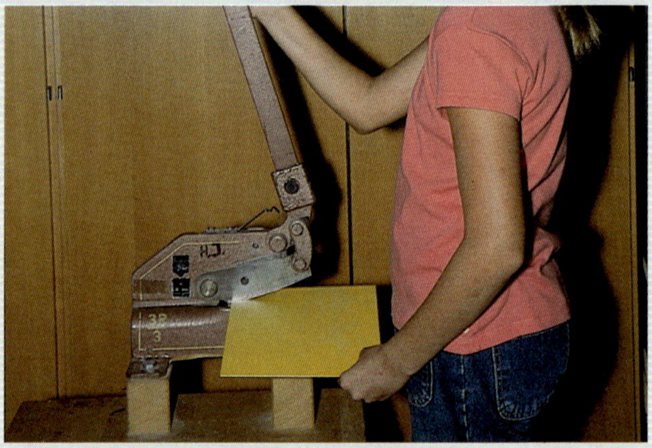

90.1 Schneiden mit der Hebelblechschere

Schneiden, Ritzen und Brechen

Dünne Kunststoffplatten lassen sich gut mit **Blechscheren** oder der **Hebelblechschere** trennen.
Mit einem **Papierschneidegerät** bekommt man bei Kunststofffolien sehr saubere und gerade Schnitte.
Werden Kunststoffplatten mit einer Reißnadel eingeritzt, lassen sie sich leicht über einer scharfen und geraden Kante brechen. Achtung: Beim Abbrechen muss zum Schutz gegen Splitter eine Schutzbrille getragen werden!

90.2 Ritzen und brechen

Sägen

Für das Sägen von Kunststoffen eignen sich alle Sägen mit feinen Zähnen wie **Feinsäge, Puksäge** und **Laubsäge**. Beim Sägen werden Kunststoffe schnell warm und können dann mit dem Sägeblatt verkleben. Es ist daher wichtig, keine hastigen Sägebewegungen zu machen und mit wenig Druck auf das Sägeblatt zu arbeiten. Wird das Sägeblatt mit Seife oder Wachs geschmiert, erleichtert dies die Arbeit.

90.3 Sägen mit der Dekupiersäge

91.1 Feilen von Rundungen

91.2 Entgraten mit der Ziehklinge

91.3 Kunststoffbohren

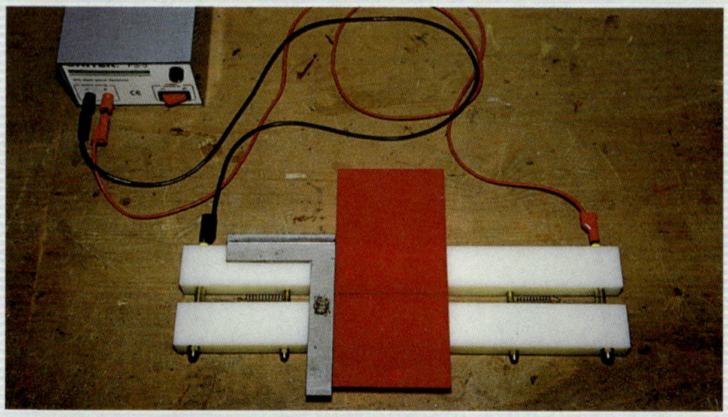

91.4 Biegen mit dem Heizdraht

Feilen, Entgraten und Schleifen

Kunststoffe bearbeitet man mit feinen **Metallfeilen.** Scharfe Kanten werden mit der **Ziehklinge** entgratet. Den letzten Schliff erhalten Rundungen und gerade Kanten durch das Schleifen mit sehr feinem **Schmirgelpapier.** Zum Schutz der empfindlichen Oberflächen vor Kratzern müssen mit Filz oder Gummi belegte **Schutzbacken** beim Einspannen im Schraubstock verwendet werden

Bohren

Kunststoffe werden mit **niedriger Drehzahl** und **wenig Druck** gebohrt. Bei hoher Drehzahl schmilzt der Kunststoff, der Bohrer verklebt mit dem Material und das Werkstück wird aus der Befestigung gerissen. Um das Ausbrechen der Bohrung zu verhindern, wird immer eine Holzunterlage verwendet.

Bohrungen mit kleinem Durchmesser bis 4 oder 5 Millimeter kann man mit **Universalbohrern** bohren. Für größere Bohrdurchmesser werden spezielle **Kunststoffbohrer** verwendet.

Biegen

Kunststoffe lassen sich in zwei große Gruppen einteilen: **Duroplaste** und **Thermoplaste**. Thermoplaste werden beim Erwärmen weich und behalten nach dem Erkalten ihre Form bei. Dieser Vorgang lässt sich beliebig oft wiederholen. Ein im Technikunterricht häufig verwendeter Thermoplast ist **Acrylglas.**

Ein Thermoplast wird gebogen, indem man ihn an der vorgesehenen Biegekante erwärmt. Um diese Arbeit zu erleichtern, gibt es spezielle Geräte wie das **Heizdrahtgerät.**

Den Heizdraht spannt man in eine Vertiefung der Arbeitsfläche und schließt ihn an einem Transformator an. Der heiße Draht erwärmt den darüber liegenden Kunststoff von unten. Um Rundungen zu biegen, muss man eine größere Fläche erwärmen. Hierfür eignet sich ein Heißluftföhn. Wird das Material zu lange erhitzt, bilden sich Blasen und der Kunststoff schmilzt. Erwärmt man zu kurz, bricht der Kunststoff beim Biegen. Achtung: Zum Schutz vor Verbrennungen müssen Arbeitshandschuhe getragen werden!

Lehrgang: Bearbeiten von Metallen

Metalle sind vielseitig einsetzbar. Es gibt Metalle, die sehr leicht und gut zu bearbeiten sind, wie zum Beispiel Aluminium. Stahl ist ein besonders festes Material, das zur Bearbeitung gutes Werkzeug und Ausdauer erfordert.

Sägen

Zum Sägen von Metall verwendet man eine Bügelsäge oder eine Puksäge mit einem speziellen Metallsägeblatt. Diese Sägen arbeiten auf „Stoß", das heißt, sie schneiden beim Nachvorneschieben.

Scheren

Beim Scheren wird mit einer Schere dünnes Blech geschnitten. Mit Blechscheren lassen sich Bleche bis 1,5 mm Stärke schneiden. Für ganz dünne Bleche ist die Goldblechschere besonders gut geeignet. Die Schnittkanten sind recht scharf und man kann sich an ihnen verletzen. Am besten entgratet man nach dem Schneiden die Kanten mit einer Feile. Zum Schutz vor Verletzungen trägt man Arbeitshandschuhe.

Feilen

Mit Feilen wird das genaue Maß oder die Form eines Werkstückes hergestellt. Auch die Oberfläche einer Sägekante kann man mit ihnen glatt feilen. Die Feile wird am Griff (Heft) und am vorderen Ende gehalten. Durch gleichmäßigen Druck auf beide Enden gelingt das Feilen am besten. Feilen müssen regelmäßig mit einer Feilenbürste von den Spänen gesäubert werden.

Biegen

Metalle lassen sich im Gegensatz zu Holz durch Biegen in der Form verändern. Dünne Metalle lassen sich in kaltem Zustand gut biegen. Dickere Metalle muss man zum Biegen erhitzen. Bleche werden im Schraubstock oder mit einer Biegevorrichtung gebogen. Drähte lassen sich ebenfalls im Schraubstock oder mit einer Zange zurechtbiegen.

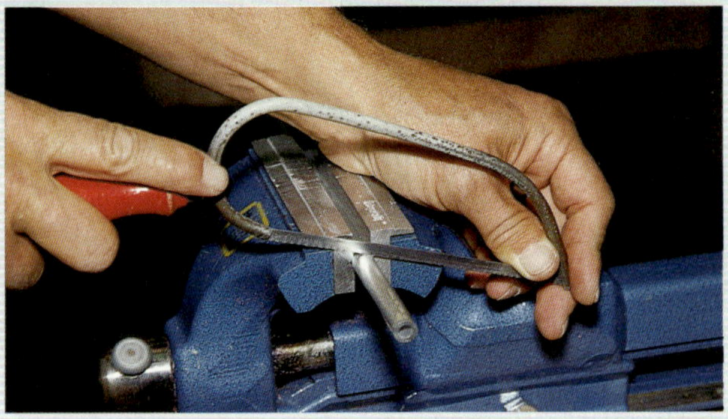
92.1 Sägen

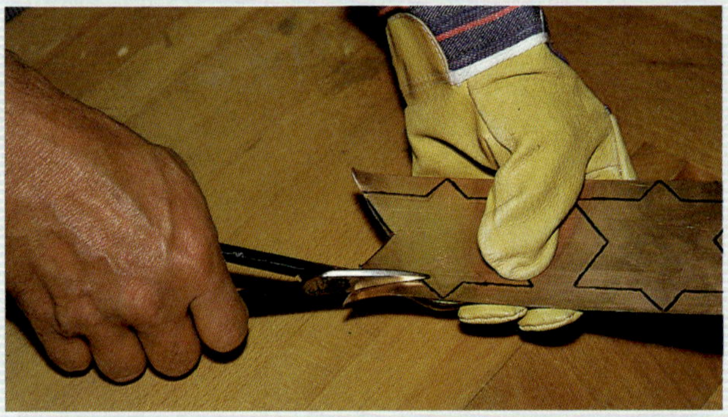
92.2 Scheren

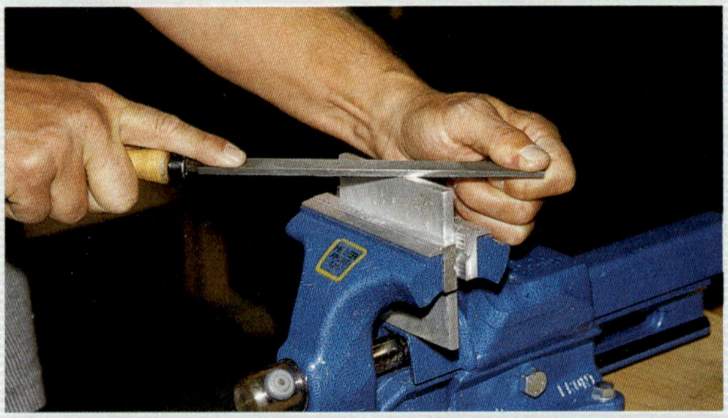
92.3 Feilen

92.4 Biegen

93.1 Nieten von Metallen

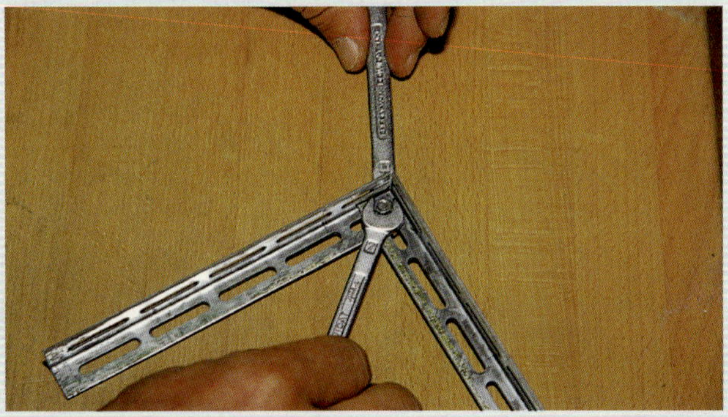

93.2 Verschrauben von Metallen

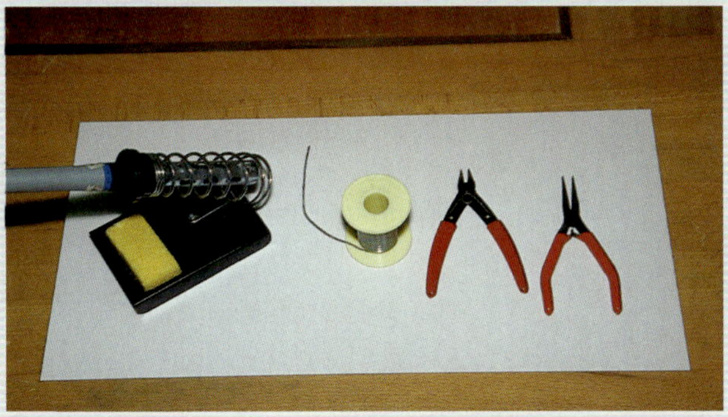

93.3 Lötarbeitsplatz

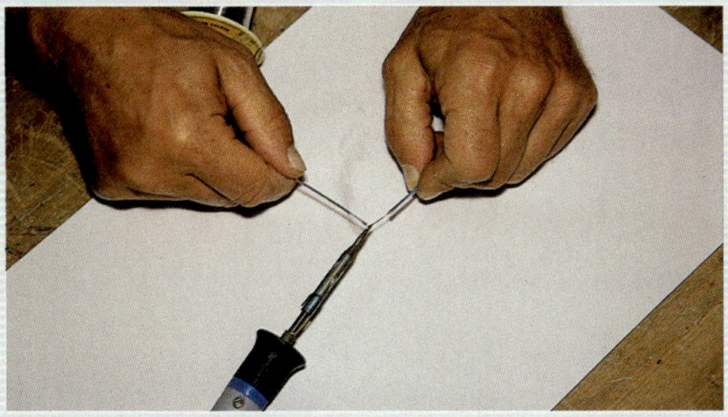

93.4 Verzinnen einer Litze

Verbinden von Metallen

Es gibt verschiedene Möglichkeiten, um Metalle miteinander zu verbinden. Man unterscheidet zwischen lösbaren und nicht lösbaren Verbindungen.

Nieten

Dünne Bleche lassen sich schnell und haltbar mit Nieten verbinden. Dazu müssen beide Bleche fest miteinander verspannt und gemeinsam gebohrt werden. Die Bohrung muss genauso groß wie der Durchmesser der Niete sein. Am einfachsten ist das Verbinden von Einzelteilen mit einer Blindniete. Die Niete wird dazu durch beide Einzelteile in die vorgesehene Bohrung gesteckt und mit der speziellen Nietenzange in die richtige Form gezogen. Das Nieten ist eine nicht lösbare Verbindung.

Schrauben

Metalle werden am häufigsten durch Schrauben und Muttern miteinander verbunden. Dazu müssen Bohrungen in beiden Einzelteilen vorhanden sein, durch die man die Schraube hindurchsteckt. Schrauben und Muttern besitzen beide ein Gewinde. Mit passenden Schraubendrehern und Gabelschlüsseln werden die Schrauben und die Muttern angezogen (gekontert). Schrauben und Muttern gibt es in verschiedenen Größen und mit unterschiedlichsten Kopfformen.

Löten

Kupfer, Messing, Bronze und Zink sind Metalle, die man durch Löten miteinander verbinden kann. Die Verbindungsstellen müssen sehr sauber (blank) sein. Am besten putzt man die Lötstellen mit Stahlwolle so lange, bis das Material glänzt. Anschließend erwärmt man die Lötstelle mit dem elektrischen Lötkolben, bis das Lötzinn auf der Lötstelle schmilzt. Man muss darauf achten, dass die Spitze des Lötkolbens sauber bleibt. Das Lötzinn muss zwischen die Metallteile fließen. Mit einem feuchten Schwamm kann man den Lötkolben reinigen. Lötverbindungen kann man durch Erhitzen der Lötstelle wieder lösen, allerdings bleiben dann Reste des Lötzinns am Material sichtbar.
Beim Löten muss man stets eine nicht brennbare Unterlage verwenden und darauf achten, dass sich niemand am Lötwerkzeug verbrennt. Ein Lötkolbenständer und ein entsprechend vorsichtiger Umgang mit dem Lötkolben schützen vor Verletzungen.

Der Einsatz bestimmt den Werkstoff

Produkte werden aus verschiedenen Materialien hergestellt. Oft werden bei einem Produkt unterschiedliche Werkstoffe verwendet. Dies hängt von den Anforderungen ab, die an ein Produkt gestellt werden. Die Tabellen geben über die Eigenschaften von einigen Metallen und Kunststoffen Auskunft.

Metalle

Bezeichnung	Eigenschaften	Verwendung
Aluminium	Leicht, lässt sich gut biegen und sägen, witterungsbeständig	Flugzeugbau, Felgen, Karosserieteile, Verpackungen
Kupfer	Lässt sich sehr gut biegen und sägen, weich, dehnbar, witterungsbeständig	Rohre, Dachrinnen, elektrische Leitungen
Stahl	Hart, hält hohen Belastungen stand, lässt sich schmieden, muss vor Rosten geschützt werden	Fahrzeugbau, Maschinen, Werkzeuge, Tragwerke bei Brücken und Gebäuden

Kunststoffe

Bezeichnung	Eigenschaften	Verwendung
Acrylglas (z. B. Plexiglas)	Thermoplast. Leicht, witterungsbeständig, glasklar und in verschiedenen Farben erhältlich, lässt sich gut bearbeiten und kleben, lässt sich durch Erwärmen biegen und tiefziehen	Als Glasersatz, Gehäuse, Badewannen, Werbeschilder
Polystyrol (z. B. Styropor und Styrodur)	Thermoplast. Leicht, wärmedämmend, gut formbar, sehr leicht zu bearbeiten	Isolierungen, Werkzeuggriffe, Verpackungen
Polyvinylchlorid (PVC)	Thermoplast. Hart und weich erhältlich. Entwickelt beim Erwärmen gesundheitsschädliche Dämpfe	Schläuche, Rohre, Behälter, Bodenbeläge, Folien

Ein Produkt aus verschiedenen Materialien entsteht

Klebefilmhalterung
Achse/Achsenführung?
Material?

Abrissvorrichtung
Form?
Material?

Seitenteile
Form?
Verbindungen?
Material?

Boden
Standhaftigkeit/Gewicht?
Material?

Methode: Von der Idee zur Umsetzung

IDEE!

Herstellung eines Klebefilmrollers aus verschiedenen Materialien

GROBPLANUNG ENTSCHEIDUNGSFRAGEN

- Welche Werkstoffe stehen zur Verfügung?
- Welche Form soll der Gegenstand haben?
- Aus welchen Einzelteilen besteht der Gegenstand?
- Welche Funktion haben die Einzelteile?
- Welche Werkzeuge/Maschinen kann ich einsetzen?

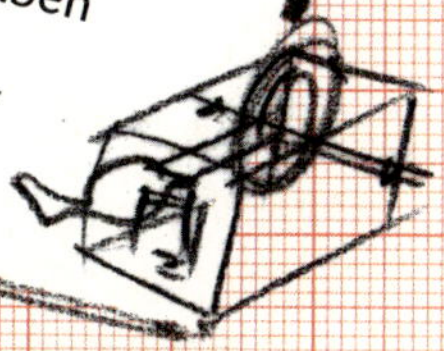

FEINPLANUNG

- Anfertigen eines Entwurfs
- Zeichnen von Detailskizzen
- Herstellen von Schablonen
- Erstellen einer Materialliste
- Festlegen der Verbindungstechniken

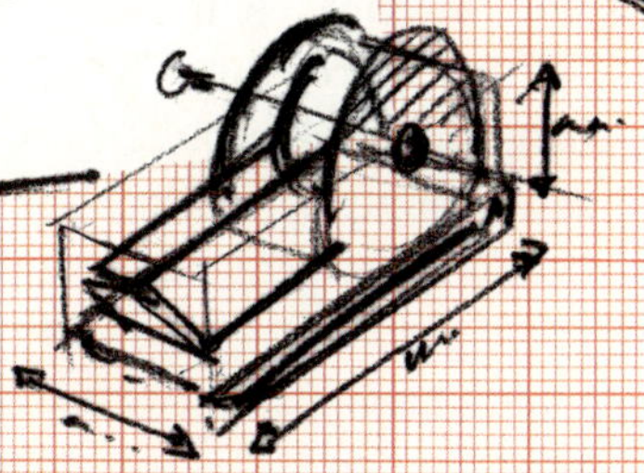

HERSTELLUNG

- Arbeitsplatz einrichten
- Materialien beschaffen und bereitlegen
- Benötigte Werkzeuge bereitlegen
- Maschineneinsatz im Team absprechen
- Übertragen der Entwürfe, Schablonen und Skizzen auf die Werkstoffe
- Fertigung der Einzelteile mit den entsprechenden Werkzeugen und Maschinen
- Montage der Einzelteile

KONTROLLE

- Gesamteindruck des Gegenstandes prüfen
- Erproben der Funktion
- Bei Bedarf Überarbeiten und Verbessern einzelner Teile

1 *Erstelle für den von dir ausgewählten Gegenstand eine Grob- und Feinplanung.*

2 *Stelle den Gegenstand her. Beachte dazu die hier genannten Punkte.*

3 *Arbeite bei der Kontrolle deines Gegenstandes mit deinen Mitschülern zusammen.*

Textile Materialien erforschen

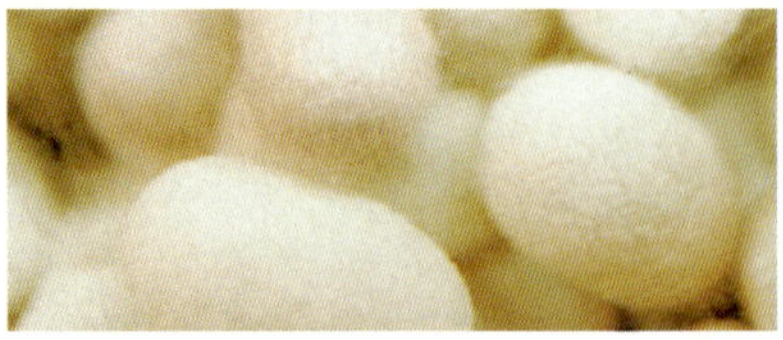

96.1 Seidenraupenkokon

96.2 Holz

96.3 Schaffell

96.4 Chemiefasergranulat

96.5 Hanf

96.6 Baumwolle

Steckbrief – Textil

Was wir machen? Für die Menschen sind wir schon seit Jahrtausenden wichtige Begleiter. Wir sind ihr Schutz und auch ihr Schmuck. Dass wir ihnen nützen, ist für sie längst eine Selbstverständlichkeit.

Wie wir aussehen! Das ist gar nicht einfach zu beschreiben, denn wir treten in verschiedenen Rollen auf. In allen Farben, mal weich, mal hart und dick oder dünn. Wir können sehr störrisch sein. Wenn es darauf ankommt, passen wir uns aber auch gerne an. Es ist gar kein Problem, wenn man uns schmusig samtig haben will – kratzbürstig sein macht aber auch Spaß.

Woher wir kommen? Auch hier lassen wir uns nicht festlegen. Manchmal stammen wir von Tieren, häufig aber auch von Pflanzen. Uns gibt es aus dem Reagenzglas und schließlich werden wir von Zeit zu Zeit auch alle zusammen gemischt. Mit einer Faser alleine fängt man wenig an. Deshalb treten wir immer im Team auf. Damit wir in unsere vielen Gestalten schlüpfen können, muss man uns erst einmal verarbeiten.

Wie wir uns weiterentwickeln können! Aus uns werden Garne und Flächen hergestellt, die man dann weiterverarbeiten kann. Zerschnitten, gerissen oder zusammengenäht, verstrickt, verfilzt, bedruckt oder gefärbt, zerknüllt, gefaltet oder ganz glatt gespannt, transparent, durchbrochen oder undurchdringlich: Zusammengebracht und verarbeitet bieten wir eine Fülle von Möglichkeiten.

Wie wir uns unterscheiden! Was uns von anderen Materialien wie zum Beispiel Holz oder Metall unterscheidet, das findet ihr leicht selbst heraus.

Textilien mit den Sinnen wahrnehmen

Wenn man ein Material sinnvoll einsetzen will, muss man dessen Eigenschaften kennen. Um diese Eigenschaften herauszufinden, müssen wir zuerst die Materialien untersuchen – und zwar am besten, indem wir unsere Sinne gezielt nutzen.

Warum mit verschiedenen Sinnen wahrnehmen?

Wenn man sich z. B. auf das Sehen verlässt, kann es leicht passieren, dass man sich täuscht. Ein Textil, das fließend aussieht, fühlt sich plötzlich störrisch an. Wir haben uns auf das Sehen verlassen und erst beim Fühlen haben wir den Irrtum festgestellt. Deshalb sollte man unterschiedliche Sinne einsetzen.

97.1 Tastversuch auf dem Rücken

Mit den Händen ertasten

Ertasten kann man Textilien auf unterschiedliche Weise. Wichtig dabei ist, dass die Eindrücke sofort beschrieben werden.

- Tastplatten sind z. B. Styroporplatten, auf die gleich große Stoffquadrate aufgebracht werden. Mit verbundenen Augen werden die Oberflächen der Textilien befühlt.
- Am Rücken von Mitschülern kann man Stoffstücke anstecken und ertasten.
- In Tastboxen, die geschlossen sind, kann man durch ein kleines eingeschnittenes Loch mit der Hand hineingreifen und einen innen liegenden Stoff befühlen.

Textile Materialien mit den Sinnen untersuchen

Durch das Kombinieren von Beobachtungen kann man textile Eigenschaften bestimmen.

Sehen und Beobachten
- Wie ist die Form?
- Wie ist die Farbe?
- Wie ist die Oberfläche beschaffen?
- Legen sich Falten und Knitter schnell wieder glatt?
- Schwebt oder sinkt das Material schnell zu Boden?

Hören
- Knistert es beim Knittern?
- Welches Geräusch entsteht beim Reißen?

Fühlen und Ertasten
- Ist es weich oder rau?
- Wärmt oder kühlt es?
- Ist es glatt oder mit Struktur?
- Ist es geschmeidig und fließend?

Tipp: Ein Tast-Memory lässt sich leicht bauen. Man braucht mehrere Schuhkartons mit einem Loch zum Hineingreifen. Die gleichen Stoffe, die in diesen Tastboxen sind, nochmals außen auslegen – diese Stoffe dürfen nicht berührt werden. Schaut und fühlt: Wer findet am schnellsten passende Stoffpaare?

Ausprobieren und Auswählen

Textile Materialien lassen sich unterschiedlich verarbeiten. Neben textilen Techniken wie Stricken oder Nähen können Textilien manchmal auch ohne Fachkenntnisse einfach be- oder verarbeitet werden.

Textile Materialien

befestigen auf:
- anderen textilen Materialien
- anderen textilen Gegenständen
- Holz
- Styropor
- …

verbinden durch:
- kleben
- stecken
- tackern
- aufnähen
- zusammennähen
- …

verändern durch:
- knoten
- knittern
- auflösen
- zerschneiden
- zusammensetzen
- falten
- wickeln
- glatt ziehen
- …

98.1 Vogelscheuche

98.2 unterschiedlich gestaltete Fotoalben

Hast du eigene Ideen?

98.3 Sommerstimmung – Textilcollage

98.4 Zelt

Materialien gezielt aussuchen

Textilien haben unterschiedliche Eigenschaften. Diese werden durch die verwendeten Rohstoffe und deren Weiterverarbeitung bestimmt. Bevor Profis einen textilen Gegenstand herstellen, machen sie sich deshalb viele Gedanken.

99.1 Winterpulli – wärmt und ist bequem

99.2 Geschirrhandtuch – saugfähig

99.3

99.4 Socken – strapazierfähig und dehnbar

99.5 Stoffrucksack – strapazierfähig, reißfest und Wasser abweisend

Textile Materialien untersuchen

Der spätere Verwendungszweck bestimmt sowohl die Auswahl des textilen Materials als auch die Verarbeitungstechnik.
Um Textilien richtig herstellen zu können, muss man diese Eigenschaften untersuchen.
Welches Material ist geeignet?

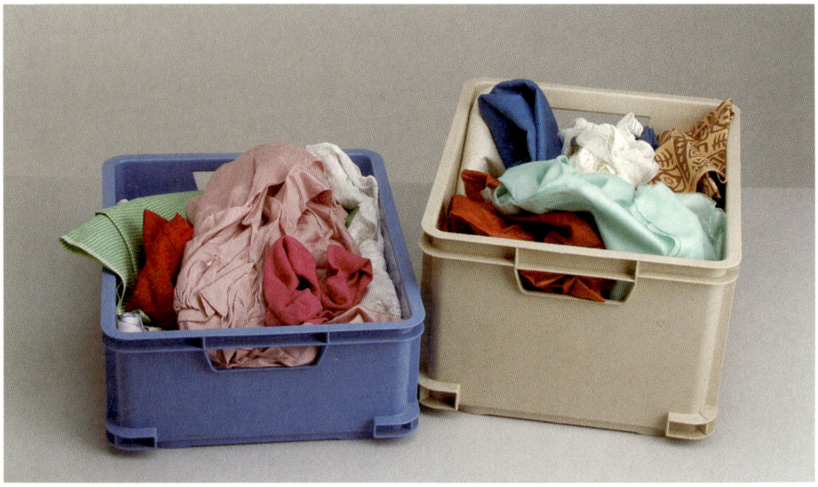

100.1 Restekisten

100.2 Pinnwand

100.3 Versuch – wie gut isolieren Textilien?

Wie man Textilien untersuchen kann:

1. Als Erstes muss man sich entscheiden, **welche Textilien** man untersuchen will.
2. Am besten überlegt man sich dann gemeinsam mit ein bis zwei anderen Schülern, auf **welche Eigenschaften** man diese Stoffe untersuchen kann.
3. Dann muss man herausfinden, **wie** die Eigenschaften untersucht werden können. Dazu kann man selbst Ideen entwickeln, in Fachbüchern nachschlagen oder Experten befragen.
4. Während man die **Untersuchungen** durchführt, werden die **Ergebnisse protokolliert**.
5. Zum Schluss lohnt sich noch der Vergleich mit den Ergebnissen anderer Gruppen. In einer **Auswertung** stellt man dann fest, warum die Ergebnisse gleich oder unterschiedlich sind.

Methode: Versuche protokollieren

Beim Protokollieren eines Versuches oder Experiments schreibt man auf, was man gehört, gesehen, gefühlt oder gemessen hat. Das Protokoll ist eine wichtige Gedächtnisstütze für alle Beteiligten. Hat man ein Experiment oder einen Versuch nicht selbst durchgeführt, kann man sich durch das Lesen des Protokolls leicht informieren.

Beim Versuchsprotokoll werden ...
- Experimente oder Versuche von der Aufgabenstellung bis zum Ergebnis dokumentiert
- auch die benötigten Geräte, Materialien und Hilfsmittel angegeben
- die Ergebnisse des Versuchs in einem oder wenigen Sätzen ausgewertet

101.1 Wie weit lässt sich der Stoff dehnen?

Das Versuchsprotokoll – ein Beispiel

Namen: *Marie, Alexander*

Problem: Was ist dehnbarer, Maschenware oder gewebte Stoffe?

Aufgabe: Überprüft in Partnerarbeit, welche der unterschiedlichen Stoffe sich dehnen lassen.

Geräte/Hilfsmittel/Material: *gleich große und nummerierte Stoffstücke (gestrickt, gehäkelt und gewebt) Maßband*

Durchführung: *Erst misst man die Seitenlänge der Stoffstücke ohne Dehnung, dann dehnt man die Stoffstücke und misst unter Zug noch einmal.*

Beobachtung:

		Stoff 1	Stoff 2	Stoff 3
Ungedehnt	Länge:	____	____	____
	Breite:	____	____	____
Gedehnt	Länge:	____	____	____
	Breite:	____	____	____
Stoffart		☐ aus Maschen ☐ gewebt	☐ aus Maschen ☐ gewebt	☐ aus Maschen ☐ gewebt

Auswertung: *Die Stoffstücke aus Maschen ...*

Mit Textilien arbeiten

Von der Idee zum Gegenstand

Die Vorstellung von einem Gegenstand alleine reicht nicht aus, wenn das Ergebnis gelingen soll.
Bevor man loslegt, muss man gut überlegen. Dabei geht jeder etwas anders vor. Damit man sich leichter entscheiden kann und das Planen schneller geht, kann man wie hier beschrieben vorgehen.

Ideen sammeln

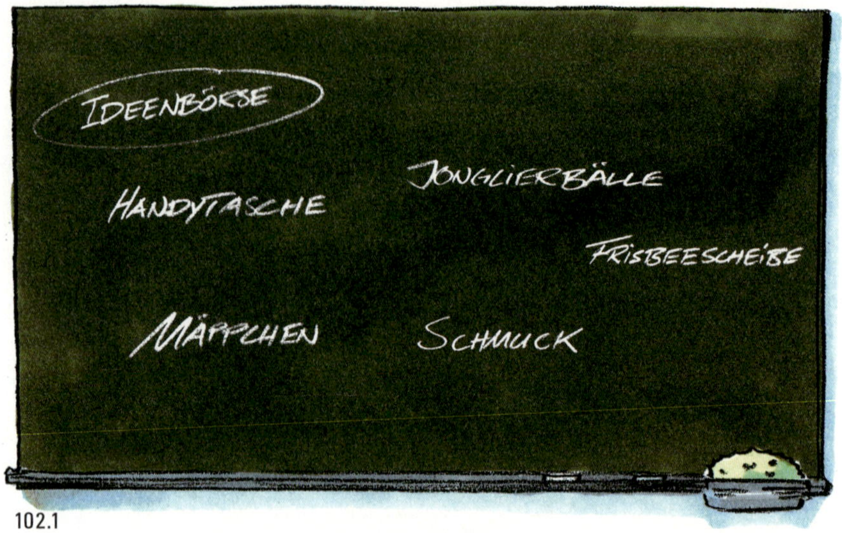

102.1

Vor- und Nachteile abwägen und eine Entscheidung für einen Gegenstand treffen

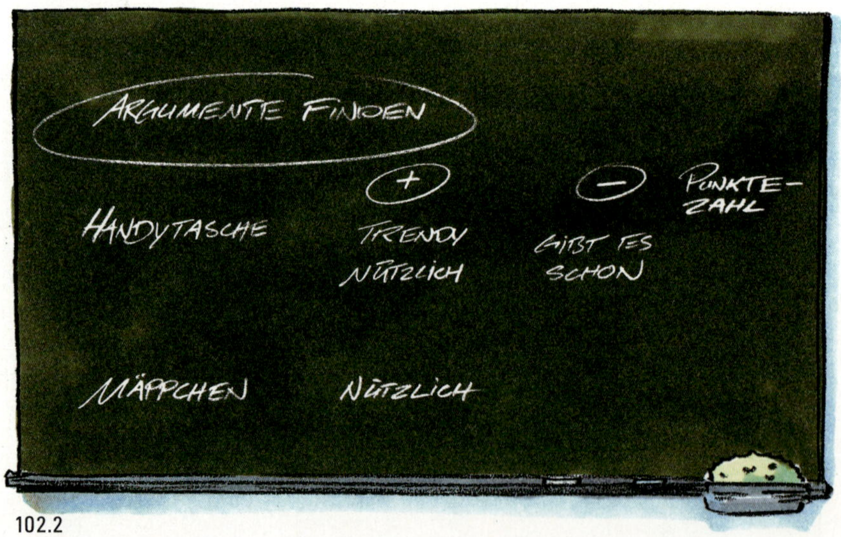

102.2

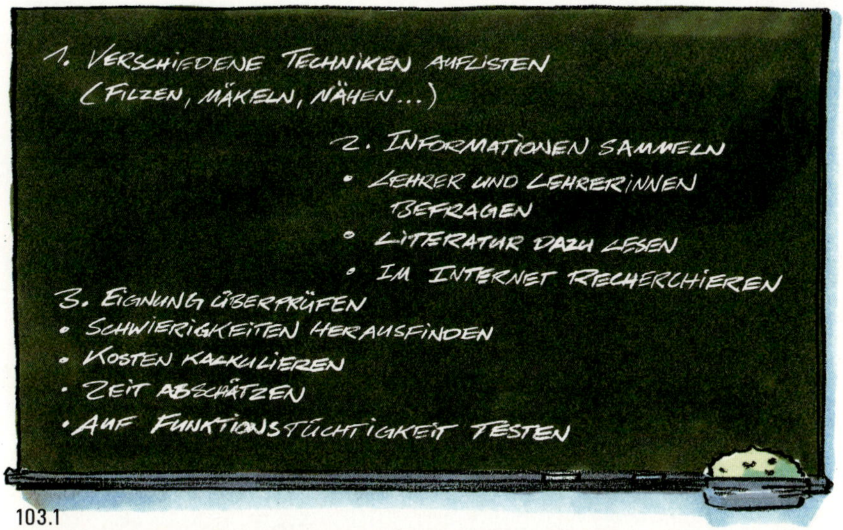

103.1

Vergleichen möglicher Techniken für den gewählten Gegenstand

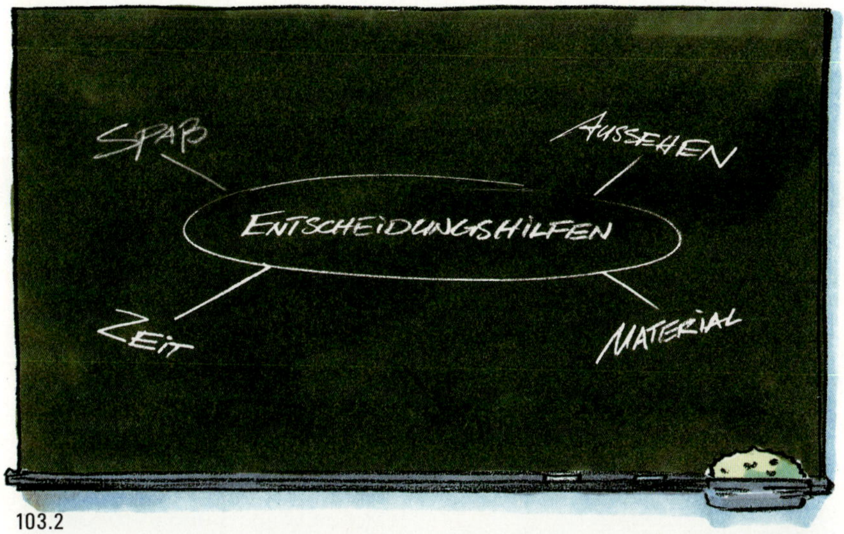

103.2

Sich für eine Technik entscheiden

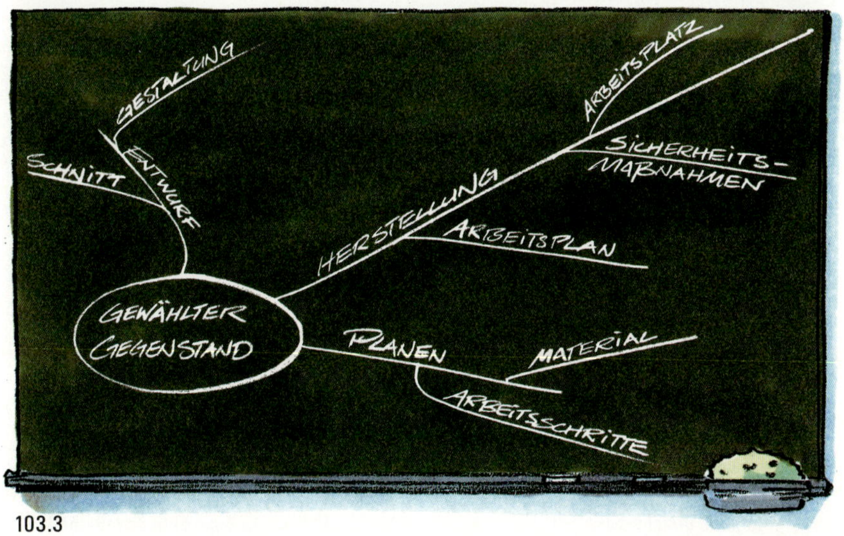

103.3

Planen, entwerfen und herstellen

Eine textile Technik auswählen

Wenn man mit Textilien arbeiten möchte, muss man sich für eine textile Technik – oder für eine Kombination mehrerer Techniken – entscheiden. Welche textile Technik man anwendet, hängt von unterschiedlichen Faktoren ab.

Die eigene Fähigkeiten einschätzen können.

Verschiedene textile Techniken kennen und vergleichen.

Erkennen, wofür sich die textile Technik eignet.

Was soll hergestellt werden?

Kosten und Zeit abwägen.

Geeignetes Material auswählen.

Textile Techniken

Textile Gegenstände können auf unterschiedliche Art und Weise hergestellt und gestaltet werden. Diese so genannten textilen Techniken werden unterschieden in:

Techniken, mit denen man Flächen herstellt:
- weben
- stricken
- häkeln
- filzen
- …

Techniken, mit denen man Flächen verarbeitet:
- mit der Hand nähen
- mit der Maschine nähen
- …

Techniken, mit denen man Flächen gliedert und gestaltet:
- sticken
- bedrucken
- färben
- …

Gefilzt oder genäht?

104.1 gefilzte Jonglierbälle

104.2 gefärbte und genähte Jonglierbälle

Viele Möglichkeiten

Applizieren ...
ist eine Technik, mit der man Stoffe und Gegenstände gestalten kann. Stoffstücke werden von Hand oder mit der Nähmaschine auf andere Stoffe genäht. Je nach Geschmack können einfache Formen (Dreieck, Kreis, Quadrat), Vorlagen aus der Natur (z. B. Blätter) oder Kombinationen aus beidem ausgewählt werden.

105.1

Stoffe bedrucken ...
ist eine weitere Möglichkeit das Aussehen von Stoffen zu verändern. Mit Hilfe von Stempeln oder Schablonen – die man ganz einfach selbst herstellen kann – bedruckt man den entsprechenden Stoff oder einen bereits fertigen Gegenstand.

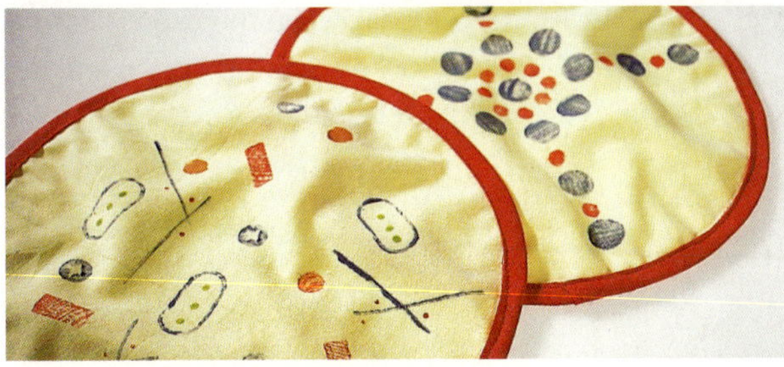

105.2

Häkeln ...
ist eine Möglichkeit, Flächen von Grund auf selbst herzustellen. Aus Garn bildet man dazu mit einer Häkelnadel Maschen. Je nachdem, mit welchen unterschiedlichen Maschenarten man häkelt und was für Garne und Garnfarben man verwendet, kann dasselbe Produkt ganz unterschiedlich aussehen.

105.3

Sticken ...
ist der Name für das Gestalten von Textilien mit Stickstichen. Es gibt viele Stickstiche und Sticktechniken, die das Aussehen ganz unterschiedlich verändern. Die meisten Stiche lassen sich einfach lernen. Gestickt werden kann von Hand oder mit der Maschine.

105.4

Es gibt weit mehr textile Techniken, mit denen man Gegenstände herstellen oder verändern kann. Mit Hilfe von Büchern oder Fachzeitschriften kann man sich leicht informieren. Am besten ist es, wenn man sich von jemandem anleiten lässt, der die textilen Techniken beherrscht.

Tipp:
Wer sich über textile Techniken informieren möchte oder Anleitungen sucht, findet diese im Internet. Es gibt viele Seiten über Stricken, Filzen, Patchwork usw.
Da die textilen Techniken oft unter dem Begriff „Handarbeit“ zusammengefasst werden, lohnt sich eine Suche unter diesem Sammelbegriff.

Lehrgang: Nach Anleitung selbstständig filzen

Beim Filzen werden mit Hilfe von Wasser und Seife Wollfasern so lange gewalkt (geknetet), bis sie eine dichte Filzfläche ergeben. Aus dieser lassen sich Bälle, Bekleidung, Schnüre, Mäppchen und vieles mehr herstellen. Als erste Filzübung kann man einen bunten Ball herstellen.

Das wird für einen kleinen Ball benötigt:
- 50 g Rohwolle in Naturfarbe
- 10 g farbige Wolle
- Gefäß mit heißer Kernseifenlauge

Grundprinzip beim Filzen – Faserrichtung ändern: Wollflocken oder -streifen immer mit der Faserrichtung im rechten Winkel zum vorangegangenen Streifen legen. Dadurch verfilzt die Rohwolle besser.

106.1

1. Schritt
Die Rohwolle für den Innenteil des Balles in sechs bis sieben gleichmäßige handtellergroße Stücke zupfen. Die farbige Wolle in kleine Wölkchen zupfen.

106.2

2. Schritt
Das erste naturfarbene Stück Wolle etwas in die Länge ziehen. Anschließend die Wolle in der Mitte einmal drehen. Dieser Vorgang erleichtert das Filzen, da der Ball einen harten Kern erhält. Die Enden aufeinander legen, um sie so über die Mitte zu wickeln, dass ein Kügelchen entsteht. Jetzt wird die Kugel das erste Mal in die Seifenlauge getaucht.

106.3

3. Schritt
Die zweite Schicht über den Kern des Balles legen. Dabei die Faserrichtung ändern (vgl. Grundprinzip)! Jetzt jedes weitere Stück der naturfarbenen Wolle auf die gleiche Weise um den immer dicker werdenden Kern wickeln. Den Ball ab und zu in die warme Seifenlauge tauchen und Faserschicht für Faserschicht sanft auflegen, bis die gewünschte Ballgröße erreicht ist.

106.4

4. Schritt
Die farbigen Wollflocken vorsichtig um den Ball legen. Dabei die Kugel immer wieder mit der Hand mit Wasser benetzen, damit die farbige Wolle auf dem Kern haftet. Diesen Vorgang so lange wiederholen, bis die ganze Oberfläche mit bunter Wolle bedeckt ist. Das Aussehen des Filzballes legt man mit diesem Arbeitsschritt fest.

107.1

5. Schritt
Jetzt erst erfolgt das eigentliche Filzen. Den Ball mit beiden Händen umfassen. Behutsam und mit wenig Kraft wird die bunte Wollschicht sanft angedrückt. Den Ball dabei immer wieder mit heißer Seifenlauge übergießen. Er sollte sich stets heiß anfühlen. Achtung: Gleichmäßig arbeiten, damit keine Fetzen vom Ball hängen.

107.2

6. Schritt
Mit vorsichtigen Streichbewegungen weiterarbeiten, wenn man spürt, dass sich die Wolle auf der Oberfläche verbindet.

107.3

7. Schritt
Sobald man merkt, dass die Oberfläche gut verfilzt ist, den Ball unter stärker werdendem Druck immer kräftiger zwischen den Handinnenflächen rollen und kneten.

107.4

8. Schritt
Der Ball ist fertig, wenn er sich fest anfühlt und die Fasern so ineinander greifen, dass keine eindeutige Faserrichtung mehr sichtbar ist. Jetzt den Ball mit klarem Wasser auswaschen, erneut in Form rollen und trocknen lassen.

107.5

Filz-Tipps:
- Wenn Fasern an den Fingern hängen bleiben – mehr Seife ins Wasser geben.
- Wenn die Balloberfläche uneben ist – kräftiger zum Kern des Balles hinarbeiten.
- Wenn sich die bunte Wolle nicht mit dem Untergrund verbindet, wurde zwischen Schritt 5 und 7 zu schnell gearbeitet! Die gesamte Oberfläche noch einmal mit neuen bunten Wollflocken überziehen. Ab Schritt 5 alles behutsam wiederholen.

Entwürfe machen

Der erste Entwurf muss nicht immer gleich der beste sein. Oft entwickelt sich eine gute Idee erst durch ständiges Ausprobieren und Verändern.

Entwürfe kann man von Hand zeichnen oder mit Papier legen. Dazu benötigt man:

- weißes und farbiges Papier
- Bleistift und Buntstifte
- Schere, Radiergummi

108.1 Entwurf mit Papierausschnitten

108.2 Handgezeichneter Entwurf

So geht es: Formen ausschneiden und auf den Untergrund legen. So lange verschieben und ergänzen, bis der Entwurf gefällt.

So geht es: Zur besseren Vorstellung des Gesamteindruckes verkleinerten Entwurf der Gesamtgestaltung anfertigen. Anschließend entsprechend vergrößern.

Mit einem einfachen Computerzeichenprogramm kann ebenfalls ein Entwurf gemacht werden.

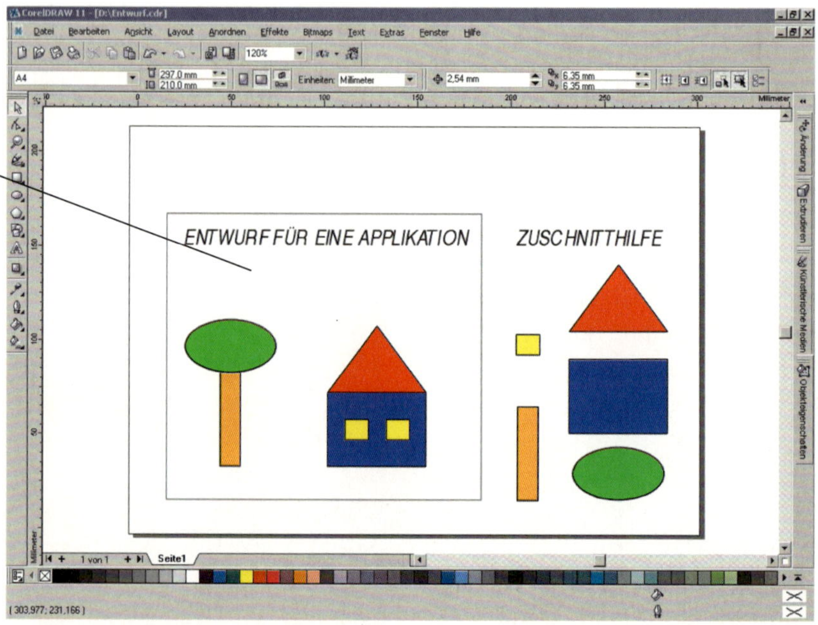

108.3 Entwerfen mit dem Computer

So geht es: Für einfache Entwürfe mithilfe des Computers reicht ein simples Zeichenprogramm aus, das man bereits mit wenig Übung beherrschen kann.

Arbeitsprozesse planen, Zeitaufwand schätzen

109.1 Pompon

Ein Arbeitsprozess hat viele Phasen. Dabei muss die Reihenfolge der Arbeitsschritte stimmen.

Beispiel: Pompons fertigen
So geht es: In die Mitte der Pappscheiben ein rundes Loch schneiden. Das Loch muss ein Drittel des Umfangs der Pappscheiben groß sein. Die Ringe aufeinander legen und so lange mit Wolle umwickeln, bis das Loch in der Mitte komplett gefüllt ist. Dann die Wollfäden entlang den Außenkanten der Pappscheiben durchschneiden. Wichtig: Zwischen den Scheiben einen Faden mehrmals fest um die durchschnittenen Wollfäden wickeln und verknoten. Pappscheiben entfernen. Pompon evtl. mit der Schere zurechtstutzen.

Das braucht man dazu:
- Wolle
- zwei gleich große Pappscheiben
- Schere

Arbeitsschritte ordnen

Ringe aufeinander legen und mit Wolle umwickeln	3	1		In Pappscheiben Loch schneiden	Wollfäden entlang der Kanten durchschneiden
		Pompon zurechtstutzen	Pappscheiben entfernen	5	
4	Fäden zwischen Scheiben mit Faden umwickeln, verknoten		2	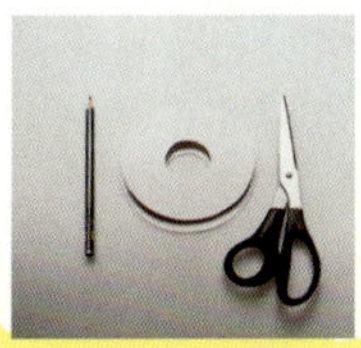	6

Zeitplanung
Damit eine textile Arbeit zu einem geplanten Zeitpunkt fertig wird, muss die Zeitplanung stimmen. Man überlegt, wie lange man für jede Arbeitsphase benötigt und zählt die Minuten zusammen.
Klingt eigentlich ganz einfach. Aber das Abschätzen, wie lange der jeweilige Arbeitsschritt dauert, ist ganz schön schwierig. Dazu gehört etwas Erfahrung.

So kann man vorgehen, um den Zeitaufwand einzuschätzen:
1. Man betrachtet den Arbeitsschritt, dessen Zeitaufwand man nicht einschätzen kann.
2. Entsprechend der Arbeitsphase übt man die geforderten Tätigkeiten für einen bestimmten Zeitraum aus – zum Beispiel genau fünf Minuten.
3. Dann überlegt man, wie viel man vom Gesamtaufwand in dieser Zeit geschafft hat und kann dann ausrechnen, wie lange man insgesamt braucht.

110.1 Materialschrank

Achtung – Sicherheit!

Ordnung muss sein. Wer mit Textilien arbeitet, benötigt unterschiedliche Werkzeuge und Hilfsmittel. Damit die verschiedenen Dinge leicht zu finden sind, ist Ordnung im Fachraum wichtig.
Alle Werkzeuge und Materialien müssen sorgsam aufgeräumt werden. Nur am richtigen Platz kann sie jeder finden und muss nicht unnötig suchen.

Tipp:
Man kann viel Zeit und Energie sparen, wenn man sich seine eigene Grundausstattung für das Arbeiten mit Textilien zusammenstellt.
Diese Werkzeugkiste sollte beinhalten:
- Handschere
- Stecknadeln
- Maßband
- Nähnadel
- verschiedene Garne
- ...

Der richtige Umgang mit Materialien, Werkzeugen und Maschinen

Um die Umwelt zu schonen, Kosten zu senken und Risiken zu vermeiden, muss man Werkzeuge und Maschinen sachgerecht behandeln. Deshalb gilt:
- sparsam mit Materialien umgehen
- auch kleine Restmengen (z. B. Stoff- und Garnreste) zur Wiederverwendung aufbewahren
- Arbeitsanleitungen von Maschinen und Werkzeugen beachten
- Sicherheitsregeln ernst nehmen
- Arbeitsgeräte ihrer Bestimmung entsprechend verwenden

Scheren und ihre Verwendung

110.2 Stoffschere

Sie wird ausschließlich zum Schneiden von Stoffen verwendet. Benutzt man sie zum Schneiden von Papier, wird sie stumpf.

110.3 Handschere

Es ist eine kleine Schere, die sich zum Abschneiden von Fäden und kleinen Stoffstücken sowie zum Auftrennen eignet.

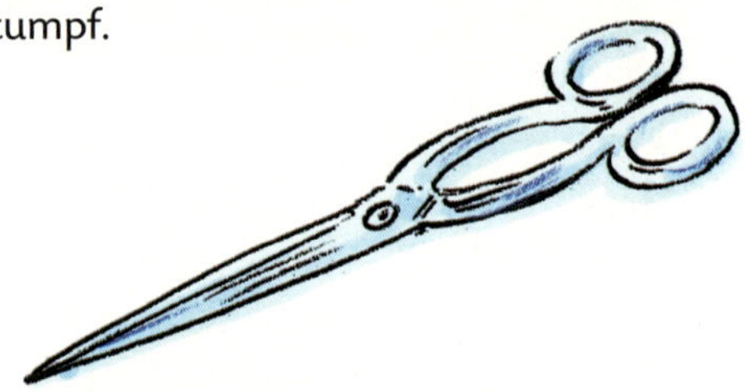
110.4 Papierschere

Sie benötigt man zum Ausschneiden von Schnittmustern. Sie kann aber auch verwendet werden, um Entwürfe mit Papiermustern anzufertigen.

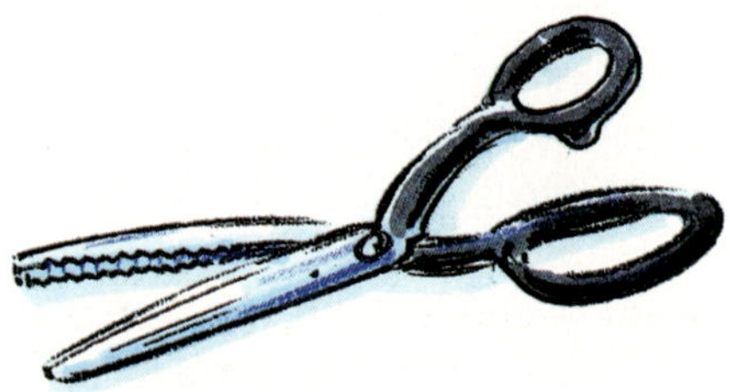
110.5 Zickzackschere

Sie erzeugt eine gezackte Schnittkante. Diese Schnittkante kann als Verzierung eingesetzt werden. Vor allem vermindert sie jedoch das Ausfransen des Stoffes.

Gefahren und Risiken vermeiden

Will man sich und andere nicht gefährden, muss man bestimmte Verhaltensregeln beachten.

Scheren beim Weiterreichen immer an der Spitze anfassen und mit dem Griff voran weitergeben. Damit wird verhindert, dass Personen unabsichtlich verletzt werden, sollte man z. B. ausrutschen oder stolpern.

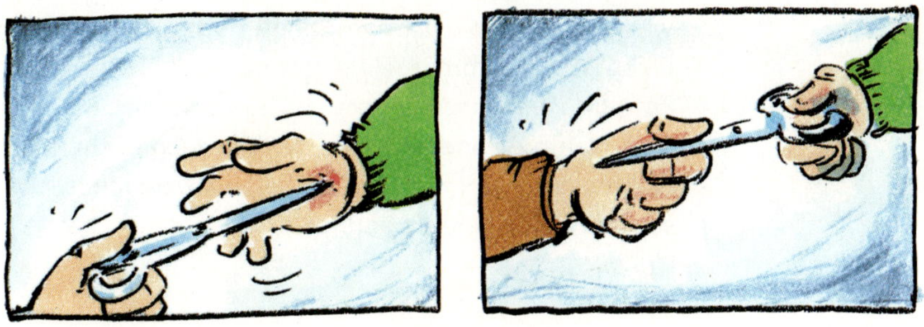

Geräte und Maschinen mit Stromanschluss müssen so aufgestellt sein, dass das Kabel nicht zur Stolperfalle wird. Gleichzeitig sollten Taschen, Rucksäcke nicht im Weg herumliegen.

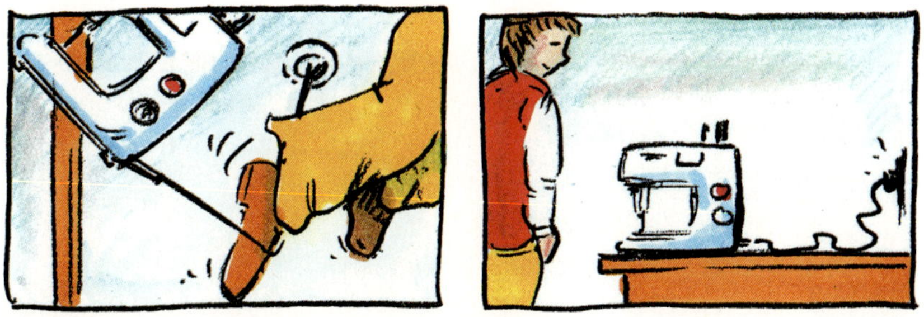

Netz- und Maschinenstecker müssen beim Herausziehen direkt angefasst werden. Wird am Kabel gezogen, können gefährliche Bruchstellen entstehen.

Das Bügeleisen sollte immer auf dem entsprechenden Gitter am Bügelbrett abgestellt werden. Wird das heiße Bügeleisen auf dem Bügelbrett oder auf zu bügelnden Textilien vergessen, besteht Brandgefahr.

Stoff- und Textilfarben lassen sich in der Regel nicht mehr auswaschen. Deshalb: beim Umgang mit Farbe entweder eine Schürze oder alte Kleidung tragen. Bei Tauchfarben lohnen sich Kunststoffhandschuhe.

Der Umgang mit der Nähmaschine

Die Nähmaschine kennen lernen

Bevor die ersten Nähversuche starten, muss man sich mit der Nähmaschine vertraut machen. Im Folgenden werden deshalb wichtige Dinge zum Umgang mit elektrischen Nähmaschinen gezeigt.
Es gibt viele verschiedene Nähmaschinenhersteller und Nähmaschinenmodelle. Wenn auch nicht jede Nähmaschine der anderen im Detail gleicht – alle Maschinen funktionieren ähnlich.

Nähmaschine auspacken

- Zuerst wird die Schutzabdeckung der Nähmaschine entfernt.
- Dann die zur Nähmaschine gehörende Gebrauchsanweisung lesen. Mit ihrer Hilfe kann man sich kundig machen, wie das entsprechende Modell funktioniert.

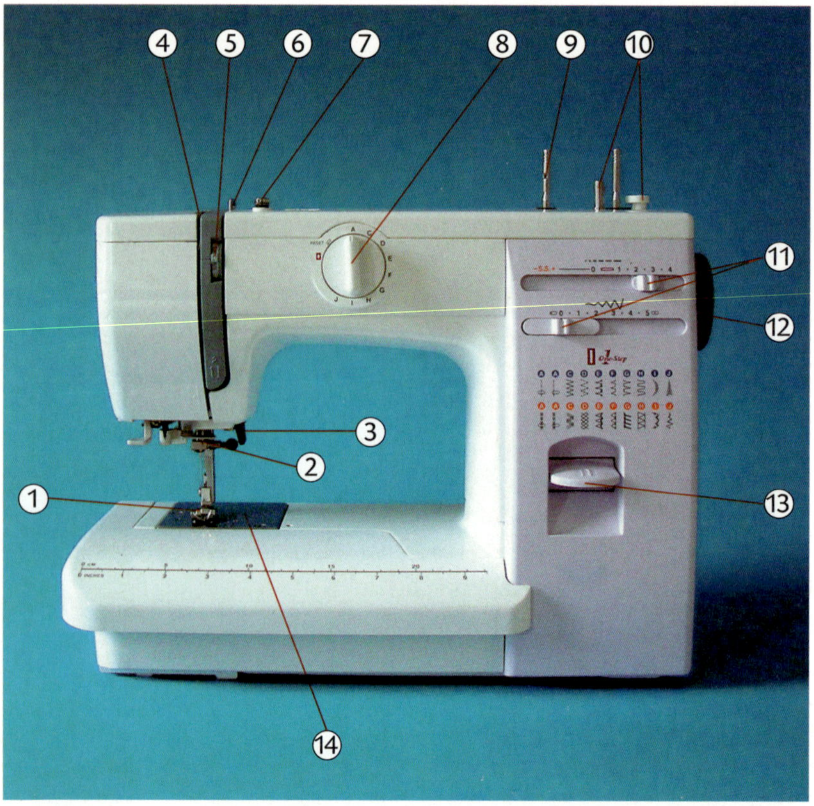

112.1

Die Nähmaschine und ihre wichtigsten Teile

① Nähfuß
② Nadelhalter
③ Nähfuß-Hebel
④ Fadenhebel
⑤ Regulierung für Oberfadenspannung
⑥ Fadenführung
⑦ Spulervorspannung
⑧ Nutz- und Ziersticheinstellung
⑨ Garnrollenhalter
⑩ Spulvorrichtung mit Spulerspindel
⑪ Stichlängen- und Stichbreiteneinstellung
⑫ Handrad
⑬ Rückwärtsnähtaste
⑭ Stichplatte, Transporteur, Gehäuse für Spulenkapsel

Nähmaschine betriebsbereit machen

- Der Fußanlasser wird auf den Boden gestellt und der Maschinenstecker wird an die Nähmaschine angeschlossen.
- Der Netzstecker wird in eine Wandsteckdose eingesteckt.
- Dann schaltet man den Hauptschalter ein.
- Bei vielen Nähmaschinen wird mit dem Hauptschalter auch das Nählicht eingeschaltet.

Unterfaden aufspulen

- Zum Aufspulen des Unterfadens muss meist das Nähwerk ausgeschaltet werden. Dazu wird das Handrad festgehalten und die daran befestigte Auslösescheibe nach vorne gedreht.
- Die Garnrolle auf den Garnrollenhalter setzen und das Fadenende im Uhrzeigersinn in die Spulervorspannung einziehen.
- Spule auf die Spulerspindel stecken und das Fadenende ein paar Mal um die Spule wickeln.
- Anschlagknopf der Spulervorrichtung gegen die Spule drücken.
- Fußanlasser betätigen und Faden aufspulen. Auf gleichmäßiges, straffes Aufspulen achten!
- Volle Spule entnehmen und Nähwerk wieder in Betrieb setzen.

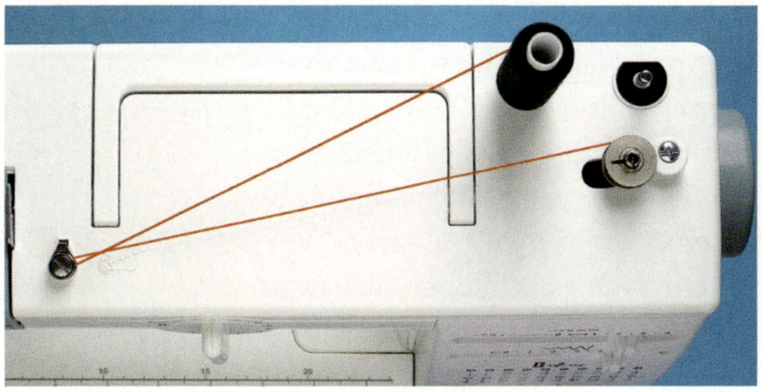

113.1 Nähmaschine – von oben gesehen

Oberfaden einfädeln

- Den Nähfuß heben.
- Mit dem Handrad die Nadel in höchste Stellung bringen.
- Die Garnrolle auf den Garnrollenhalter setzen.
- Den Faden durch die Fadenführung ziehen und zwischen die Scheiben der Oberfadenspannung legen (Gebrauchsanleitung beachten!).
- Den Faden durch den Fadenhebel führen und hinter die Fadenführung legen.
- Den Faden von vorne nach hinten durch die Nadel fädeln.

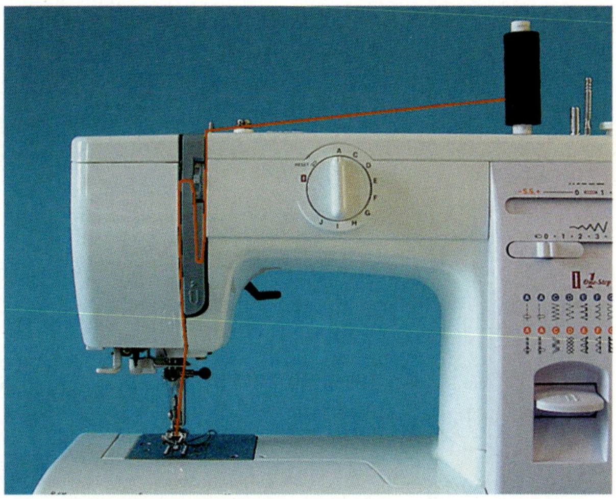

113.2 Oberfaden einfädeln

Spule in Spulenkapsel einsetzen

- Spulenkapsel in die linke Hand, aufgespulte Spule in die rechte Hand nehmen.
- Spule so einlegen, dass der Faden im Uhrzeigersinn aufgespult ist.
- Faden durch den Schlitz unter der Feder ziehen. Er muss dann in der Fadenführungsöse liegen.
- Spulenkapsel an der Klappe halten und in die Maschine einsetzen. Die Spule muss hörbar einrasten.

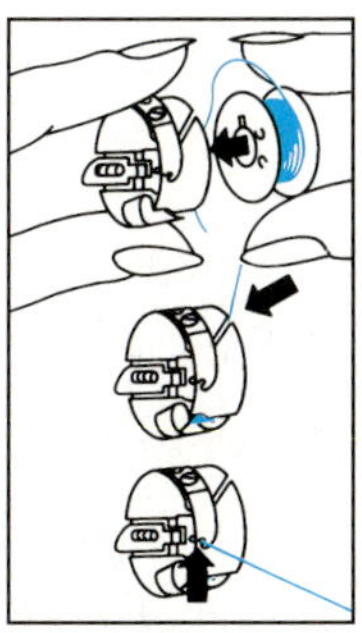

113.3 Spule einsetzen

Unterfaden heraufholen

- Die Nadel in die höchste Position bringen.
- Das Ende des Oberfadens mit der linken Hand festhalten.
- Das Handrad wird mit der rechten Hand nach vorne gedreht, um einen Stich zu nähen.
- Am Oberfaden leicht ziehen. Damit wird der Unterfaden aus dem Stichloch gezogen.
- Die Enden des Ober- und Unterfadens nach hinten legen.

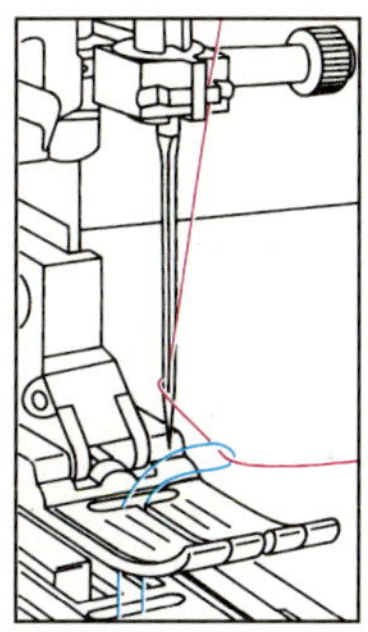

113.4 Unterfaden heraufholen

Zwei Fäden – ein Stich

Mit der Nähmaschine kann man ganz unterschiedliche Stiche nähen. Nicht nur die Sticharten, sondern auch die Stichlänge und -breite kann man variieren. Bei jedem Stich verschlingen sich zwei Fäden – der Ober- mit dem Unterfaden. Am besten probiert man dies selbst einmal.

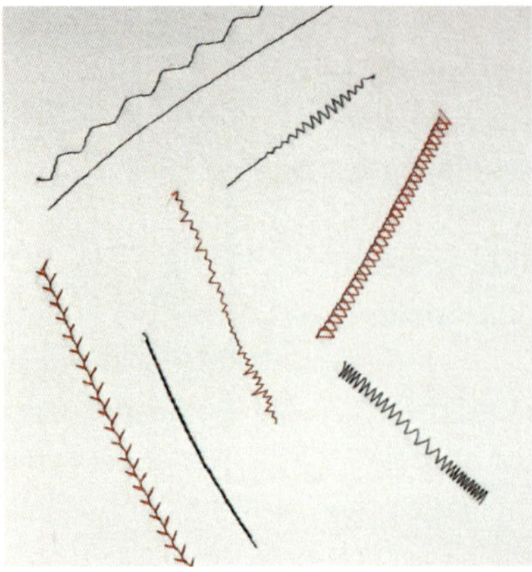

114.1 Sticharten

So kann man vorgehen:
- Stoffstück doppelt legen
- ganz langsam nähen
- unterschiedliche Stichlängen, -breiten und -arten ausprobieren (Wenn man die Stichart ändert, darf die Nadel nicht im Stoff stecken!)
- Stiche vergleichen
- Ober- und Unterfadenspannung prüfen

Das Aussehen der Stiche auf der Stoffober- und Stoffunterseite muss gleich sein. Der Stich sieht richtig aus, wenn die Verschlingung von Ober- und Unterfaden in der Mitte liegt.

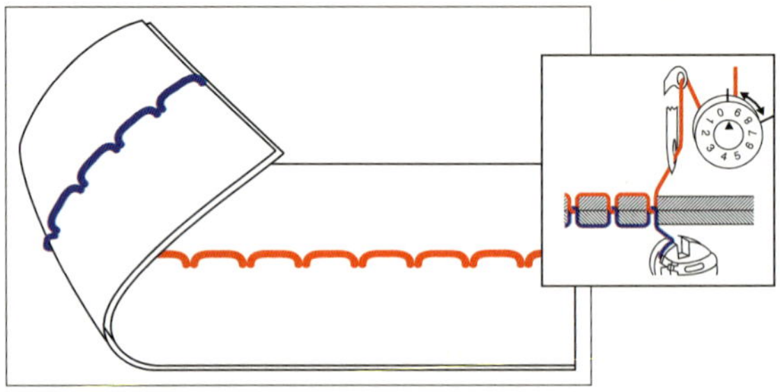

114.2

Achtung: Wenn sich auf einer Stoffseite Fadenverschlingungen bilden, ist die **Fadenspannung** nicht richtig eingestellt.

Sind auf der Stoffunterseite Verschlingungen des Oberfadens zu sehen, ist die Oberfadenspannung zu locker eingestellt: **Die Oberfadenspannung muss stärker eingestellt werden.**

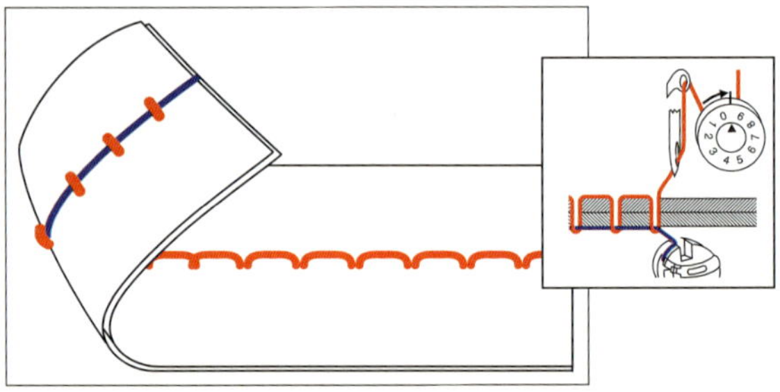

114.3

Sind auf der Stoffoberseite Verschlingungen des Unterfadens zu sehen, ist die Oberfadenspannung zu stark eingestellt: **Die Oberfadenspannung muss schwächer eingestellt werden.**

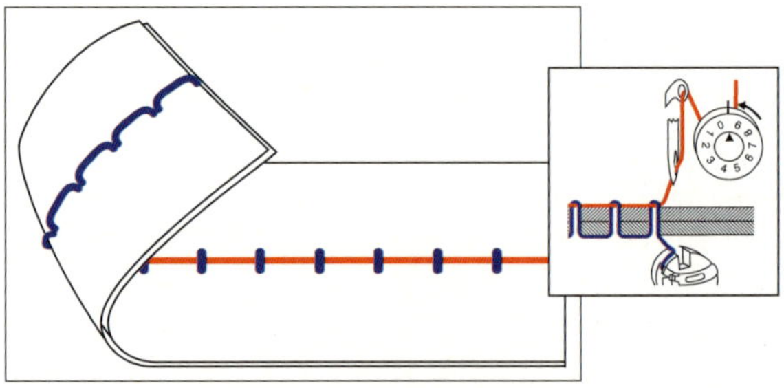

114.4

Übung macht den Meister

Aufspulen, einfädeln und Fadenspannung korrigieren sind zuerst kein Kinderspiel. Auch das Nähen selbst muss geübt werden. Bereits mit ein wenig Training sieht man aber den Erfolg: Ob gerade Nähte, gelungene Ecken oder Kurven – alles lässt sich meistern!

So kann man üben:

- aus Baumwollstoff zwei Quadrate ausschneiden
- die Stoffstücke aufeinander stecken
- Linien, Wellen oder Kurven nähen üben

Mehrere solcher Übungsstücke können zu einem Gegenstand zusammengefügt werden.
Hast du eine Idee?

Das muss beim Nähen beachtet werden:

Nähbeginn

Den Nähfuß heben und beide Fadenenden in ausreichender Länge nach hinten legen. Den Nähfuß wieder senken und mit dem Nähen beginnen.

Vernähen

Damit die Naht hält, muss man sie vernähen. Dazu näht man nach drei Stichen rückwärts – dazu die Rückwärtstaste bedienen. Nach drei Stichen rückwärts geht es vorwärts weiter. Am Nahtende wieder drei Stiche zurück und dann wieder vorwärts nähen.

Ecken

Die Nadel im Stoff stecken lassen und den Nähfuß heben. Den Stoff in die neue Richtung drehen, den Nähfuß senken und weiternähen.

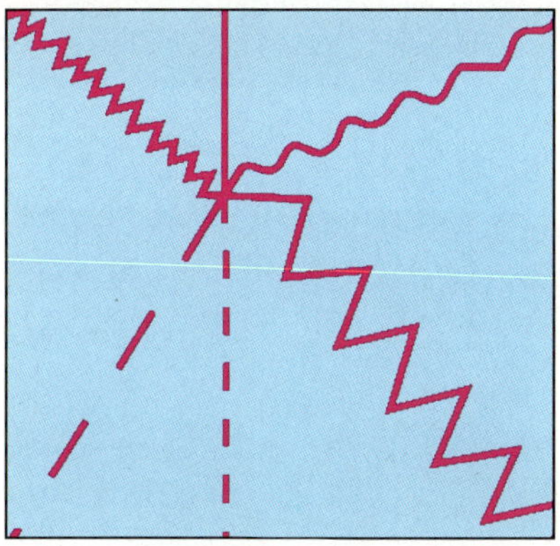

115.1 Gerade Linien in verschiedenen Abständen – parallel oder von einem Punkt aus

115.2 verschiedene Wellenlinien in unterschiedlichen Abständen

115.3 Treppenlinien in verschiedenen Größen und Abständen

115.4 Fortlaufende Linie mit Kurven und Zacken

115.5 Fortlaufende Linie mit Ecken, die das ganze Feld ausfüllen

115.6 Bilder nach Wahl: Blumenwiese, Bäume, Haus oder Kirche

Tipps und Tricks

Beim Nähmaschinennähen treten manchmal kleine Störungen auf, die häufig selbst behoben werden können.

Tipp:
Mehr zum Ölen von Nähmaschinen erfährst du auf Seite 179.

Checkliste zur Überprüfung:

Ober- und Unterfaden richtig eingefädelt?	✓
Stimmt die Fadenspannung?	✓
Ist die Nadel richtig eingesetzt?	☐
Wird eine geeignete Nadel verwendet?	✓
Ist die Nadel noch intakt oder womöglich verbogen oder abgebrochen?	✓
Wurde die Maschine vor kurzer Zeit geölt?	✓
Befinden sich Fadenreste in der Greiferbahn oder der Spulenkapsel?	☐

Neue Nadel einsetzen

- Die Nadel in höchste Stellung bringen.
- Die Befestigungsschraube lösen und die Nadel herausziehen.
- Neue Nadel mit der flachen Seite nach hinten in den Nadelhalter einsetzen und ganz nach oben schieben.
- Die Befestigungsschraube wieder festdrehen.

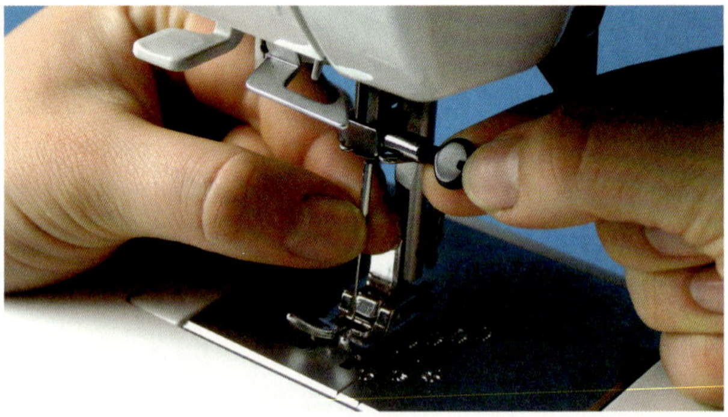

116.1 Nadelwechsel

Reinigen der Nähmaschine

- Den Netzstecker herausziehen.
- Den Nähfuß und Nadel entfernen.
- Die Stichplatte lösen und abheben.
- Die Maschine mithilfe eines Pinsels von Fadenrückständen und Staub reinigen.

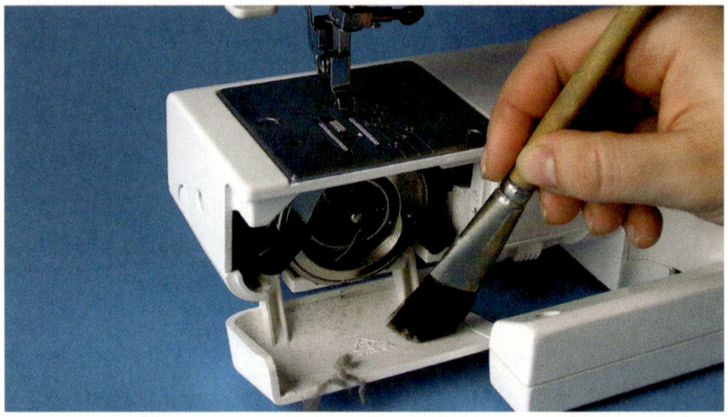

116.2 Nähmaschine reinigen

Die richtige Sitzhaltung

Wenn man beim Nähen richtig sitzt, schont man seinen Rücken und schützt sich gleichzeitig vor Verletzungen.
So sitzt man richtig:

- mit geradem Rücken
- den Kopf nicht zu weit nach vorne gebeugt, sonst kann der Fadenhebel das Gesicht verletzen!

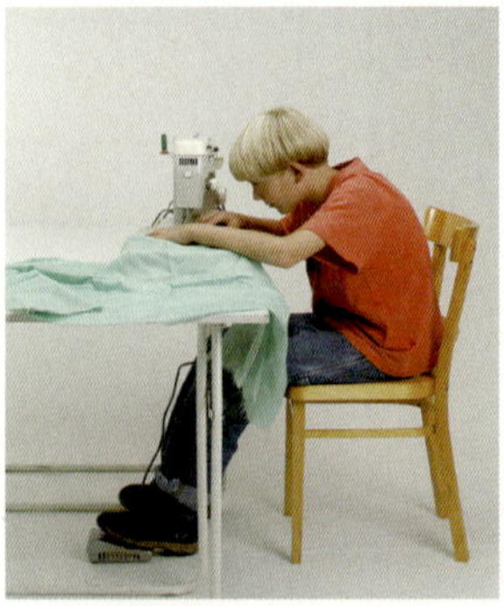

116.3 falsch

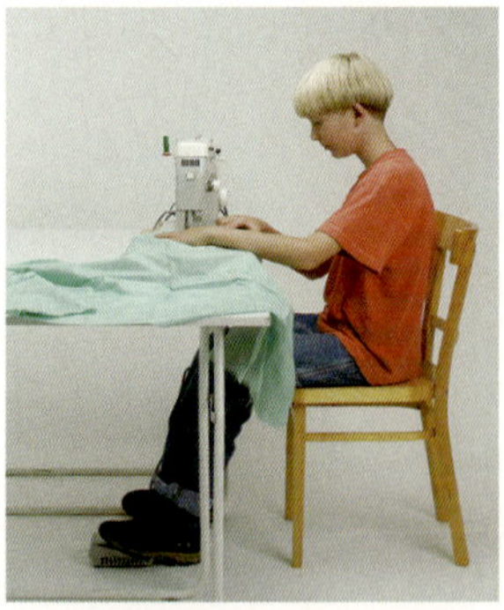

116.4 richtig

Handhaltung

- Am besten führt man den Stoff mit beiden Händen.
- Dabei liegen die Hände rechts und links vom Nähfuß.
- Beim Nähen fassen die Hände immer wieder nach. Der Stoff muss dabei locker geführt werden. Er darf nicht gezogen werden.

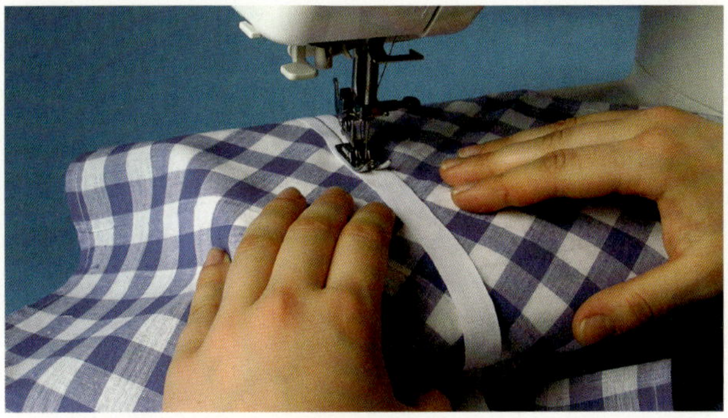

117.1 richtige Handhaltung beim Nähen

Nadelstellung

- Bei nahezu allen Nähmaschinen kann die Position der Nadel verstellt werden.
- Mögliche Nadelstellungen: links – Mitte – rechts.
- Das kann man sich beim Nähen zu Nutze machen und die Zeit zum Abmessen sparen.

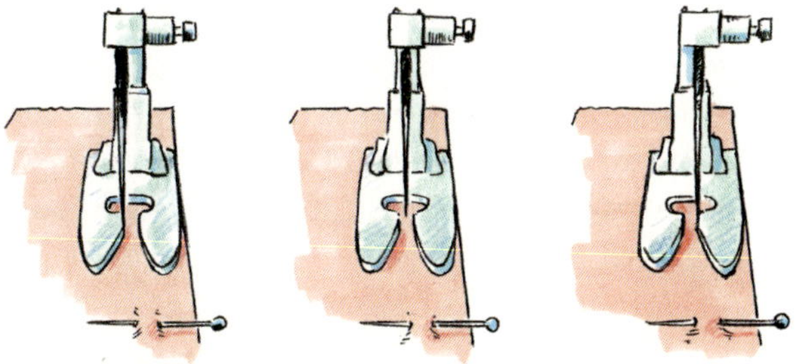

117.2 Nadelstellungen

Was bedeutet „füßchenbreit" steppen?

- Der Stoff wird so unter den Nähfuß gelegt, dass er mit der Kante des Nähfußes abschließt. Der Abstand zwischen Naht und Stoffkante beträgt dann 0,7 cm.

117.3 füßchenbreit steppen

Was bedeutet „knappkantig" steppen?

- Der Stoff wird so unter den Nähfuß gelegt, dass die Nählinie möglichst nahe an der Stoffkante entlangläuft.

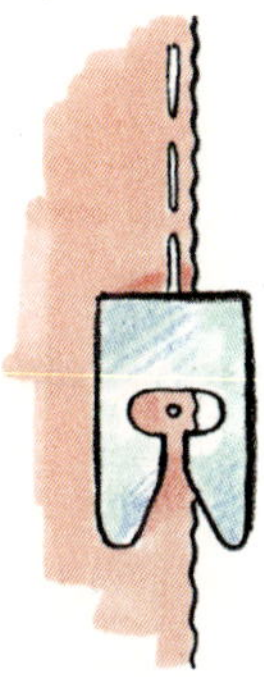

117.4 knappkantig steppen

Das Nähmaschinen-Einmaleins

In Nähanleitungen werden oft Fachausdrücke des Nähens verwendet. Viele Fachvokabeln erlernt man beim Kennenlernen der Nähmaschine. Zum selbstständigen Arbeiten mit Anleitungen, aber auch um sich fachgerecht auszudrücken, muss man ein wenig mehr „Fachchinesisch" verstehen.

Ecken abschrägen: Damit nach dem Wenden der Stoff nicht zu dick übereinander liegt, Ecken nach dem Nähen schräg abschneiden. Vorsicht: Nicht die Nählinie beschädigen.

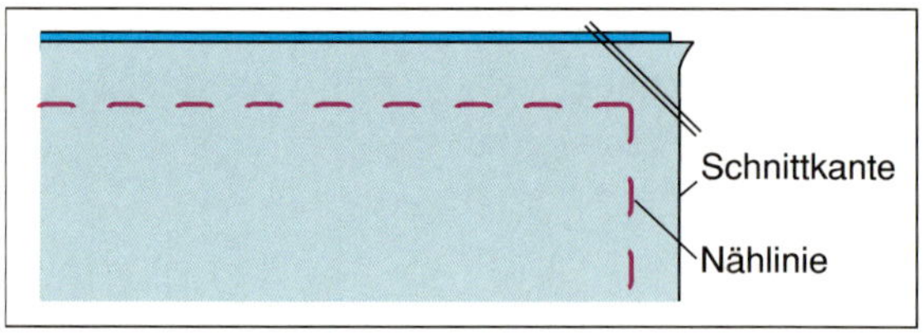

118.1

fadengerade: Mit der Lupe oder mit dem bloßen Auge erkennt man bei Geweben deutlich Kett- und Schussfäden, die sich rechtwinkelig überkreuzen. Fadengerade zuschneiden heißt, an einem dieser Fäden entlangzuschneiden.

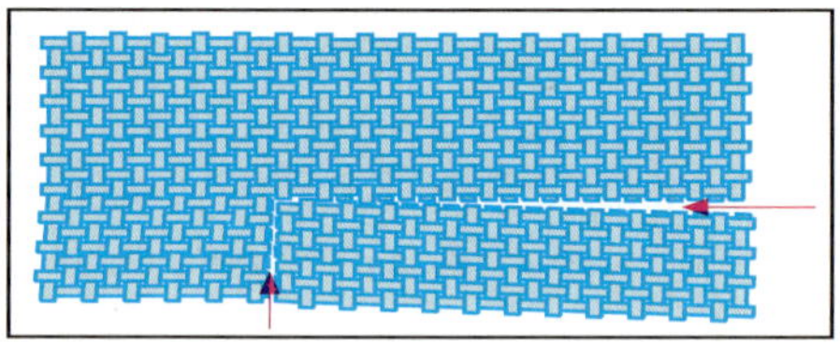

118.2

heften: Mit etwa 1 cm langen Vorstichen Stofflagen von Hand mit Heftgarn zusammennähen, damit sie nicht verrutschen. Achtung: nicht in der späteren Nählinie heften.

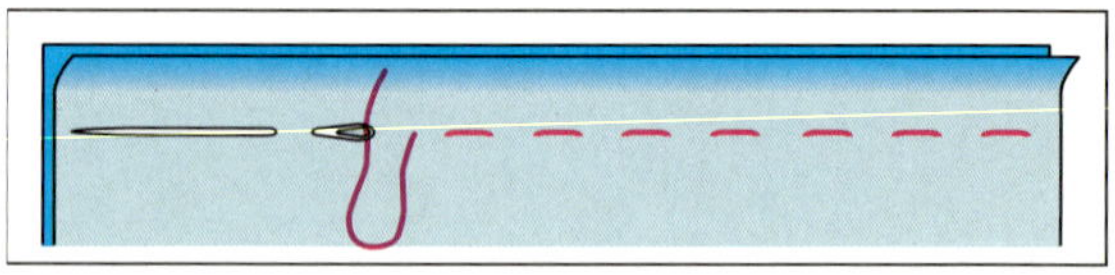
118.3

Naht, Nählinie: Die einfache Naht verbindet mindestens zwei Stofflagen miteinander. Die vom Faden gebildete Linie ist die Nählinie, die auch Stepplinie genannt wird.

118.4

Nahtzugabe: Stoff zwischen Schnittkante und Nählinie. Der fertige Gegenstand wird um die Nahtzugabe kleiner als der Zuschnitt.

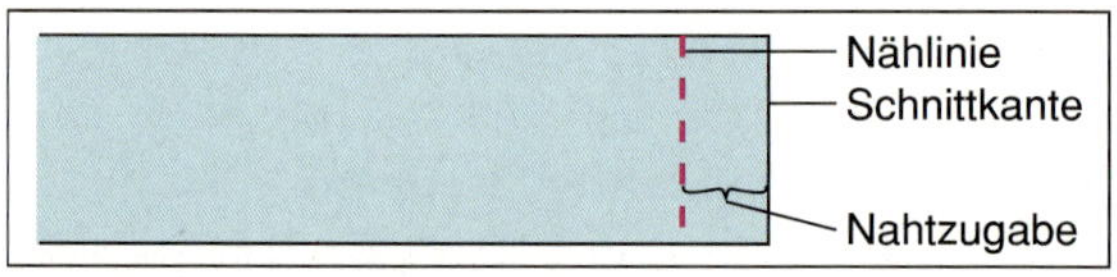

118.5

Naht ausbügeln: Damit die Stoffteile glatt nebeneinander liegen, werden die Nahtzugaben auseinander gebügelt.

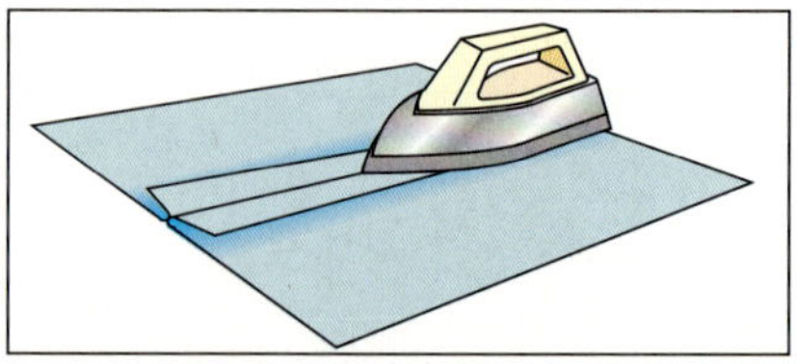
118.6

Randversäuberung mit Zickzackstich: Bei kräftigeren Stoffen und wenn die Naht sehr glatt sein soll, werden die Schnittkanten einzeln versäubert, indem mit dem Zickzackstich an dieser entlanggenäht wird. Bei dünneren Stoffen kann man die Nahtzugaben zusammengefasst versäubern.

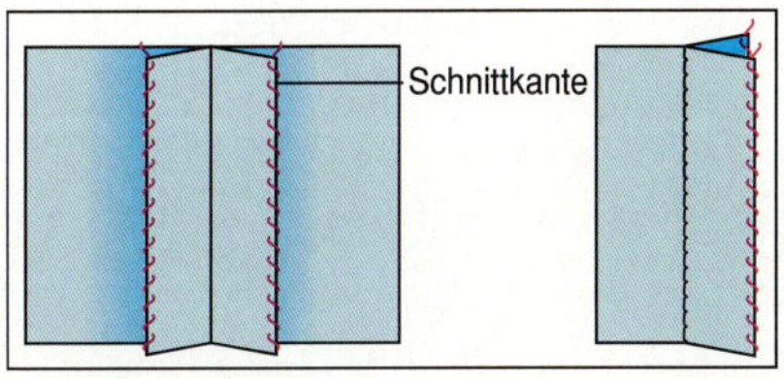

119.1

Saum: Stoffstück auf die rechte Seite legen. Die Schnittkante etwa 1 cm breit einschlagen, festdrücken, bügeln. Diesen Einschlag etwa 2 cm breit umschlagen, stecken und schmalkantig absteppen.

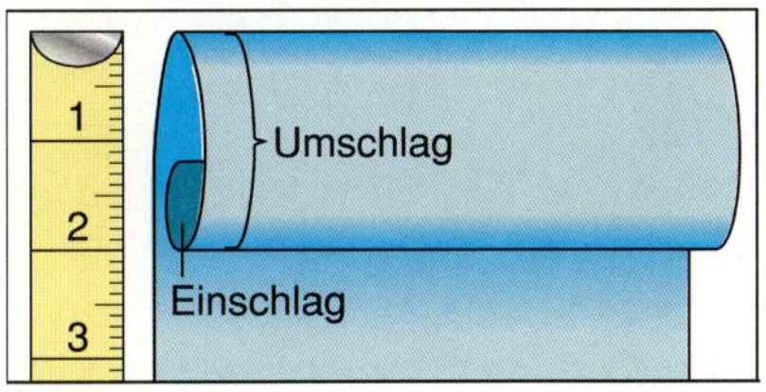

119.2

Schnittkante: Eine Schnittkante entsteht beim Durchschneiden eines Stoffes. Damit Schnittkanten nicht ausfransen, werden sie mit dem Zickzackstich versäubert.

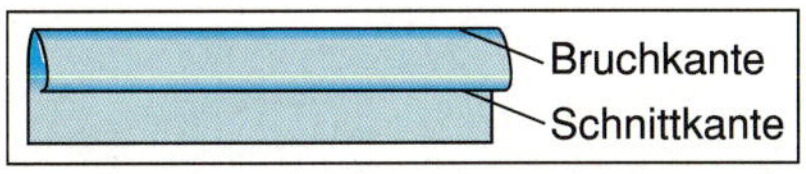

119.3

stecken: Stofflagen werden aufeinander gesteckt mit Stecknadeln in etwa 2–3 cm Abstand. Die Stecknadelköpfchen sollen von den Stoffkanten nach außen schauen, so dass sie beim Nähen leicht herausgezogen werden können.

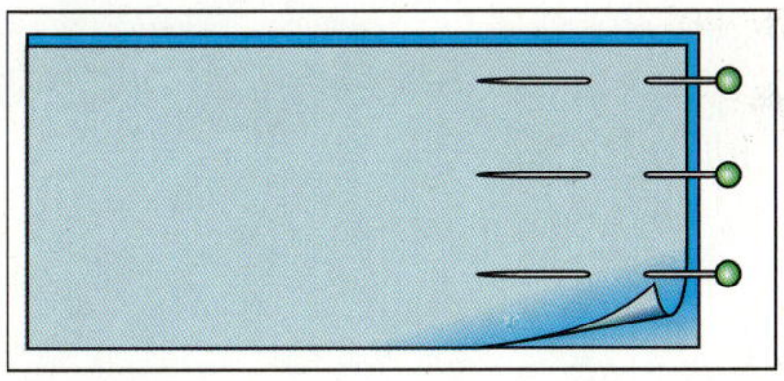

119.4

Stoffbruch: So nennt man die geschlossene Stoffkante, die entsteht, wenn man ein Stoffstück faltet und aufeinander legt.

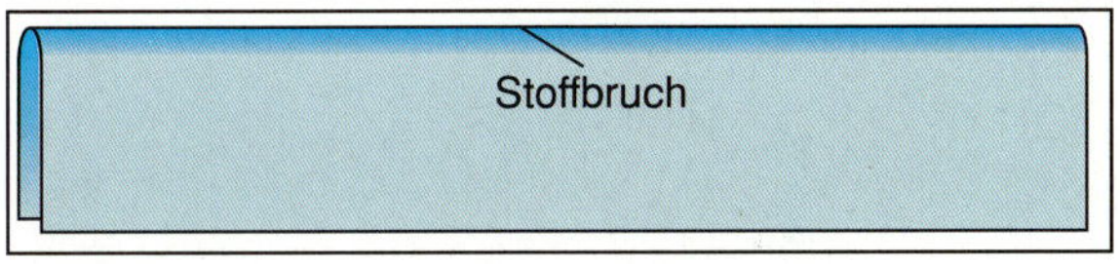

119.5

Stoffoberseite (rechte Seite): Viele Stoffe haben zwei unterschiedliche Seiten. Bei Drucken etwa ist die Oberseite kräftig gefärbt, die Unterseite (linke Seite) flauer.

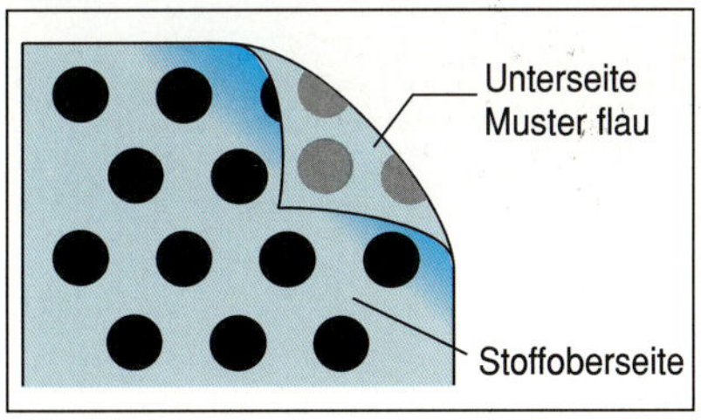

119.6

Überwendlingsstich: Mit dem Überwendlingsstich kann man von Hand zwei Bruchkanten verbinden oder auch eine Schnittkante versäubern.

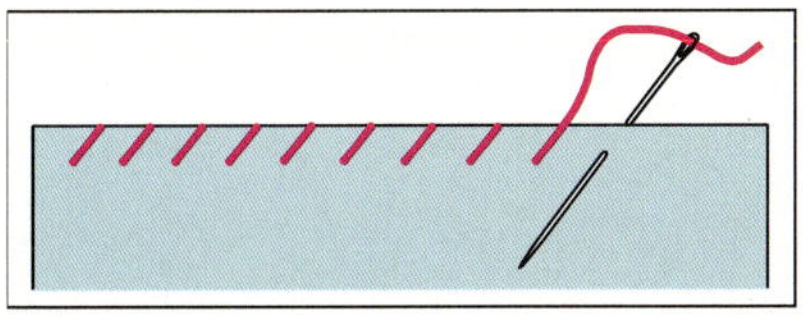

119.7

Auf dem Weg zur Berufsfindung

Berufswege erkunden

Wunschberufe und Berufswege

Die Schülerinnen und Schüler der Klasse 5a machten sich Gedanken über ihre Wunschberufe.

Name: *Valeria*
Wunschberuf: *Tänzerin*
Dies ist mein Wunschberuf, weil *ich diesen Beruf machen will.*

Name: *Christine*
Wunschberuf: *Sekretärin*
Dies ist mein Wunschberuf, weil *mir der Beruf gefällt und weil man viel verdient.*

Name: *Sedim*
Wunschberuf: *Computerfachmann*
Dies ist mein Wunschberuf, weil *ich sehr gut mit Computern umgehen und sie reparieren kann.*

Name: *Angelo*
Wunschberuf: *Polizist*
Dies ist mein Wunschberuf, weil *ich es schön finde, was man da machen kann.*

Name: *David*
Wunschberuf: *Kraftfahrzeugmechaniker*
Dies ist mein Wunschberuf, weil *sich das gut anhört.*

Name: *Ramona*
Wunschberuf: *Schaufensterdekorateurin*
Dies ist mein Wunschberuf, weil *er bestimmt riesig Spaß macht und weil ich für mein Leben gerne male, zeichne und bastle.*

Name: *Denise*
Wunschberuf: *Frisörin*
Dies ist mein Wunschberuf, weil *ich andere Menschen gerne schön machen und schön frisieren möchte.*

Name: *Paolo*
Wunschberuf: *Stuntman*
Dies ist mein Wunschberuf, weil *ich gerne Filme anschaue.*

Name: *Michael*
Wunschberuf: *Handwerker*
Dies ist mein Wunschberuf, weil *ich gut in Technik bin.*

Name: *Semra*
Wunschberuf: *Kindergärtnerin*
Dies ist mein Wunschberuf, weil *es mir Spaß macht, mit kleinen Kindern zu spielen und auf sie aufzupassen. Weil ich kleine Kinder mag.*

Name: *Guiseppe*
Wunschberuf: *Kraftfahrzeugmechaniker*
Dies ist mein Wunschberuf, weil *mir Autos so sehr gefallen. Ich schraube gerne an Autos herum, helfe beim Reifenwechseln und beim Autotunen.*

Name: *Nadine*
Wunschberuf: *Verkäuferin*
Dies ist mein Wunschberuf, weil *ich weiß, dass es Spaß macht.*

Die Begründungen sind sehr unterschiedlich

„Als ich jung war, hatte ich noch keine Ahnung von dem Beruf, den ich heute ausübe. Mit sechs Jahren wollte ich unbedingt Baggerfahrerin werden. Ich fand es toll, eine so große Maschine zu steuern. Dann war mein größter Wunsch als Kriminalkommissarin zu arbeiten. Ich fand sie im Fernsehen immer so cool, bis ich merkte, dass dies nur gespielt war. Erzieherin, wie meine Mutter, war mein nächster Berufstraum. Aber nach einem Praktikum in einem Kindergarten gefiel mir das auch nicht mehr. Eigentlich wusste ich dann nicht mehr so recht, welchen Beruf ich erlernen sollte.
Mit 13 Jahren nahm mich ein Bekannter zu einer Ausgrabungsstätte mit. Dort wurde eine zweitausend Jahre alte römische Villa ausgegraben. Mehrere Archäologen arbeiteten an dieser Ausgrabung. Damals wusste ich nicht, was das bedeutet. Ich konnte aber beobachten, wie die Leute

123.1 Frau Halbach erzählt, wie sie Archäologin wurde:

ganz vorsichtig in der Erde nach Gegenständen suchten, die von Menschen aus vergangenen Zeiten stammten. Ich durfte sogar mithelfen. Ich fand das so spannend, dass ich fast meine gesamte freie Zeit dort verbrachte. Jetzt war mein Berufswunsch klar.
Aber es war nicht einfach. Ich musste nach der Hauptschule die Mittlere Reife und dann das Abitur machen und anschließend studieren. Zunächst fand ich keine Arbeitsstelle als Archäologin. Ich jobbte in verschiedenen Berufen wie Taxifahrerin und Serviererin. Nach einigen Jahren bekam ich eine Stelle als Archäologin an einem großen Museum. Ich beschäftige mich mit vergangenen Kulturen wie die der Römer. Dazu grabe ich an Plätzen, an denen zur Römerzeit Häuser gestanden haben, um Fundstücke aus dieser Zeit zu finden. Diese sollen helfen, die Geschichte besser zu verstehen."

„Ich fand es früher immer ganz toll, wie die Fernsehreporter aus den verschiedensten Ländern berichteten. Ich stellte mir das sehr spannend vor – viel herumreisen, fremde Länder kennen lernen und dabei noch viel Geld verdienen. Doch wie wird man Fernsehreporter? Ich informierte mich überhaupt nicht über den Beruf, sondern fing sofort bei einer Zeitung an. Aber das war nicht spannend. Nach einiger Zeit durfte ich Berichte über Vereinsfeiern, hundertste Geburtstage, entflogene Papageien und über Verkehrsunfälle schreiben. Das ist nichts für mich, dachte ich und hörte auf. Danach begann ich eine Ausbildung als Drucker. Dieser Beruf hatte aber nichts mit meinem Berufswunsch zu tun. Deshalb brach ich diese Ausbildung bald ab. Daraufhin wollte ich etwas ganz anderes ausprobieren. Ich wollte

123.2 Herr Lorenz berichtet, wie er Angestellter in der Anzeigenabteilung einer Zeitung wurde:

Konditor werden. Aber leider stellte sich heraus, dass ich auf Mehl allergisch reagierte. Also war das auch nichts.
Nach verschiedenen Jobs arbeite ich heute in der Anzeigenabteilung einer Werbezeitung. Ich überlege ernsthaft, ob ich nicht doch noch eine Ausbildung bei einer Zeitung beginne. Das wäre immerhin so ähnlich wie Fernsehreporter. Inzwischen habe ich auch erfahren, dass viele Fernsehreporter studiert haben, aber dazu fehlt mir der richtige Schulabschluss."

Berufswege unterliegen Veränderungen. Was kann diese Veränderungen beeinflussen?

Methode: Fragen finden

Wenn man von einer Person Informationen über ein bestimmtes Thema bekommen möchte, dann braucht man die richtigen Fragen. Die folgenden drei Seiten helfen dir, Fragen zu finden und zu formulieren.

Fragen-Antwort-Puzzle
Hier ist einiges durcheinander geraten!

Ⓗ Der Hund kann viel besser hören als der Mensch. Schon von weitem erkennt er den Schritt seines Herrn.

① Wer hat einen besseren Geruchssinn – der Mensch oder der Hund?

Ⓐ Mit seinen kräftigen Laufbeinen kann der Hund leichtfüßig und schnell laufen.

② Woran kann der Hund schon von weitem seinen Herrn erkennen, obwohl der Hund schlecht sieht?

⑥ Womit kann der Hund sehr schnell laufen?

④ Wann hat die Züchtung des Hundes begonnen?

Ein Frage-Antwort-Puzzle erstellen
Eure Fragetechnik könnt ihr durch diese Übung verbessern:
- Bildet Zweierteams
- Jedes Team sucht sich ein bestimmtes Thema, z. B. eine Sportart oder eine Musikgruppe und überlegt sich Fragen und Antworten dazu.
- Die Fragen werden auf einem Fragenblatt, die dazu passenden Antworten auf einem Antwortblatt notiert.
- Die Blätter werden so zerschnitten, dass auf jedem Abschnitt eine Frage bzw. eine Antwort steht.
- Ein anderes Team soll nun die jeweils passenden Fragen und Antworten zuordnen.

③ Wodurch wird der Fuß des Hundes vor Verletzungen geschützt?

⑦ Warum bezeichnet man den Hund als Hetzjäger?

⑤ Was fällt im Gebiss des Hundes besonders auf?

Ⓕ Der Mensch hat aus dem Wolf über 400 Hunderassen gezüchtet.

Ⓓ Die Züchtung des Hundes hat vermutlich schon vor 14000 Jahren mit der Zähmung des Wolfes begonnen.

⑧ Wie viele Hunderassen stammen vom Wolf ab?

Die W-Fragen

„Wieso? Weshalb? Warum? Wer nicht fragt, bleibt dumm!", heißt es im Lied der Sesamstraße. Man kann es auch anders sagen: Wer fragen kann, erfährt viel und weiß dann auch viel. Allerdings muss man üben, gezielt und überlegt zu fragen. Dabei helfen die „W"-Fragen. Die Fragewörter können einen auch auf unerwartete Ideen bringen.

Alle Einfälle sollte man sich zunächst notieren. Dann erst sollte man diejenigen streichen, die nicht sinnvoll erscheinen, zum Beispiel wenn sie etwa das Gleiche bedeuten.

Ⓑ Seinen Beutetieren hetzt der Hund in weiten Sätzen hinterher. Man bezeichnet ihn deshalb als Hetzjäger.

Ⓖ Am Fuß hat der Hund einen polsterartigen Ballen. Er ist mit einer harten Hornhaut überzogen.

Ⓔ Der Hund besitzt einen viel besseren Geruchssinn als der Mensch. Er ist ein Nasentier.

Ⓒ Im Raubtiergebiss des Hundes fallen besonders die langen dolchartigen Eckzähne oder Fangzähne auf.

W-Fragen bilden

- Bildet im Losverfahren Zweierteams.
- Bildet W-Fragen zu einem Thema, z. B. „Ich stelle meinen Partner vor".
- Streicht die W-Fragen, die nicht sinnvoll erscheinen.
- Überprüft mit dem Partner, ob die übrig gebliebenen Fragen beantwortet werden können.

Passende Fragen finden

Wenn scharfe oder spitze Gegenstände transportiert werden, trägt man sie so, dass niemand verletzt werden kann.

Festes Schuhwerk soll getragen werden.

Farbige Abgrenzungen auf dem Fußboden weisen auf Gefahrenzonen hin.

Anoraks, Mäntel und Mappen werden außerhalb des Technikraumes abgelegt.

Der Technikraum darf nur in Anwesenheit der Techniklehrerin oder des Techniklehrers betreten werden.

Wenn man mit der Bohrmaschine arbeitet, muss man eine Schutzbrille tragen. Wenn man lange Haare hat, ist zusätzlich ein Haarnetz notwendig.

Beschädigungen an Werkzeugen und Geräten müssen sofort gemeldet werden.

Die Kleidung soll möglichst eng anliegend sein.

Die Werkstattordnung muss an einer gut sichtbaren Stelle aufgehängt sein.

Mit dem Notausschalter können Maschinen im Notfall abgeschaltet und elektrische Anschlüsse unterbrochen werden.

Beschädigte Werkzeuge oder Geräte dürfen nicht benutzt werden.

Von Schülerinnen und Schülern dürfen nur Geräte und Maschinen benutzt werden, in deren Handhabung sie vom Lehrer gründlich eingewiesen worden sind. Er muss die Erlaubnis erteilen.

So findet man passende Fragen:

- Bildet Zweierteams
- Jedes Team sucht sich ein bestimmtes Thema und überlegt sich Fragen und Antworten dazu.
- Die Fragen werden auf einem Fragenblatt, die dazu passenden Antworten auf einem Antwortblatt notiert.
- Jedes Team gibt sein Antwortblatt an ein anderes Team, das sich notiert, welche Fragen wohl gestellt wurden.
- Diese Notizen werden dann mit dem richtigen Frageblatt verglichen.

Berufe der Eltern

BERUFE UND BERUFSWEGE DER ELTERN

1. Wie kann ich Informationen beschaffen?
2. Wie bearbeite ich Informationen?
3. Wie stelle ich Informationen dar?

Das haben die anderen Schülerinnen und Schüler der Klasse 5b gesagt:

„Dürfen auch Fotos verwendet werden und wie sollen wir die machen?"

„Ich habe noch nie gefragt. Eigentlich sollte ich das einmal tun. Aber wie soll ich das festhalten? So schnell kann ich doch nicht schreiben."

„Ich war schon in der Firma, in der meine Mutter und mein Vater arbeiten. Meine Mutter sitzt an einem Schreibtisch und spricht mit verschiedenen Leuten. Mein Vater arbeitet in der Werkstatt und repariert alles Mögliche."

„Mich interessiert überhaupt nicht, was meine Eltern arbeiten."

„Mein Vater arbeitet in einer Fabrik an einer großen Maschine und stellt irgendetwas her."

„Meine Mutter ist Verkäuferin in der Bäckerei Heinzel. Jeden Vormittag arbeitet sie, wenn ich in der Schule bin. Ich glaube, sie kennt sich gut aus. Wie sie das gelernt hat, weiß ich nicht.

„Welche Fragen wollen wir zu den Berufen und Berufswegen an unsere Eltern stellen? Wir sollten diese gemeinsam überlegen."

Tipps zum Vorgehen stehen an der Pinnwand (oben auf dieser Seite) und auf den Seiten 124, 125, 126 und 128.

„Wie haben meine Eltern ihren Beruf erlernt?"

Methode: Plakatgestaltung

PRODUKTERKUNDUNG (Gruppe: Tim, Selen, Kerim)

Bezeichnung

Kickboard

Hersteller

K2

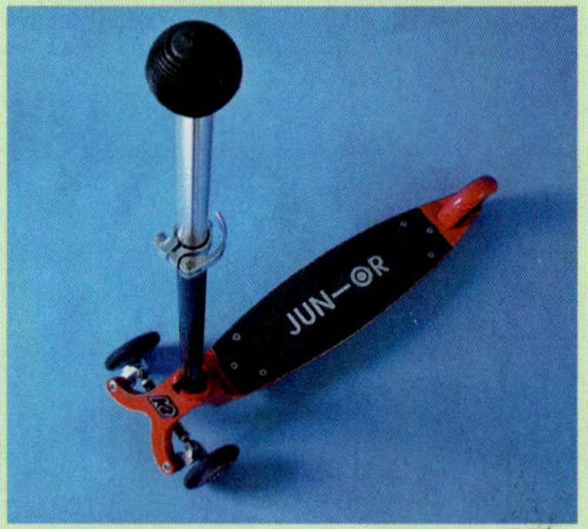

Beschreibung

Lenkbar durch Gewichtsverlagerung,
eine neue Dimension der einfachen Fortbewegung, ...

Ausstattung

- Hinterradbremse
- 9fach verleimtes Deck Griptape
- Lenkstange ca. 99 cm hoch, 3fach verstellbar
- PU- injected-Rollen 81 A, Ø 10 cm
- Kugellager ABEC 7, water resistant

Inoformationsquellen/ Wo kaufen?

- Fachgeschäft
- Internet
- Katalog

Preis

Normal 85,00 Euro
aktuelles Angebot 55,00 Euro

Bei der Vorstellung des Plakates vor der Klasse kann man zusätzliche Erläuterungen geben und Begriffe – wenn notwendig – erklären (besonders zu Tipp 4).

Auch Berufe kann man auf einem Plakat darstellen!

Tipps zur Plakatgestaltung

1 Fertige eine Planungsskizze des Plakates an.
2 Achte auf eine übersichtliche Darstellung und eine gute Verteilung über die ganze Plakatfläche.
3 Verwende Überschriften und Zwischenüberschriften.
4 Verwende nur wichtige Begriffe und kurze Sätze – keine langen Texte.
5 Schreibe in Druckschrift (Groß- und Kleinbuchstaben).
6 Verwende auch Fotos oder Bilder, Symbole und Farben.

Wichtig: Die gute Lesbarkeit ist wichtig – auch aus größerer Entfernung!

Typisch weiblich – typisch männlich?

Frau Feuerwehrmann im Einsatz

Früher sind Frauen bei der Feuerwehr unerwünscht gewesen. Das ist vorbei. Heute werden Feuerwehrfrauen sogar ausgebildet, die Brandherde als Erste anzugreifen. Wenn die Grundausbildung abgeschlossen sein wird, gibt es in Neckarsulm eine Einsatzgruppe ausschließlich aus Feuerwehrfrauen. Sie wird im Ernstfall noch vor den Männern ausrücken, da …

Welches ist dein Wunschberuf? Auf diese Frage haben 30 Jungen und 39 Mädchen aus dem fünften und sechsten Jahrgang einer Hauptschule in Baden-Württemberg so geantwortet:

Wunschberufe der Jungen

Beruf	Zahl der Nennungen
Kraftfahrzeugmechaniker	7
Computerspezialist	4
Fußballprofi	3
Stuntman	3
Bankangestellter	1
Bauarbeiter	1
Fußballkommentator	1
Handwerker	1
Koch	1
Lokomotivführer	1
Polizist	1
Rechtsanwalt	1
Schauspieler	1
Speditionskaufmann	1
Techniker	1
Tierpfleger	1
Zweiradmechaniker	1

Wunschberufe der Mädchen

Beruf	Zahl der Nennungen
Erzieherin	10
Frisörin	5
Apothekenhelferin	4
Sekretärin	3
Tierpflegerin	3
Krankenschwester	2
Schauspielerin	2
Arzthelferin	1
Altenpflegerin	1
Bürokauffrau	1
Kassiererin	1
Köchin	1
Kosmetikerin	1
Malerin	1
Polizistin	1
Schaufensterdekorateurin	1
Tänzerin	1

Wie kommt es zu dieser Auswahl?

„Das ist nichts für Jungen", „Für Mädchen gehört sich das nicht". Solche oder ähnliche Sätze hört man heute noch. Woher kommen solche Vorstellungen? Früher war es häufig so: Die Frauen erledigten die Arbeit im Haushalt und kümmerten sich um die Kinder. Die Männer übten den Beruf aus und verdienten das Geld für die Familie. Die Kinder wurden nach diesen Rollenvorbildern erzogen.

Mädchen bekamen meist Puppen und eine Puppenstube, damit sie Haushalt und Kindererziehung nachspielen konnten. Jungs dagegen spielten mit technischem Spielzeug wie Eisenbahn, Autos oder Kran.

Heute hat sich einiges geändert. Warum sollen Mädchen denn nicht Fußball spielen oder Jungen mit Kuscheltieren? Männer können im Haushalt arbeiten und Frauen können berufstätig sein. Männer und Jungen dürfen schwach, rücksichtsvoll und fürsorglich sein. Auf der anderen Seite können Frauen und Mädchen einen starken Willen zeigen und ihre Vorstellungen durchsetzen.

Jeder hat Stärken und Schwächen. Diese sind nicht typisch männlich oder typisch weiblich. Wichtig ist nur, dass Jungen und Mädchen herausfinden, was sie interessiert und worin sie selbst gut sind. Dies ist wichtig, wenn man einen Beruf sucht.

Berufe in deiner Umgebung

Welche Berufe oder Arbeitsstätten gibt es eigentlich in unserer näheren Umgebung?
Die Klasse 6a will dies herausfinden und dokumentieren.

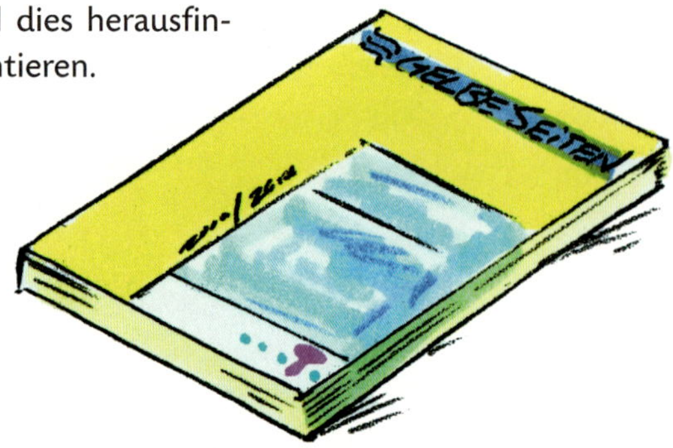

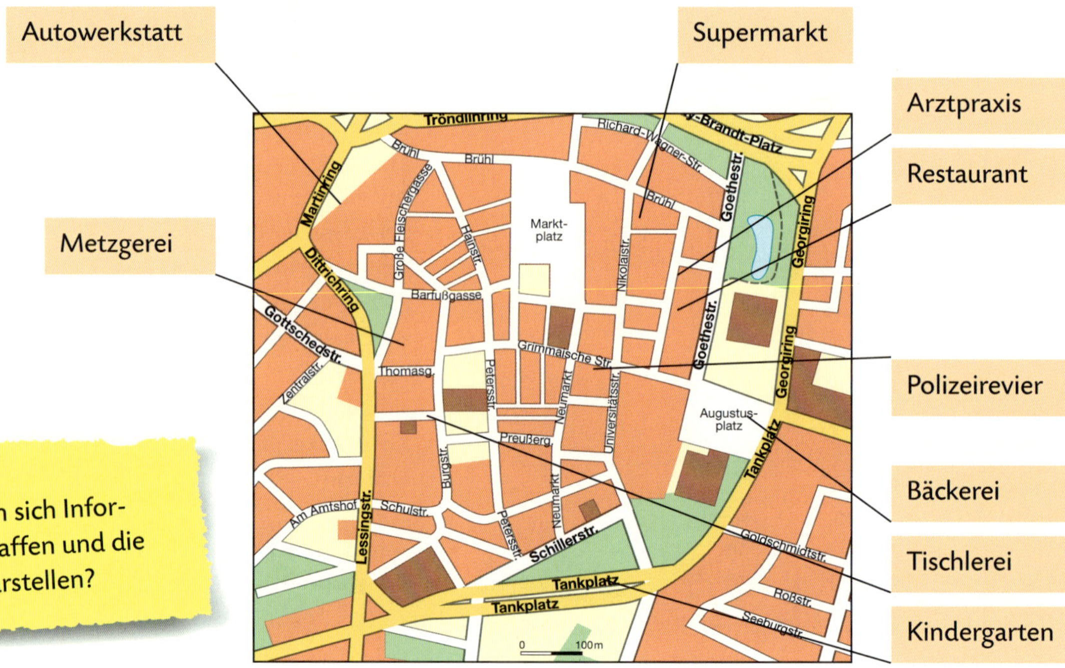

130.1

Wie kann man sich Information beschaffen und die Ergebnisse darstellen?

Textverarbeitung

Mithilfe der Textverarbeitung lassen sich die Ergebnisse sauber und übersichtlich gestalten. Ein besonderer Vorteil ist dabei, dass Änderungen leicht vorgenommen werden können. Einige Regeln der Plakatgestaltung können hier übernommen werden.
Man kann auch gemeinsam eine kleine Broschüre erstellen. Oder man vergrößert das Ergebnis auf dem Kopierer und verwendet dies als Plakat.

131.1

So könnte ein Plakat aussehen, das mit der Textverarbeitung am PC entstanden ist.

Multimediale Darstellung mit dem PC

Die Ergebnisse können auch in einer multimedialen Präsentation vorgestellt werden. Dazu benötigt man ein besonderes Programm wie z. B. Power Point. Es bietet vielfältige Möglichkeiten der Darstellung. Man kann Texte, Bilder, Videofilme und Töne verwenden. Die Inhalte werden nicht auf Seiten wie bei der Textverarbeitung, sondern auf so genannten „Folien" dargestellt. Diese Folien lassen sich miteinander verknüpfen, sodass der Betrachter von Folie zu Folie wechseln kann.

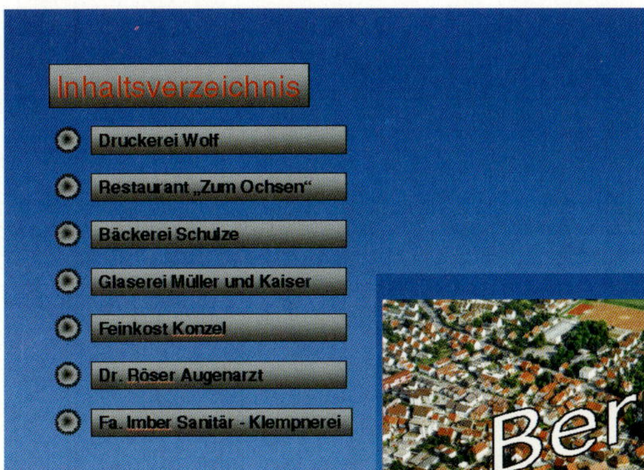

131.2

131.3

Wunsch-berufe finden

Berufe im Wandel

Die Druckerei Wolf wurde im Jahr 1901 von Karl Wolf in Asperg gegründet. Das Foto aus der Druckerei ist um das Jahr 1920 entstanden, also vor ungefähr 80 Jahren.

Der heutige Eigentümer Herr Erich Wolf erzählt, was er über die Arbeit in der Druckerei von seinem Vater und Großvater erfahren hat:

132.1 So sah eine Druckerei um 1920 aus.

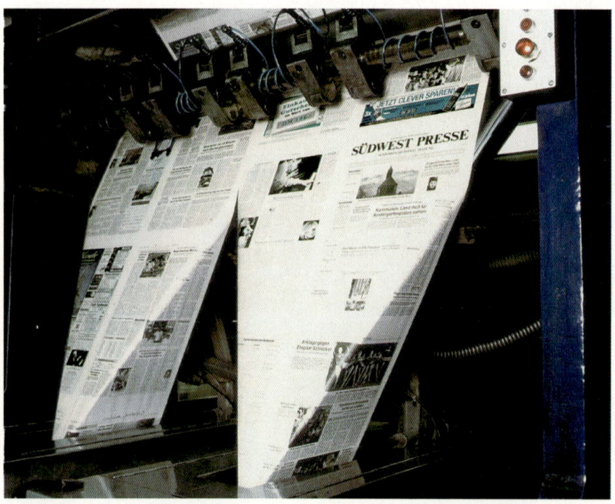

132.2 Mit riesigen Druckmaschinen werden heute die Tageszeitungen gefertigt.

„In der Druckerei wurde damals der Strohgäubote, eine Tageszeitung für das Amt Ludwigsburg, hergestellt. Es gab die redaktionelle Arbeit, die daraus bestand, Zeitungsartikel zu schreiben oder Artikel von anderen Autoren zu sammeln. Aber auch Werbeanzeigen aufzunehmen gehörte zu den Aufgaben. Alle Texte und Anzeigen wurden von Hand aus einzelnen Bleilettern, also Bleibuchstaben, zusammengesetzt.

Zum Druck legte man die einzelnen Papierbögen damals mit den Händen in die Druckmaschine. Anschließend wurden die Druckbögen ebenfalls von Hand zusammengefaltet und ineinander gesteckt. Auch den Verkauf und die Verteilung der Zeitung erledigte die Druckerei selbst.

Neben der Zeitung stellte die Druckerei damals noch verschiedene Druckerzeugnisse her wie amtliche Formulare, Eintrittskarten, Plakate und Formulare für andere Firmen. Eigentlich druckte man alles außer Bücher.

Zu dieser Zeit arbeiteten in der Druckerei etwa 10 bis 15 Personen. Die Arbeit dauerte neun bis zehn Stunden pro Tag. Der Beruf des Druckers war damals ein angesehener und begehrter Beruf. Es gab nur wenige Druckereien. Die Druckerei arbeitet heute noch in dem gleichen Gebäude wie vor 80 Jahren.

Heute produzieren Rotations-Offsetdruckmaschinen die Tageszeitung meist während der Nacht. Von der Papierrolle bis zur fertigen Zeitung mit bis zu 64 Seiten werden von der Maschine alle Herstellungsschritte automatisch erledigt. Stündlich werden so bis bis zu 12 000 Exemplare fertig gestellt."

Von Zeitzeugen, alteingesessenen Firmen und Heimatmuseen kann man Informationen über die Arbeitswelt vergangener Zeiten bekommen.

Neue Berufe entstehen

Auch Berufe und Berufsbezeichnungen verändern sich. Ein Beispiel für diesen Wandel ist der Kraftfahrzeugmechatroniker/ die Kraftfahrzeugmechatronikerin.

Berufe rund ums Rad stehen bei Jugendlichen hoch im Kurs. Der/die Kraftfahrzeugmechaniker/in gehört seit Jahren zu einem der am häufigsten gewählten Ausbildungsberufe. Auch die Berufe Kraftfahrzeugelektriker/in und Automobilmechaniker/in wählten viele Jugendliche. Insgesamt werden zurzeit rund 100.000 junge Menschen in Deutschland in diesen drei Berufen ausgebildet. Seit dem Jahr 2003 gibt es für diese unterschiedlichen Bezeichnungen nur noch einen Namen: Kraftfahrzeugmechatroniker/in.

In diesem neuen Beruf vereinen sich Inhalte aus den Bereichen der Mechanik und Elektronik. Daraus ist das Wort Mechatronik abgeleitet worden.

Neue Ausbildungsberufe sind zum Beispiel auch Kosmetiker/-in oder Bestattungsfachkraft:

- Kosmetiker/-innen arbeiten vorwiegend in Kosmetikinstituten, aber auch in Parfümerien, der kosmetischen Industrie oder im Gesundheitswesen. Sie beurteilen und reinigen, pflegen und schützen Haut und Nägel ihrer Kunden, führen kosmetische Behandlungen am ganzen Körper aus und bieten neben dem Verkauf von Kosmetikartikeln auch Ernährungsberatung an.

- Bestattungsfachkräfte sind in Bestattungsunternehmen oder Friedhofsverwaltungen beschäftigt. Sie sind mit allen kaufmännischen und organisatorischen Tätigkeiten rund um eine Bestattung betraut. Sie beraten Kunden, organisieren Überführungen, Aufbahrungen und die Aufbewahrung von Verstorbenen. Die Betreuung von Angehörigen ist eine weitere wichtige Aufgabe.

133.1 Mit Computer und Schraubenschlüssel: der neue Beruf Kraftfahrzeugmechatroniker/in

Informationen über Berufe findet man unter folgender Internetadresse:
www.bibb.de
www.berufenet.de

Einen Beruf ergreifen – wozu?

134.1

134.2

134.3

134.5

134.4

134.6

134.7

Im Beruf findet man unabhängig von der Familie und dem engsten Freundeskreis Anerkennung – wenn man zum Beispiel vom Meister gelobt wird, weil man seine Arbeit gut erledigt hat.

Erfolg im Beruf macht auch Spaß und gibt einem ein gutes Gefühl. Der Chef gratuliert dann vielleicht zur Beförderung. Man hat danach eine größere Verantwortung und verdient mehr.

Dein Wunschberuf

Hast du auch schon einen Wunschberuf?

„Wenn ich einen Wunschberuf gefunden habe, weiß ich, was ich will und worauf ich hinarbeiten kann."

„Mein Wunschberuf kann sich noch ändern. Meine Interessen können sich ja auch noch ändern."

„Über meinen Wunschberuf weiß ich nur wenig. Ich glaube, ich sollte mehr darüber wissen."

„Wozu brauche ich einen Wunschberuf? Ist doch egal, was ich werde!"

„Ich habe meinen Wunschberuf gefunden. Davon kann mich nichts mehr abbringen."

„Mein Wunschberuf ist kein Weihnachtsgeschenk. Um ihn zu bekommen, muss ich etwas tun."

„Ich wähle meinen Wunschberuf nur nach meinen Interessen aus."

„Man soll seinen Wunschberuf so wählen, dass man auch eine Chance hat, ihn zu ergreifen."

„Meinen Wunschberuf kann ich sowieso nicht bekommen. Wieso soll ich mich anstrengen?"

„Durch meinen Wunschberuf ist mir klar geworden, dass ich mich anstrengen sollte, um gute Zeugnisse zu bekommen."

„Von meinem Wunschberuf kann ich noch träumen. Vielleicht klappt es ja."

Familie, Freizeit, Haushalt

Spaß und Freude in der Küche

Gerichte selbst erfinden

„Wir haben im Urlaub eine super Nachspeise gegessen. Nun wollen wir das daheim ausprobieren, aber wir haben kein Rezept dazu. Auf jeden Fall war das Ganze eine helle Creme, die sahnig geschmeckt hat. In der Creme waren Kirschen. Und ganz unten war noch eine Schicht aus Keksen oder so einer Art Kuchenboden. Oben drauf auf der Creme war ein bisschen Kakao."

138.1

So kann man herausfinden, wie eine Speise zubereitet wurde:

- Die Speise probieren und überlegen, welche Zutaten oder Gewürze verwendet wurden.
- In Kochbüchern nach vergleichbaren Rezepten suchen und diese abwandeln.
- Leute befragen, die diese Speise kennen.
- Im Internet mit entsprechenden Suchbegriffen nach Rezepten suchen.

Den Geschmack selbst bestimmen

Abwandlung Rührkuchen

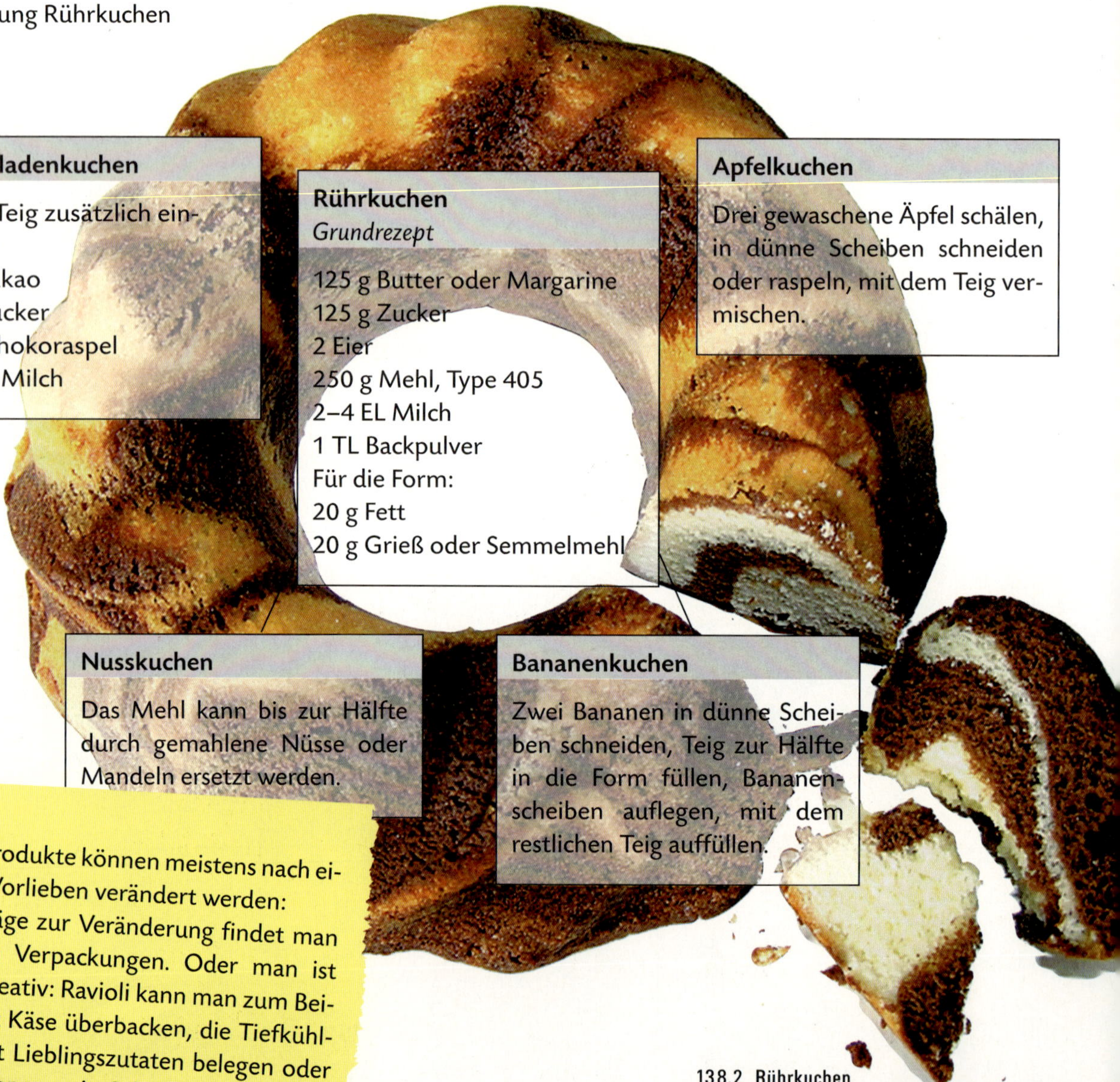

Schokoladenkuchen

in den Teig zusätzlich einrühren:
35 g Kakao
35 g Zucker
3 EL Schokoraspel
2–3 EL Milch

Rührkuchen
Grundrezept

125 g Butter oder Margarine
125 g Zucker
2 Eier
250 g Mehl, Type 405
2–4 EL Milch
1 TL Backpulver
Für die Form:
20 g Fett
20 g Grieß oder Semmelmehl

Apfelkuchen

Drei gewaschene Äpfel schälen, in dünne Scheiben schneiden oder raspeln, mit dem Teig vermischen.

Nusskuchen

Das Mehl kann bis zur Hälfte durch gemahlene Nüsse oder Mandeln ersetzt werden.

Bananenkuchen

Zwei Bananen in dünne Scheiben schneiden, Teig zur Hälfte in die Form füllen, Bananenscheiben auflegen, mit dem restlichen Teig auffüllen.

138.2 Rührkuchen

Tipp

Fertigprodukte können meistens nach eigenen Vorlieben verändert werden: Vorschläge zur Veränderung findet man auf den Verpackungen. Oder man ist selbst kreativ: Ravioli kann man zum Beispiel mit Käse überbacken, die Tiefkühlpizza mit Lieblingszutaten belegen oder Tütensuppen mit Sahne oder frischen Kräutern verfeinern.

Kochduell

Bei diesem Spiel gewinnt, wer viel Fantasie hat, gut zusammenarbeitet und konzentriert bei einer Sache bleibt.

Spielanleitung:

Ziel des Kochduells ist es, aus vorgegebenen Nahrungsmitteln in einer bestimmten Zeit Speisen zuzubereiten. Es müssen alle Nahrungsmittel verwendet werden. Sieger ist diejenige Gruppe, die innerhalb der vorgegebenen Zeit fertig wird und die von der Jury die meisten Punkte erhält.

139.1 TV-Sendung Kochduell

So kann man vorgehen:

1. Gruppen einteilen, Jury bestimmen
2. Nahrungsmittel bereitstellen (jede Gruppe bekommt die gleiche Zusammenstellung)
3. Zeit und Bewertungskriterien vorgeben bzw. gemeinsam festlegen
4. Hilfsmittel (z. B. Kochbücher, Internet, Rezeptsammlungen) festlegen
5. In den Kochduellgruppen das Vorgehen überlegen
6. Speisen zubereiten
7. Ergebnisse präsentieren
8. Gemeinsam essen
9. Sieger ermitteln

Tipps zur Bewertung:

- Grundsätzlich können die Zubereitungsweise und das Ergebnis bewertet werden. Für beide Bereiche sollten genaue Bewertungskriterien festgelegt werden.

Beispiel für eine Bewertungsskala:

Rezeptauswahl
aus dem Kochbuch ——— selbst erfunden

Zutaten
nur teilweise verwendet ——— alle verwendet

Zeit
überschritten ——— eingehalten

Zusammenarbeit
schlecht ——— gut

Anrichten
langweilig ——— fantasievoll

Geschmack
schlecht ——— gut

Einkaufsliste

1 kleine Dose Tomaten
4 Äpfel
1 P. Vanillepudding
Mandelblättchen
100 g Hartkäse
1 Naturjogurt
300 g Hackfleisch
400 g Kartoffeln
1 2 l Milch

Das könnte man daraus machen!

1. Menü
Kartoffelbrei mit Hackfleisch-Tomaten-Soße und geriebenem Käse, Pudding mit Apfelkompott

2. Menü
Tomatensuppe, Kartoffelgratin mit geriebenem Käse und Hackfleischbällchen, Bratäpfel mit Pudding

Zirkus in der Küche

Übung macht die Meisterin ... und natürlich auch den Meister!

140.1

Pfannkuchen – wie ein Profi wenden

Tipps zum Üben:

- kleine beschichtete Pfanne mit Öl ausreiben
- mit kleiner Schöpfkelle wenig Teig in die Pfanne geben
- wenn der Teig an der Oberfläche nicht mehr flüssig ist, durch leichtes Rütteln prüfen, ob sich der Pfannkuchen löst
- Pfannenstiel mit beiden Händen fassen und den Pfannkuchen mit Schwung nach oben schleudern und mit der Pfanne auffangen

140.2

Flaschenkonzert

Tipps zum Üben:

- Klangexperimente mit unterschiedlichen Gläsern, Flaschen, Schlegeln und Wassermengen durchführen
- als Schlegelinstrumente eignen sich Kochlöffel, Servierlöffel, Schaschlikspieße, Schneebesen
- Musikstücke erfinden und einüben

140.3

Servieren und Balancieren

Tipps zum Üben:

- Übungen mit Holzbrettchen oder altem, angeschlagenem Geschirr
- Servicepersonal in Gaststätten zur Technik befragen

140.4

Mit Backpulver zaubern

Tipp zum Ausprobieren:

Fülle eine Packung Backpulver in eine Flasche, gib ein Glas Wasser hinzu, ziehe den Luftballon über die Öffnung und schüttele die Flasche. Backpulver und Wasser entwickeln ein Gas, das den Luftballon aufbläst. Dasselbe kann mit einer Filmdose erprobt werden. Der Deckel wird durch das Gas hochspringen.

Parcours der Sinne

Wer gut sehen, riechen, schmecken, hören und tasten kann, hat mehr von der Welt. Alle Sinne sind wichtig und wirken zusammen. Erinnere dich, ...

- wie es riecht, wenn frisch gebacken wurde
- wie es sich anhört, wenn man an einem heißen Sommertag eine Limo einschenkt
- was man spürt, wenn man über einen Pfirsich streichelt
- wie es sich im Mund anfühlt und schmeckt, wenn man eine Zitrone isst
- was es bewirkt, wenn man seine Lieblingsspeise sieht

Die Sinnesorgane sind sehr empfindlich. Wenn wir sie zu sehr beanspruchen, stumpfen sie ab. Das kann passieren, wenn man zu viel fernsieht, dauernd zu laute Musik hört, ständig stark riechende Parfüme benutzt. Die Sinneswahrnehmung kann aber auch trainiert und damit verbessert werden.

Schmecken 1

- fünf unterschiedlich starke Zuckerlösungen herstellen: in einem Glas Mineralwasser nacheinander ein, zwei, vier, sechs und acht Teelöffel Zucker auflösen
- alle kosten in ihrem Glas von den verschiedenen Zuckerlösungen
- welche Zuckerlösung schmeckt am besten?
- welche ist mir zu süß, welche schmeckt gar nicht süß?

Schmecken 2

- in fünf Schälchen fünf verschiedene Dinge einfüllen, zum Beispiel Senf, Mayonnaise, Naturjogurt, Fruchtjogurt und Ketschup
- mit Lebensmittelfarbe alles blau einfärben
- mit einem Probierlöffel eine Kostprobe auf den eigenen Teelöffel geben
- testen, welches Nahrungsmittel es ist

Riechen

- einige Filmdöschen oder ähnliche Behälter sammeln
- in jedes Döschen stark duftende Dinge hineingeben wie zum Beispiel Kaffeepulver, Nelken, Anis, Zwiebelstücke, frisches Brot oder Zimt
- mit etwas Watte bedecken, Filmdöschen verschließen
- auf der Unterseite einen Klebestreifen anbringen, auf dem notiert ist, was im Döschen enthalten ist
- für die Riechprobe Deckel abnehmen

Mit allen Sinnen offen sein

Äpfel	Geschmack				Geruch			Aussehen
	sauer	fad	mehlig	saftig	stark	zart	gar nicht	
 Boskop								
 Delicious								
 Elstar								
 Granny								

Methode: Gemeinsam eine Aktion planen

So kann man vorgehen

Das muss man tun –
Beispiel: Kochen nach einem Motto

Vorschläge sammeln

142.1

Es werden Kleingruppen gebildet. Jede Person schreibt zwei Mottoideen auf ein Blatt. Nach vier Minuten wird das Blatt im Uhrzeigersinn weitergegeben. Jede Person ergänzt das vorliegende Blatt: Das kann ein neues Motto sein oder Ideen zu den vorhandenen Mottos. Das Blatt wird so lange weitergereicht, bis man das eigene Blatt wieder vor sich liegen hat.

Vorschlag in der Gruppe auswählen/ Präsentation vorbereiten

142.2

In der Gruppe muss man sich auf ein Motto einigen, weitere Ideen zu diesem Motto sammeln (Speisen, Dekoration, Musik, Geräte, Ausstellung, ...) und dann die Präsentation vorbereiten (zum Beispiel Mindmap).

Vor der Klasse präsentieren

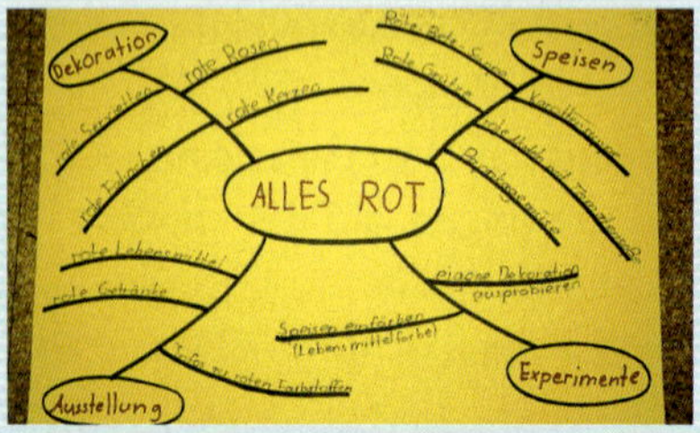

142.3

Die Ideen werden von den Gruppen präsentiert und auf Nachfragen der Klasse geben sie Antworten.

Gemeinsam einen Vorschlag auswählen

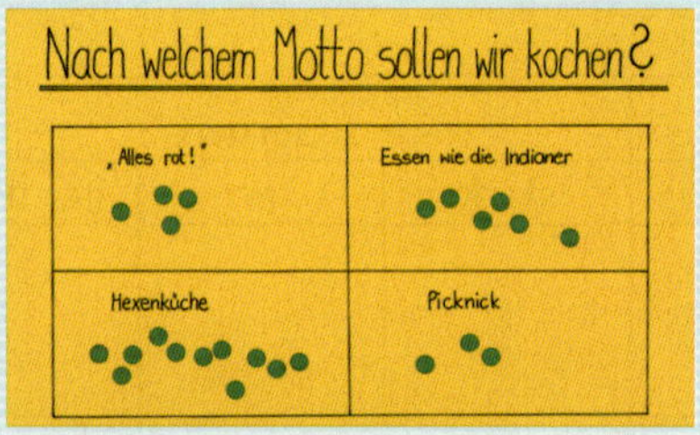

142.4

Jede Person erhält für die Abstimmung zwei Punkte. Man kann die Punkte auf einem oder zwei Plakaten verteilen. Das Motto mit den meisten Punkten wird genommen.

Material für die Durchführung sammeln

142.5

Gemeinsam festlegen, welche Bereiche ausgewählt werden. Einteilen, wer was macht.
Das Material sammeln und abstimmen. Den Zeitablauf für die Durchführung festlegen.

Geschenke aus der Küche

Liebevolle Geschenke aus der eigenen Küche sind immer willkommen. Ob süß oder herzhaft, ganz einfach oder etwas aufwändiger – solche Geschenke machen immer Freude. Sie kosten nicht viel, nur etwas Zeit. Fantasievoll eingepackt sind sie ein ganz persönliches Geschenk.

143.1 Konfitüren/Marmeladen

143.2 Brauchtumsgebäck

143.3 Kräuteressig

143.4 Chutney

143.5 Pralinen

143.6 Kekse

Rezepte findet man in Koch- und Backbüchern und im Internet.

Fantasievolle Verpackungen

Dies sind nur einige Anregungen:
Rezepte und Verpackungsideen findet man in Koch- und Backbüchern, Zeitschriften und im Internet.

143.7 selbst gestaltete Etiketten

143.8 Stoffe als Hülle

143.9 selbst hergestellte Schachteln

143.10 fantasievoll dekorierte Dosen

143.11 dekorative Bänder

Das lernen Kochlehrlinge am Anfang

Hygiene in der Küche

Wer mit Lebensmitteln umgeht, muss besonders auf Hygiene achten, denn Lebensmittel sind leicht verderblich. Überall kommen Mikroorganismen (Kleinstlebewesen) vor, die sich vor allem in der Küche sehr schnell vermehren und Lebensmittel verderben können. In der Küche ist es wichtig, so sauber wie möglich zu arbeiten.

Aber man kann verhindern, dass sich Keime vermehren, die gesundheitsgefährdend werden könnten. Sauberkeit beginnt bei der persönlichen Hygiene (z.B. Hände waschen) und geht weiter mit der Hygiene am Arbeitsplatz (z.B. saubere Wischlappen benutzen).

	Tipps zum hygienischen Arbeiten	**Deshalb ist es wichtig**
	Alle Fingerringe ablegen. Die Hände gründlich mit unparfümierter Seife unter warmem Wasser waschen.	Ringe sind besonders starke Keimträger, da sie sich schlecht reinigen lassen. Das Reinigen mit Seife löst den Schmutz besser als klares Wasser.
	Wunden mit wasserdichten Verbänden abdecken.	Offene Wunden können Keimträger sein.
	Lange Haare zuammenbinden.	Auch auf sauberen Haaren befinden sich viele Keime.
	Saubere Kleidung oder Kochschürze tragen.	Auf verschmutzter Kleidung befinden sich Millionen von Keimen.
	Beim Abschmecken zweiten Löffel verwenden, nur einer der Löffel kommt mit dem Mund in Berührung.	Viele Bakterien und Keime, die Krankheiten auslösen können, werden über den Speichel übertragen.
	Den Arbeitsplatz und die Arbeitsgeräte sauber halten, häufig wischen, Tücher und Lappen oft wechseln.	In feuchter Umgebung vermehren sich Keime besonders schnell. Je sauberer der Arbeitsplatz und die Arbeitsgeräte sind, desto weniger Keime befinden sich darauf.
	Speisereste zugedeckt und kühl aufbewahren, möglichst rasch verwerten.	Bei niedrigen Temperaturen vermehren sich Keime wesentlich langsamer als in warmer Umgebung.

Was daheim alles passieren kann

Ursachen tödlicher Unfälle im häuslichen Bereich

84 %	Stürze
6 %	Feuer und Flamme
6 %	Ersticken
1 %	elektrischer Strom
1 %	Vergiftungen
1 %	Ertrinken
1 %	sonstige Ursachen

Quelle: Ministerium für Arbeit, Gesundheit, Familie und Sozialordnung, Baden-Württemberg

Kann mir so etwas passieren?

Nach Rezept arbeiten und die Arbeit planen

Alle Kochlehrlinge müssen nach Rezept arbeiten können. Dazu ist es notwendig, dass sie sich mit einigen grundsätzlichen Fragen auseinander setzen. Um sie zu lösen, gibt es unterschiedliche Möglichkeiten. Hier einige Tipps vom Profi.

Wie sieht die fertige Speise aus und wie schmeckt sie?

- Suche in Kochbüchern nach Abbildungen.
- Befrage Personen, die das Gericht eventuell kennen.

Welche Zutaten kenne ich? Welche kenne ich nicht?

- Schlage in Büchern zur Warenkunde nach.
- Lies die Aufschriften auf den Packungen durch und befrage Personen.

146.1

Welche Geräte brauche ich?

- Lies im Rezept nach, welche genannt sind. Oft verstecken sie sich hinter einer Tätigkeit (z. B. „raspeln").
- Manche Tätigkeiten können mit unterschiedlichen Geräten ausgeführt werden. Für welches Gerät du dich entscheidest, hängt vom Zeit- und Arbeitsaufwand oder dem Krafteinsatz ab.
- Schlage in Büchern nach oder befrage jemanden.

Was muss ich überhaupt tun?

- Lies das Rezept nochmals genau durch und stelle dir den Arbeitsablauf in Gedanken vor.
- Markiere evtl. Tätigkeiten im Rezept oder mache dir Notizen.
- Schlage nach, wenn dir eine Tätigkeit unbekannt ist oder lasse sie dir zeigen oder erklären.
- Richte alle Zutaten in der benötigten Menge vor Arbeitsbeginn her.

Kleines Küchen-Abc

ablöschen	Flüssigkeiten in heiße Speisen gießen
abschrecken	heiße Nahrungsmittel sofort mit kaltem Wasser übergießen
al dente	Teigwaren kochen, sodass sie im Inneren noch leicht hart sind
blanchieren	Nahrungsmittel in kochendes Wasser geben, zwei bis drei Minuten kochen, sofort abschrecken
garen	Garen ist der Oberbegriff für Kochen, Dünsten, Dämpfen, Backen.
marinieren	gewürzte Flüssigkeit einige Zeit auf Nahrungsmittel einwirken lassen
panieren	Nahrungsmittel in Mehl, Ei und Paniermehl wenden
passieren	Nahrungsmittel durch ein feines Sieb streichen
pürieren	Nahrungsmittel mit dem Pürierstab oder Mixer zerkleinern
reduzieren	einkochen, bis die gewünschte Flüssigkeitsmenge entstanden ist
überbacken	Nahrungsmittel im Backofen bei großer Hitze bräunen
Wasserbad	Gefäß wird in einen Topf mit heißem Wasser gestellt, sodass die Speise in dem Gefäß erhitzt wird

Beim Arbeiten nach einem Rezept gibt es unterschiedliche Phasen. Man unterscheidet zwischen **Arbeitszeit** und **Wartezeit**.
Arbeitszeit ist die Zeit, in der wir Tätigkeiten ausführen müssen.
Wartezeit ist die Zeit, in der wir nicht tätig sein müssen, sondern nur nachschauen und überwachen.
Meist besteht eine Mahlzeit aus mehreren Speisen, dann muss die Arbeit so geplant werden, dass die Arbeitsschritte sinnvoll aufeinander folgen. Das kann so aussehen, wie in diesem Beispiel:

Spaghetti mit Hackfleischsauce und Karottensalat

Zeit	Spaghetti	Hackfleischsauce	Karottensalat	zusätzliche Arbeiten
5 min			Salatsauce herstellen	
5 min			Karotten säubern, raspeln, anrichten	
5 min	Wasser zum Kochen aufsetzen	Zutaten vorbereiten		
5 min		Zutaten andünsten		
5 min	Spaghetti kochen	Hackfleischsauce garen		Arbeitsflächen reinigen
5 min				Benutztes Arbeitsgeschirr zusammenstellen
5 min				Tisch decken
5 min	Spaghetti abgießen			
5 min				Anrichten
45 min				

So kann man bei der Arbeitsplanung vorgehen:
- Rezepte genau durchlesen
- Arbeitsablauf durchdenken
- Rezepte in Arbeits- und Wartezeiten einteilen, markieren, eventuell auf Karten schreiben
- Arbeits- und Wartezeiten in einen Ablauf bringen, sodass sich Arbeits- und Wartezeiten sinnvoll ergänzen
- Am besten beginnt man mit den Speisen, die lange Garzeiten oder Ruhezeiten haben, z. B. mit der Nachspeise, die im Kühlschrank fest werden muss oder dem Gulasch, das 45 Minuten Garzeit benötigt
- Wenn man im Team arbeitet, gibt es noch weitere Dinge, die man beachten muss (siehe Seite 17)

Lehrgang: Messen und Wiegen

Abkürzungen der wichtigsten Maßeinheiten

kg = Kilogramm
g = Gramm
ml = Milliliter
cl = Zentiliter (10 ml)
dl = Deziliter (100 ml)
Pr. = Prise

MS = Messerspitze
TL = Teelöffel
EL = Esslöffel
gestr. = gestrichen
St. = Stück

	1 gestr. TL	1 gestr. EL
Mehl	3 g	10 g
Semmelmehl	3 g	10 g
Grieß	3 g	12 g
Haferflocken	2 g	8 g
Zucker	5 g	15 g
Honig	6 g	20 g
Crème fraîche	5 g	15 g
Öl	4 g	12 g
Salz	5 g	15 g

mit dem Messbecher

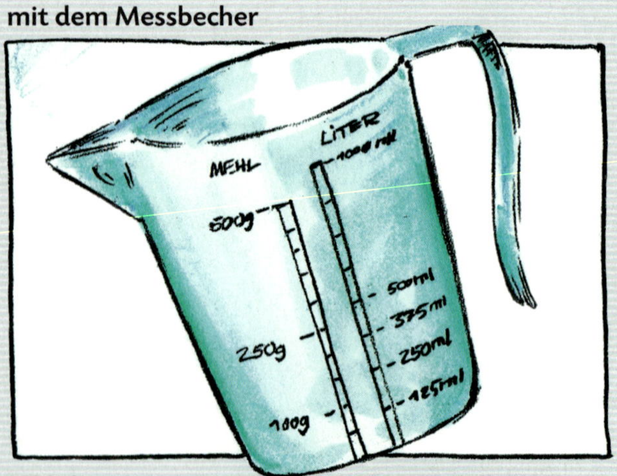

148.1 Skala für das angegebene Lebensmittel auf dem Messbecher suchen. Entsprechende Menge mit Hilfe der Striche abmessen.

mit der Waage

148.2 Gefäß auf die Waage stellen, Zeiger auf „0" einstellen und Lebensmittel abwiegen.

mit dem Löffel

148.3 1 gestrichener EL = 10–15 g
1 gestrichener TL = 3– 5 g

mit den Fingern

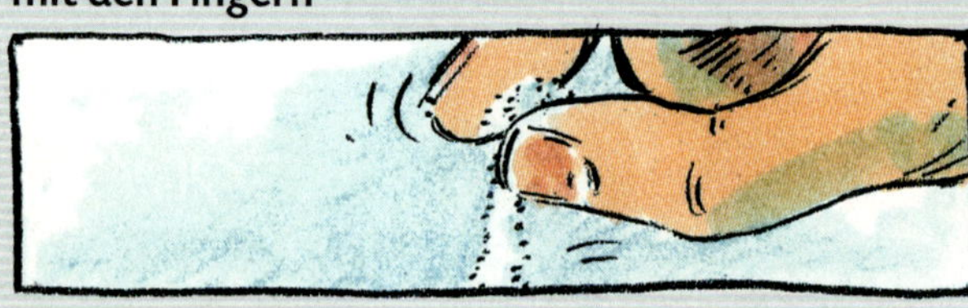

148.4 1 Prise = die Menge, die man zwischen Daumen und Zeigefinger halten kann

mit Köpfchen

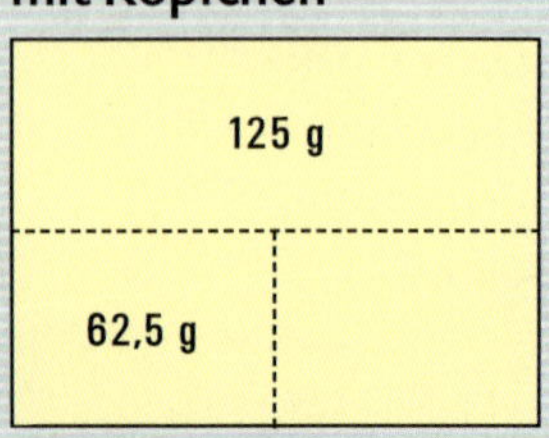

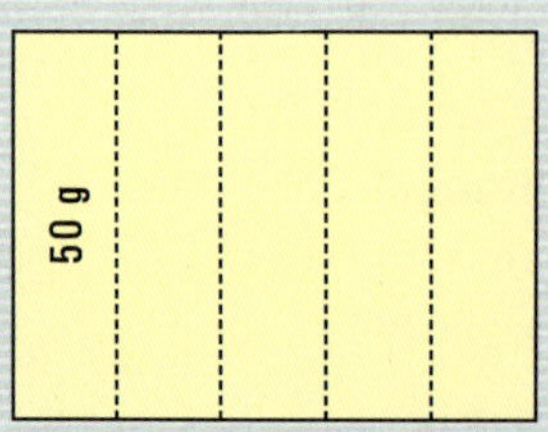

148.5 250 g Butter (Quark…)

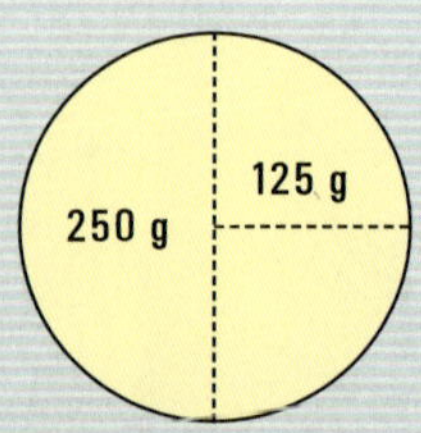

500 g Margarine

Lehrgang: Obst richtig verarbeiten

Äpfel, Birnen

149.1 Apfel wird geschält

149.2 Apfel, Kernhaus ausschneiden

Mit dem Sparschäler die Birne oder den Apfel kreisförmig abschälen. Das Kerngehäuse mit dem Küchenmesser oder mit dem Kerngehäuseausstecher entfernen.

Ananas

149.3 Beim Abschälen mit dem Kochmesser

149.4 Ananas beim Entfernen der Augen

Beide Enden mit dem Kochmesser abschneiden. Ananas mit einer Schnittfläche auf ein Schneidebrett stellen und die Schale in Streifen von oben nach unten abschneiden. Augen keilförmig ausschneiden, die Ananas halbieren und den Strunk entfernen.

Kiwi

149.5 Kiwi wird mit Sparschäler geschält

149.6 geschälte Kiwi, halbiert, Strunk wird entfernt

Ganz weiche Früchte quer halbieren und auslöffeln. Festere Früchte mit dem Sparschäler schälen, halbieren, den Strunk entfernen. Kiwi mit Milchprodukten erst kurz vor dem Servieren mischen, da die Speise sonst bitter wird.

Melone

149.7 Melone der Länge nach halbieren

149.8 In Spalten schneiden

Melone mit dem Kochmesser der Länge nach halbieren. Kerne mit einem Löffel entfernen. Melone mit dem Messer in Spalten schneiden und von der Schale befreien.

Orangen

149.9 Orange ist geschnitten; die zweite wird mit dem Kochmesser geschält

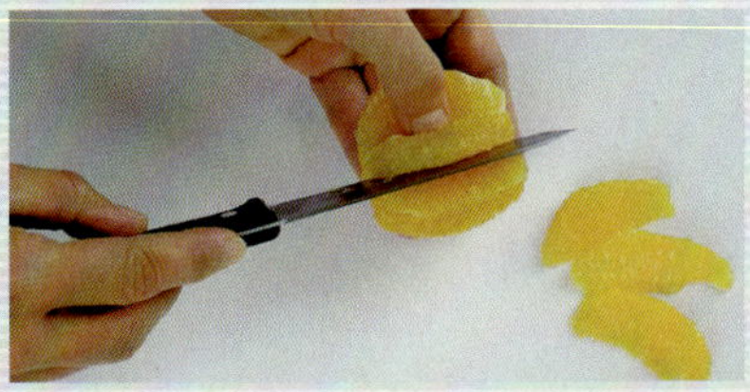

149.10 Orange wird mit dem Kochmesser filetiert

Orange oben und unten mit dem Kochmesser auf einem Brett abschneiden und so schälen, dass alle weißen Häute entfernt sind.
Die ganze Orange in die Hand nehmen und die Filetstücke zwischen den Häuten herausschneiden.

Lehrgang: Gemüse richtig verarbeiten

Auberginen

150.1 in Scheiben schneiden

150.2 aushöhlen

Mit heißem Wasser abwaschen, abreiben, in Scheiben oder Würfel schneiden. Beim Aushöhlen kleines Küchenmesser verwenden. Den Strunk abschneiden.

Avocados

150.3 Avocado schälen

150.4 Avocado aushöhlen

Nur reife Früchte verwenden – sie geben auf leichten Fingerdruck nach. Avocado mit dem Sparschäler schälen, halbieren und den Stein entfernen, in Scheiben schneiden. Zum Füllen wird die Avocado gleich halbiert und das Fruchtfleisch wird mit einem Esslöffel ausgehöhlt.

Bohnen

150.5 Bohnen abgipfeln

150.6 Bohnen schneiden

Die Bohnen waschen, Spitze und Stielansatz abschneiden, in mundgerechte Stücke brechen oder schneiden.

Blumenkohl

150.7 Kreuzweise Strunk schneiden

150.8 Blumenkohl in Röschen schneiden

Blätter und Strunk entfernen, den Blumenkohl waschen und in kleine Röschen teilen.
Wenn er im Ganzen gegart wird, Strunk kreuzweise einschneiden, damit alles gleichmäßig gart.

Brokkoli

150.9 Röschen vom Brokkoli teilen

150.10 Brokkolistrunk mit Messer schälen

Die Röschen abschneiden, Stiele schälen und klein schneiden.

Chicorée (Schikoree)

151.1 Strunk mit einem scharfen Küchenmesser kegelförmig ausschneiden

151.2 mit einem Kochmesser in Scheiben schneiden, Krallengriff

Die äußeren Blätter entfernen. Am unteren Ende eine Scheibe abschneiden und den bitteren Strunk mit einem spitzen Messer kegelförmig herausschneiden, anschließend von der Spitze her in Scheiben schneiden.

Fenchel

151.3 Ansätze entfernen

151.4 Scheiben schneiden

Den Stängel dicht oberhalb der Knolle abschneiden. Die Knolle halbieren und den Strunk entfernen. Den Fenchel längs der Fasern in feine Scheiben schneiden.

Kartoffeln

151.5 schälen mit Sparschäler

151.6 verschiedene Schnittformen: Scheiben, Würfel, Stifte

Kartoffeln mit der Gemüsebürste gründlich waschen. Mit dem Sparschäler schälen und nochmals waschen. Kartoffeln in die gewünschte Form schneiden, hobeln oder raspeln.

Karotten

151.7 Karotten mit Sparschäler schälen

151.8 siehe Kartoffel

Die Karotten mit der Gemüsebürste reinigen, mit dem Sparschäler schälen und in die gewünschte Form schneiden, hobeln oder raspeln.

Paprika

151.9 halbierte Paprika, Kerne entfernen

151.10 Paprika wird in Streifen geschnitten

Die gewaschene Paprika längs halbieren, den Stielansatz, Kerne und weiße Innenstränge herausschneiden. Danach in Streifen oder Würfel schneiden. Zum Füllen nur den Deckel abschneiden, Kerne und weiße Trennwände entfernen.

Lauch

152.1 zur Hälfte aufgeschlitzter Lauch wird unter fließendem Wasser gewaschen

152.2 Streifen und Ringe schneiden

Den Wurzelansatz und dunkelgrüne Blattspitzen abschneiden und die äußere Blattschicht abziehen. Lauch ab der Mitte der Länge nach aufschlitzen und gründlich unter fließendem Wasser waschen. In die gewünschte Form schneiden.

Knoblauch

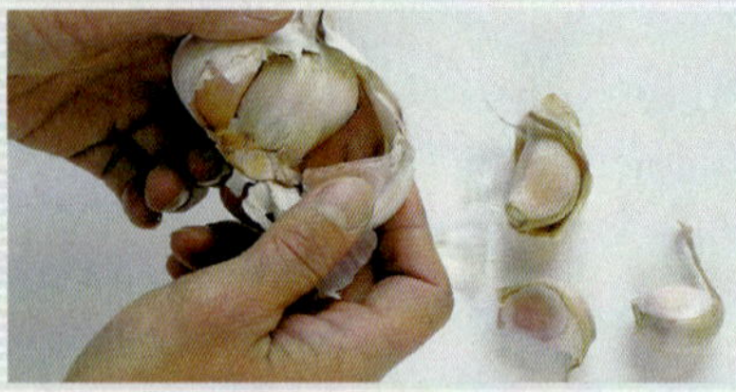
152.3 ganze Knolle, einzelne Zehen werden entfernt

152.4 Zehe schälen

Einzelne Zehen von der ganzen Knoblauchknolle lösen. Die Spitze und den Wurzelansatz der Zehe abschneiden. Die Zehe schälen. Knoblauch in dünne Scheiben schneiden, hacken oder durch die Knoblauchpresse pressen.

Kohl

152.5 Strunk entfernen

152.6 Schneiden mit großem Messer

Die äußeren Blätter entfernen. Den Kohl in zwei Teile schneiden. Den Strunk keilförmig heraustrennen. Den Kohl möglichst in feine Streifen schneiden.

Pilze

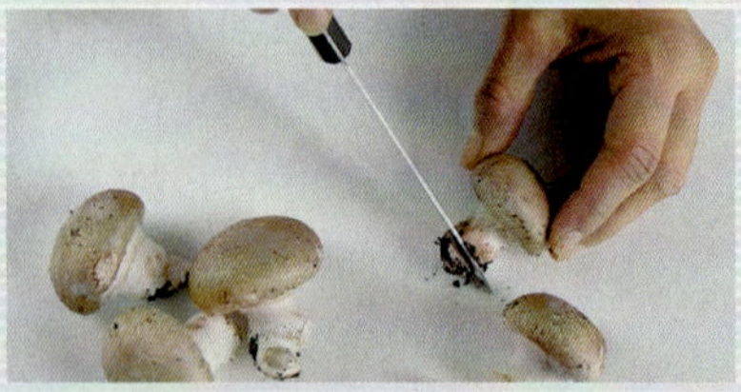
152.7 Abschneiden des Fußes

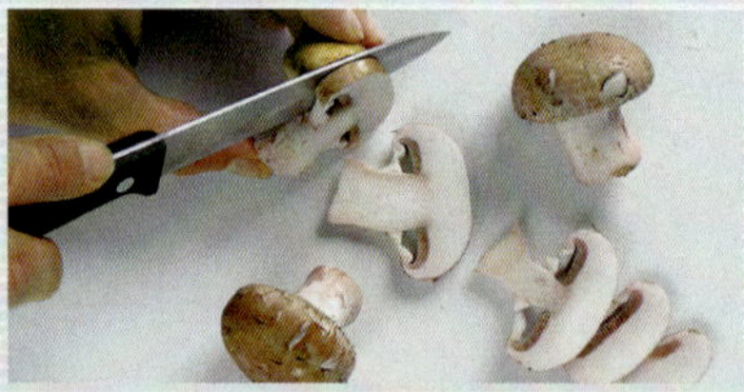
152.8 von Hand blättrig schneiden

Den Fuß knapp abschneiden. Stark verschmutzte Pilze unter fließendem Wasser waschen. Mit einem Messer blättrig schneiden.

Spargel

152.9 Spargel mit dem Sparschäler schälen

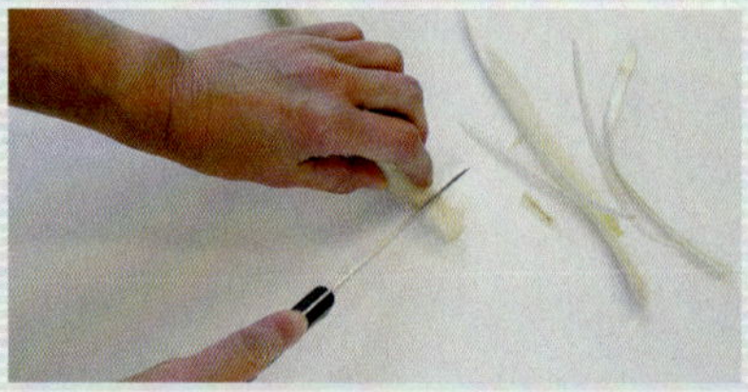
152.10 Ende abschneiden

Weißen Spargel unterhalb des Kopfes mit dem Sparschäler großzügig schälen, damit alle holzigen Teile entfernt werden. Am Ende einen halben bis einen Zentimeter abschneiden. Grüner Spargel wird nur am unteren Ende geschält.

Sellerie

153.1 Knollensellerie schälen

153.2 verschiedene Formen (geraspelt…)

Den gewaschenen Knollensellerie mit einem großen Messer halbieren. Knolle mit der Schnittfläche nach unten auf ein Schneidebrett legen und die Schale in Streifen von oben nach unten hinunterschneiden. Geschälte Knolle in die gewünschte Form schneiden, hobeln oder raspeln.

Tomaten

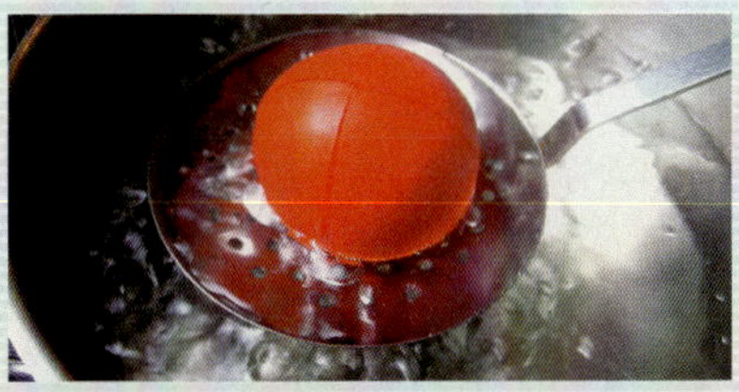
153.3 Tomate, kreuzweise eingeritzt, wird ins kochende Wasser gelegt

153.4 Tomaten in unterschiedliche Formen geschnitten

Tomaten häuten: Stielansatz mit einem spitzen Messer keilförmig herausschneiden. Haut kreuzweise einritzen, zehn Sekunden in kochendes Wasser tauchen, kalt abschrecken, Tomatenschale abziehen.

Zucchini

153.5 Zucchini in verschiedene Formen schneiden

153.6 Zucchini aushöhlen

Gewaschene Zucchini in die gewünschte Form schneiden, hobeln oder raspeln. Zum Aushöhlen wird die Zucchini halbiert, das Fruchtfleisch wird mit einem Löffel ausgehöhlt.

Zwiebeln

153.7 waagerecht eingeschnittene Zwiebel wird senkrecht klein geschnitten

153.8 Zwiebel wird in Würfel geschnitten

Die Zwiebel schälen, den Wurzelansatz abschneiden, halbierte Zwiebel zweimal waagrecht einschneiden, anschließend Zwiebel mehrmals senkrecht einschneiden. Zwiebel im Krallengriff halten und würfelig schneiden.

Lehrgang: Garverfahren

Garart	So wird es gemacht	Das eignet sich
Backen 	1. Lebensmittel in eine Form oder auf das Backblech geben. 2. Im heißen Backofen backen.	
Braten 	1. Pfanne erhitzen, eventuell hoch erhitzbares Fett dazugeben. 2. Die Lebensmittel zufügen. 3. Lebensmittel mit der Küchenhand wenden und von allen Seiten braun braten. 4. Nach dem Garen würzen.	
Dämpfen 	1. Die Lebensmittel im Dämpfeinsatz in den Topf stellen. 2. Das Wasser zufügen. Das Gargut darf vom Wasser nicht berührt werden. 3. Den Deckel schließen und ankochen. 4. Die Wärmezufuhr verringern und fertig garen.	
Dünsten 	1. Lebensmittel mit wenig Fett und wenig Wasser im geschlossenen Topf andünsten. 2. Bei geringer Hitze fertig garen.	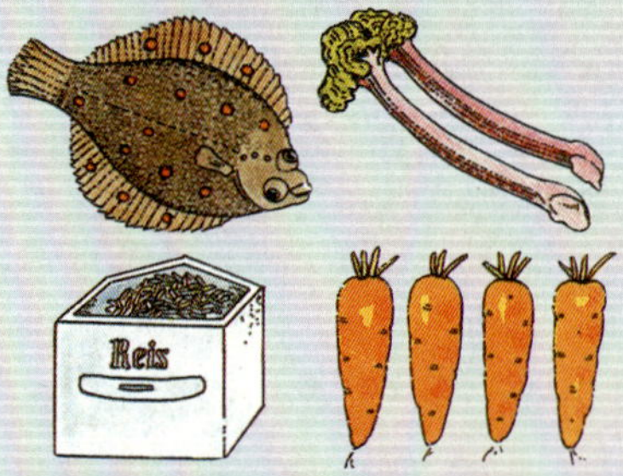

Garart	So wird es gemacht	Das eignet sich
Grillen 	1. Den Grill vorheizen. 2. Lebensmittel ungewürzt grillen. 3. Die angegebene Zeit und den Abstand zum Grill unbedingt einhalten. 4. Nach dem Grillen würzen.	
Kochen/Garziehen/Ausquellen 	1. Reichlich Flüssigkeit (Wasser/Brühe/Milch) zum Kochen bringen. 2. Das Lebensmittel zufügen. 3. Wärmezufuhr verringern und fertig garen.	
Schmoren 	1. Das Fett erhitzen. 2. Lebensmittel von allen Seiten anbraten. 3. Mit wenig Flüssigkeit ablöschen. 4. Im geschlossenen Topf fertig garen.	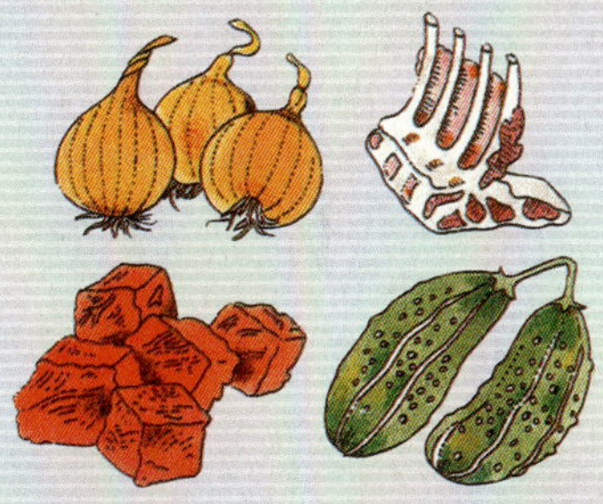
Dampfdruckgaren 	Im Dampfdrucktopf kann man kochen, dämpfen und schmoren. Man braucht weniger Zeit und Energie als mit dem normalen Kochtopf. Dampfdrucktöpfe müssen sachgerecht bedient werden, um Unfälle zu vermeiden.	

Lehrgang: Grundteige

Hefeteig
Zutaten:
500 g Mehl
40 g Hefe
60 g Zucker (salzige Gebäcke ohne Zucker)
1 Prise Salz
2 Eier
1/4 l Milch
50 g Butter

Abwandlung Pizzateig
500 g Mehl
40 g Hefe
1 Prise Zucker
1 Prise Salz
1/4 l Wasser
5 El Olivenöl

Backtemperatur: 180 – 200 ° C

156.1 1. Hefe in eine Rührschüssel geben und mit fast der ganzen Menge lauwarmer Milch verrühren.

156.2 2. Das Mehl hinzufügen, in die Mitte eine Kuhle drücken. Zucker in die Kuhle schütten. Eier aufschlagen und auf den Zucker geben.

156.3 3. Zimmerwarmes Fett in Stückchen schneiden und auf das Mehl geben, eventuell Gewürze hinzufügen.

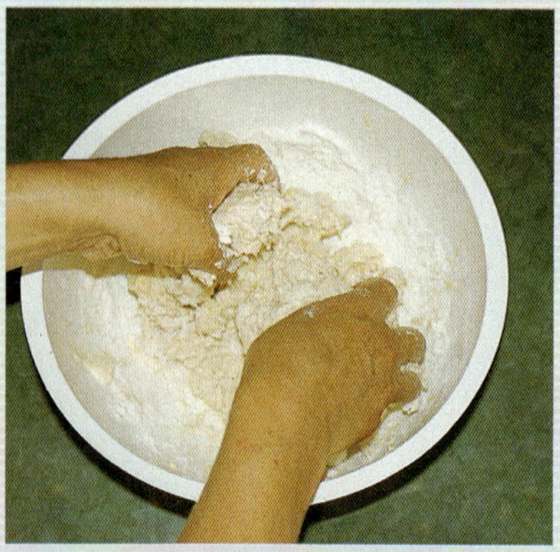

156.4 4. Mit der Hand oder mit dem Handrührgerät (Knethaken) den Teig gut durchkneten, bis er Blasen wirft und sich vom Schüsselrand löst.

156.5 5. Teig mit einem sauberen Küchentuch abdecken und an einem warmen Ort gehen lassen, bis er doppelt so groß ist.

156.6 6. Hefeteig zum gewünschten Gebäck weiterverarbeiten.

Mürbeteig

Zutaten:
100 g Zucker
200 g Butter
300 g Mehl
1 Ei

Beispiele:
Obstkuchen, Käsekuchen, Ausstecherle

Backtemperatur: 180 ° C

157.1 1. Das Mehl auf die Arbeitsfläche sieben, dabei aufhäufen. In die Mitte eine Kuhle drücken, den Zucker einstreuen, auf den Zucker das aufgeschlagene Ei geben.

157.2 2. Die kühle Butter in Stücke schneiden und die Butterstückchen auf dem Mehlrand verteilen.

157.3 3. Alle Zutaten mit einer Backpalette durchhacken, bis die einzelnen Zutaten nicht mehr erkennbar sind.

157.4 4. Die entstandenen Brösel rasch mit den Händen zusammenkneten.

157.5 5. Den Teig zu einer Kugel formen und abgedeckt im Kühlschrank ruhen lassen.

157.6 6. Den Teig auf einer bemehlten Arbeitsfläche in die gewünschte Form ausrollen.

Rührteig

Zutaten:
500 g Mehl
4 Eier
250 g Zucker
1/4 l Milch
250 g Butter
1 P. Backpulver

Beispiele für Rührkuchen stehen auf Seite 138

Backtemperatur: 180 ° C

157.7 Rührkuchen

1. Eine Backform mit Butter ausfetten und den Backofen vorheizen.
2. Fett mit dem Handrührgerät schaumig rühren.
3. Die einzelnen Eier abwechselnd mit dem Zucker in das Fett rühren.
4. Das Mehl mit dem Backpulver vermischen und auf die Rührmasse sieben.
5. Mit dem Handrührgerät den Teig auf niedriger Stufe schnell durcharbeiten, die Masse in die Form füllen und backen.
6. Garprobe: Mit einem Holzstäbchen in die Mitte des Kuchens stechen. Wenn das Stäbchen sauber bleibt, ist der Kuchen gar.

Lehrgang: Abschmecken und Würzen

158.1 Schüler schmeckt mit zwei Löffeln Tomatensoße ab

Zum Abschmecken werden zwei Löffel benötigt. Mit einem Löffel holt man eine Probe, gibt diese auf den zweiten Löffel und probiert, ob das Essen so schmeckt, wie man es sich vorstellt. Wenn man nachwürzen muss, dann schmeckt man danach nochmals ab. Dabei darf der abgeleckte Löffel nicht mit dem Essen in Berührung kommen (vergleiche Seite 144).
Vorsicht beim Nachwürzen! Zunächst wenig nachwürzen, wieder probieren und bei Bedarf erneut würzen.

Currypulver

158.2

Curry ist eine indische Gewürzmischung aus 12 – 30 verschiedenen Gewürzen. Je nach Mischung kann er mild oder sehr scharf sein. Curry kann hellgelb bis dunkelgelb aussehen.

Curry ist ein beliebtes Gewürz für scharfe, exotische Eintöpfe, Saucen, Fleischgerichte sowie für Currywurst.

Paprikapulver

158.3

Die reife Gewürzpaprika wird getrocknet und gemahlen. Man unterscheidet mildes und scharfes Paprikapulver.

Mildes Paprikapulver („Paprika edelsüß“) wird für Gemüse-, Kartoffel- und Käsegerichte verwendet. Scharfes Paprikapulver („Rosenpaprika“) nimmt man zum Beispiel für Gulasch.

Pfeffer

158.4

Pfeffer wächst an einem Strauch. Grüner Pfeffer hat einen milden aromatischen Geschmack, schwarzer Pfeffer ist würzig scharf und weißer Pfeffer ist besonders scharf.

Pfeffer kann für fast alle Speisen verwendet werden.

Zimt

158.5

Zimt stammt aus der Rinde des Zimtbaumes. Er kommt gemahlen oder als Zimtstange in den Handel. Er schmeckt würzig aromatisch.

Zimt wird für Süßspeisen und Gebäck, aber auch für manche Fleischspeisen verwendet.

Basilikum

159.1

Basilikum ist eine intensiv duftende Pflanze, deren Blätter nur frisch verwendet werden sollten. Es ist aus der italienischen Küche bekannt.

Basilikum eignet sich vor allem für Tomaten- und Nudelgerichte. Es ist Bestandteil des klassischen Pesto.

Dill

159.2

Dill ist ein würziges Kraut mit einem sehr intensiven Geschmack. Zum Würzen wird nur das feine, weiche Dillkraut verwendet.

Dill eignet sich vor allem für Gurken-, Fisch- und Kartoffelgerichte.

Oregano

159.3

Oregano ist eine Gewürzpflanze aus dem Mittelmeerraum. Sie schmeckt stark würzig und sehr intensiv und wird häufig getrocknet verwendet.

Oregano nimmt man für Kartoffelsuppen, Tomatengerichte und Pizzas.

Petersilie

159.4

Petersilie gibt es mit glattem und krausem Blatt. Sie hat ein feines würziges Aroma. Die groben Stängel werden nicht verwendet.

Petersilie eignet sich für viele pikante Gerichte und für Salate.

Rosmarin

159.5

Bei Rosmarin verwendet man hauptsächlich die Nadeln. Rosmarin hat einen würzig harzigen Geschmack.

Rosmarin passt zu allen deftigen Speisen wie Schweinebraten, Lammkeule oder Hackfleisch.

Schnittlauch

159.6

Bei Schnittlauch verwendet man die Stängel. Schnittlauch schmeckt zwieblig mild.

Schnittlauch verwendet man frisch für alle pikanten Gerichte und für Salate.

Kräuter-Tipps: Frische Kräuter haben ein frisches Aroma und enthalten mehr Vitamine als getrocknete. Schnittlauch, Basilikum und Petersilie nur frisch oder tiefgefroren verwenden. Sie werden erst kurz vor dem Anrichten zu den Speisen gegeben.

Gewürze und Kräuter muss man beim Abschmecken von Speisen vorsichtig verwenden. Sie können sich auch gegenseitig beeinflussen. Deshalb muss überlegt werden, was zusammenpasst.

L Lehrgang: Tisch decken und Anrichten

160.1 Alltägliches Gedeck

160.2 Festliches Gedeck

160.3 Kaffeegedeck

Darauf muss man beim Anrichten besonders achten:

- Platten-, Schüssel- und Tellerränder sind sauber.
- Schüsseln, Platten und Teller sind nicht überhäuft.
- Die Speisen sind geordnet angerichtet.
- Die Garnitur passt in Farbe und Aussehen zum Gericht.

Der **Teller** wird so hingestellt, dass er etwa einen Zentimeter Abstand zur Tischkante hat.
Rechts neben dem Teller liegt das **Messer** mit der Schneide nach innen.
Die **Gabel** liegt links neben dem Teller.
Der **Suppenlöffel** liegt entweder rechts neben dem Messer oder oberhalb des Tellers mit dem Stiel nach rechts.
Der **Nachtischlöffel** liegt oberhalb des Tellers ebenfalls mit dem Stiel nach rechts.
Gläser stehen rechts oberhalb von Messer und Löffel.
Der **Salatteller** wird links oberhalb der Gabel gedeckt.
Servietten liegen links neben der Gabel oder gefaltet auf dem Teller.
Das **Vorlegebesteck** wird in die Mitte des Tisches gelegt.

160.4 Suppe

- frische Kräuter
- Sahnehäubchen
- geröstete Brotwürfel

160.5 Hauptgericht

- Zitronen- und Orangenscheiben
- Kräuter
- gekochte Eier in Scheiben oder Achteln
- geraspelte Möhren, Zucchini o. Ä.
- in Form geschnittenes Gemüse

160.6 Süßspeise

- Zitronenmelissenblätter
- dünne Zitronenscheiben
- Kokosraspeln
- Mandelblättchen
- Schokoladenstreusel

Methode: Die eigene Arbeit bewerten

Die eigene Arbeit zu bewerten ist wichtig, damit man weiß, ob man etwas dazugelernt hat. Man überlegt sich, was man besser weiß und kann, aber auch, wie gut man mit anderen zurechtkommt und welche Vorgehensweisen man inzwischen beherrscht, um Probleme zu lösen. Wer die eigene Arbeit immer wieder bewertet, lernt mit der Zeit, seine eigenen Stärken besser kennen zu lernen.

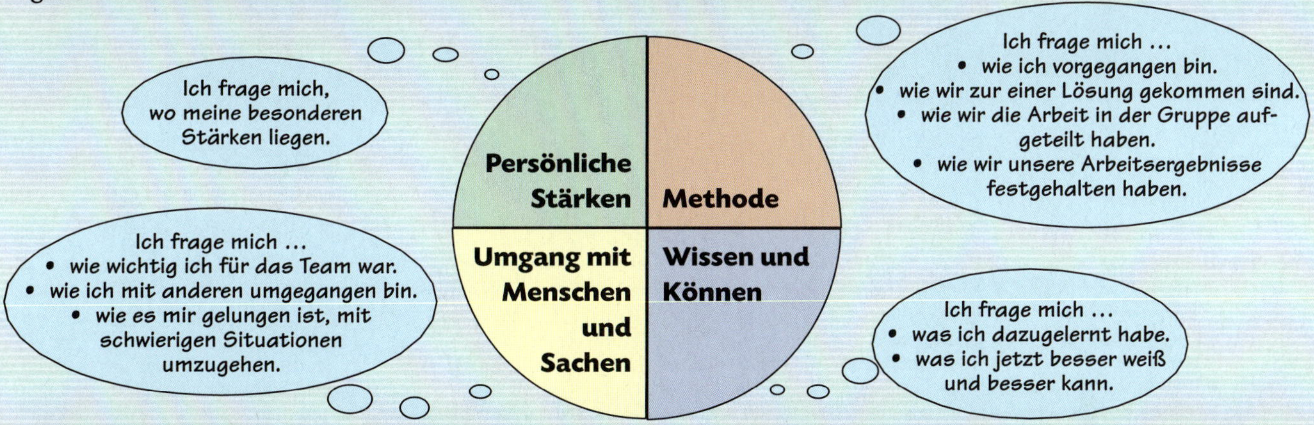

So kann man vorgehen:
Mehrere Personen zusammen oder einzelne Personen überlegen sich Fragen zu der zurückliegenden Arbeit. Sie können sich auf eine oder mehrere Bereiche beziehen.

Wichtig ist, die Fragen so zu stellen, dass sie nicht mit Ja oder Nein beantwortet werden können, sondern dass zur Beantwortung eine genaue Begründung notwendig ist.

• Wie gut ist es mir gelungen, mit Interesse (Ausdauer, Konzentration ...) bei der Arbeit zu bleiben? • Wie gut gelingt es mir, Ideen oder Lösungsvorschläge zu entwickeln?	• Wie selbstständig kann ich inzwischen nach Rezept (Arbeitsanweisung) arbeiten? • Wie übersichtlich habe ich das Plakat gestaltet?
• Wie harmonisch haben wir heute in unserer Gruppe zusammengearbeitet? • Wie zielgerichtet war unsere Zusammenarbeit? • Wie wichtig war mein Beitrag für unser Arbeitsergebnis?	• Wie viel Neues weiß ich jetzt über ....? • Wie gut beherrsche ich inzwischen ...?

Die eigene Arbeit auf einer Bewertungslinie bewerten

Auf dem Fußboden wird mit breitem Tesakrepp eine sechs bis zehn Meter lange Linie geklebt. Am einen Ende liegt ein Kärtchen mit einem Minuszeichen, am anderen Ende ein Kärtchen mit einem Pluszeichen. In der Mitte liegt eine Karte mit der Zahl 0.

Eine Person stellt Fragen, die anderen ordnen sich zwischen minus und plus entsprechend ihrer Einschätzung auf der Linie ein. Die Person, die Fragen stellt, fordert nun einzelne auf, zu begründen, warum sie sich so einschätzen.

Lehrgang: Geräte auswählen

1. Messbecher
2. Rührschüssel
3. Handrührgerät mit
   a) Knethaken, Quirl
   b) Pürierstab
4. Passiersieb
5. Salatsieb
6. Rohkostreibe/Raspel
7. Nudelholz
8. Kochlöffel
9. Backpinsel
10. Teigschaber
11. Eierschneider
12. Tomatenmesser
13. kleines spitzes Küchenmesser
14. Kochmesser
15. Palette
16. Bratenwender
17. Schöpflöffel
18. Schaumlöffel
19. Apfelausstecher
20. Backrädchen
21. Schneebesen
22. Küchenallzweckschere
23. Sparschäler
24. Kartoffelpresse

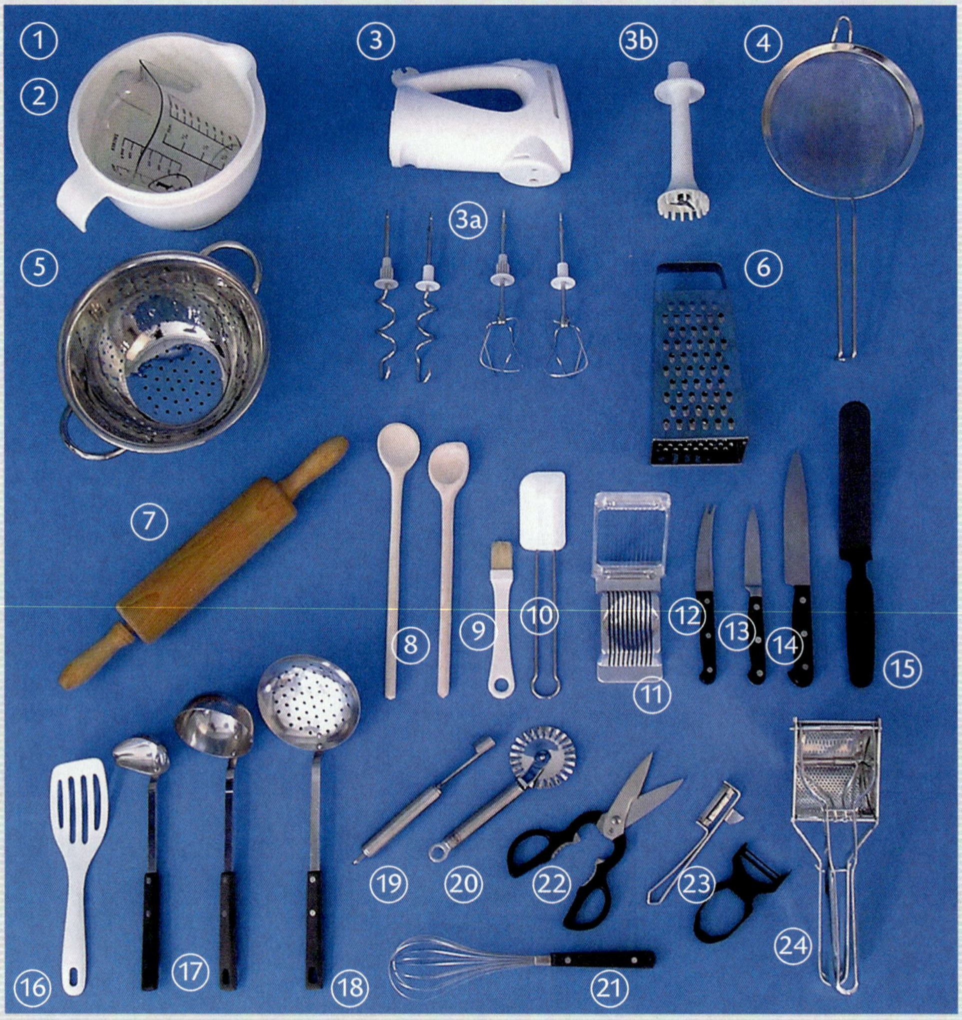

162.1 Das sind die wichtigen Arbeitsgeräte in der Küche

So schneide ich sicher

Ein nicht zu kleines, scharfes Messer benutzen.
Auf einem ausreichend großen Brett schneiden.

162.2 Krallengriff

Vorsicht: Das Gemüse oder Obst darf beim Schneiden nicht wegrutschen. Deshalb flach auf das Brett legen und eventuell halbieren. Mit dem Krallengriff kann man das Gemüse sicher halten und Verletzungen vermeiden.

So wähle ich Küchengeräte aus

Zuerst das **Rezept** durchlesen und unterstreichen, was zu tun ist: z. B. raspeln oder würfeln.
Überlegen, welche **Geräte** sich dafür eignen und sich für eines entscheiden.
Die Auswahl der Geräte hängt auch davon ab, welche **Mengen** verarbeitet werden. Bei kleinen Mengen lohnt sich oft nicht, mit elektrischen Geräten zu arbeiten, weil sich einfache mechanische Geräte (z. B. die Rohkostreibe) nach der Arbeit schneller reinigen lassen.

Auswahl von Töpfen und Pfannen

Topf-Tipp

- Der Boden vom Topf oder der Pfanne muss genauso groß sein wie die Kochstelle.
- Töpfe und Pfannen müssen einen ebenen Boden haben.
- Um Energie zu sparen, braucht jeder Topf einen Deckel.

Garen auf dem Elektroherd

An jedem Herd gibt es verschiedene Schalter. So werden sie bedient:

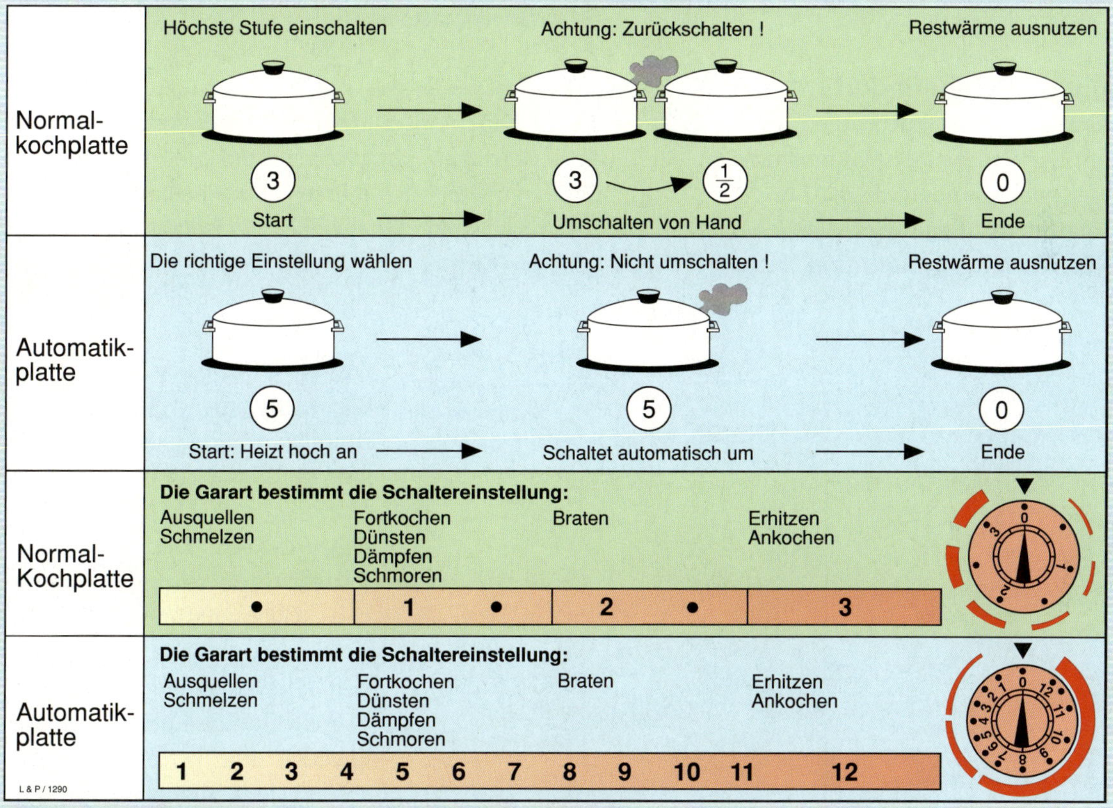

163.1 Koch schneidet mit Krallengriff Gemüse

So arbeiten Profis

- Sie stellen alle Arbeitsgeräte und Zutaten an ihrem Arbeitsplatz bereit.
- Sie legen Lebensmittel nicht auf die Arbeitsfläche, sondern immer in Gefäße.
- Sie stellen eine Abfallschüssel bereit und trennen den Abfall.
- Sie ordnen Geräte und Zutaten so an, dass sich ihre Hände beim Arbeiten nicht kreuzen.
- Sie waschen die Hände auch während des Arbeitens und halten den Arbeitsplatz sauber.

164.1 Pommes am Schnellimbiss

164.2 Vollwertige Mahlzeit

Ernährung und Wohlbefinden

Zum Frühstück eine Tasse Früchtetee und ein Toastbrot, in der großen Pause einen Pausensnack, zu Mittag Hamburger mit Pommes und am Abend eine Tüte Chips und Cola. Kannst du dir vorstellen, dass jemand mit diesem Essverhalten gesund und leistungsfähig bleibt? Durch unser Ernährungsverhalten können wir dazu beitragen, dass wir gesund bleiben. Entscheidend ist dabei, was wir essen und wie sich die Nahrung zusammensetzt. Eine einseitige Ernährung schadet unserem Körper.

164.3 Ernährungskreis

Der Ernährungskreis

Die wichtigste Regel einer gesunden Ernährung ist die ausgewogene Zusammenstellung der Mahlzeiten. Dabei hilft der Ernährungskreis. Die Nahrungsmittel sind dort aufgrund ähnlicher Eigenschaften in sieben Gruppen geordnet. Die Gruppen liefern die lebenswichtigen Nährstoffe wie Kohlenhydrate, Eiweiße und Fette in unterschiedlichen Mengen. Auch Vitamine und Mineralstoffe sind darin enthalten.

Die Größe der Kreisabschnitte gibt einen Hinweis, welchen Anteil die jeweiligen Nahrungsmittel bei der täglichen Ernährung haben sollen. Wir ernähren uns gesund, wenn wir jeden Tag reichlich Nahrungsmittel aus den Kreisabschnitten 1–5 essen. Etwas weniger sollten wir aus den Bereichen 6 und 7 zu uns nehmen.

Verteilung der Mahlzeiten

Die richtige Verteilung der Mahlzeiten trägt zu unserem Wohlbefinden bei. So ist ein Müsli mit Milch ein guter Start in den Tag. Ein zweites Frühstück in der Schule hält uns fit bis zum Mittagessen. Durch einen kleinen Snack während des Nachmittags bleiben wir bis zum Abendessen leistungsfähig. Als Zwischenmahlzeiten eignen sich frisches Obst, Salate und Milch- oder Vollkornprodukte. Wenn man hin und wieder einen Hamburger mit Pommes und Ketschup oder Majonäse isst, schadet das nicht. Wer jedoch häufig solche fettreiche einseitige Nahrung ohne ausreichende Mengen an Vitaminen zu sich nimmt, riskiert gesundheitliche Schäden.

165.1 Gesunde Durstlöscher

Wasser ist lebenswichtig

Wasser ist ein Hauptbestandteil des Körpers. Jeder Mensch scheidet täglich etwa zwei Liter Wasser durch Schweiß und Urin aus. Dieses ausgeschiedene Wasser müssen wir ersetzen, wenn unser Körper funktionsfähig bleiben soll. Wenn wir Durst haben, zeigt uns unser Körper Wassermangel an.

Mineralwasser ist ein guter Durstlöscher. Wenn man es mit einem Fruchtsaft (wie Apfelsaft) mischt, schmeckt es gut und ist besonders gesund. Neben Mineralwasser sind auch wenig gesüßte Früchtetees gut als Durstlöscher geeignet. Süße Säfte und Limonaden sind weniger geeignet, da sie viel Zucker enthalten, der für die Zähne schädlich ist. Flüssigkeit wird aber nicht nur über Getränke, sondern auch über Lebensmittel wie Obst oder Gemüse aufgenommen.

Arbeiten wie Forscher und Forscherinnen

Wenn man wissen möchte, welche Bestandteile Lebensmittel enthalten, kann man diese genauer untersuchen. Überlegt euch einen Versuch, wie man zum Beispiel den Wassergehalt verschiedener Lebensmittel herausfinden kann. Folgende Tipps helfen euch dabei:

- Frisches Obst und Gemüse enthält viel Wasser.
- Beim Trocknen verdunstet Wasser.
- Wasserverlust kann man durch Wiegen feststellen.

Überlegt euch eine Form, wie ihr eure Ergebnisse euren Mitschülerinnen und Mitschülern präsentieren könnt.

166.1 Toastbrot mit Schimmelpilzen

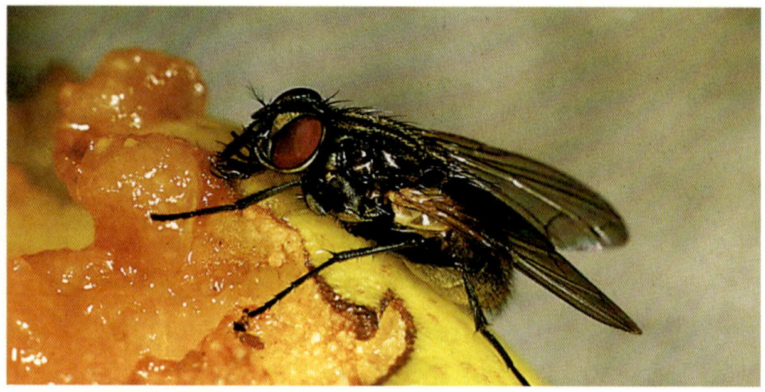

166.2 Fliegen übertragen Bakterien

Wenn essen krank macht

Schimmelpilze
Essen kann der Gesundheit schaden. Durch mangelnde Sauberkeit oder falsche Lagerung können sich auf Lebensmitteln Schimmelpilze entwickeln. Sie durchziehen mit feinen Fäden das ganze Nahrungsmittel. Man erkennt sie an den weißen bis grün-bläulichen Schimmelpolstern. Schimmel enthält Krebs erregende Gifte. Befallene Nahrung muss deshalb weggeworfen werden.

Bakterien
Mit der Nahrung können auch krankheitsauslösende Bakterien in unseren Körper gelangen. Bakterien sind winzig kleine Lebewesen, die überall vorkommen. Nur wenige von ihnen scheiden für Menschen giftige Stoffe aus, die dann jedoch zu Übelkeit, Durchfall und Erbrechen führen können. Durch Fehler bei der Verarbeitung von Fleisch und Eiern können solche Erreger unsere Nahrung befallen. Andere Bakterien werden von Fliegen auf unsere Nahrung übertragen.

Nahrungsmittelallergien
Manche Menschen vertragen ganz bestimmte Lebensmittel nicht. Man spricht dann von einer Allergie. Es ist manchmal schwierig herauszufinden, welche Stoffe genau nicht vertragen werden. Wer jedoch weiß, auf welchen Stoff er allergisch reagiert, muss diesen Stoff konsequent vermeiden. Alle Personen im Umfeld eines betroffenen Menschen sollten dabei mit Verständnis reagieren.

166.3

Julia berichtet:
„Früher aß ich immer sehr gern Erdbeeren. Während der Erdbeerzeit hatte ich aber auch ständig Hautausschläge, die heftig juckten. Manchmal traute ich mich kaum noch aus dem Haus. Ein Arzt meinte schließlich, dieser Ausschlag könnte von den geliebten Erdbeeren kommen. Daraufhin verzichtete ich schweren Herzens auf die Früchte. Und tatsächlich: Der Hautausschlag ließ nach und hörte schließlich ganz auf. Heute weiß ich, dass ich auf Erdbeeren allergisch reagiere. Ich esse jetzt keine mehr, auch keine Erdbeermarmelade oder Erdbeereis. Das fällt mir zwar immer noch schwer, ich will aber noch weniger mit diesem üblen Hautausschlag durch die Gegend laufen.“

- *Welche Formen von Allergien kommen in eurer Klasse vor?*
- *Wie kann man Erkrankungen durch verdorbene Nahrungsmittel vorbeugen?*

So bleibst du fit

Langes Sitzen in der Schule oder zu Hause am Computer machen schlapp und müde. Die Konzentration lässt nach und du kannst dir schon bald nicht mehr merken, was du doch eigentlich lernen wolltest.

Wer gesund und fit bleiben will, sollte sich daher möglichst viel bewegen. An Schultagen gibt es dazu die Pausen. Bestimmt kennst du eine Menge Pausenspiele, die dich so richtig außer Atem bringen. Nach der Schule kannst du mit Freundinnen und Freunden herumtoben. Auch wenn es regnet, ist Bewegung und frische Luft wichtig.

Zu wenig Bewegung kann zu Übergewicht und zu Haltungsschäden führen. Wenn du erwachsen bist, können sich daraus ernste Krankheiten entwickeln.

167.1 Spiele im Freien

167.2 Entspannung

167.3 Entspannung

167.4 Bewegungsspiel im Klassenzimmer

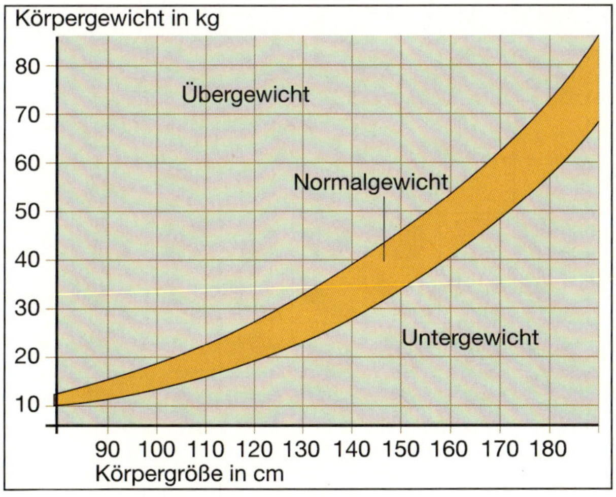

167.5 Körpergewicht von Kindern und Jugendlichen (3–17 Jahre)

- Sammelt Pausenspiele, die man in Gruppen oder mit der ganzen Klasse spielen kann. Probiert sie aus und findet heraus, welches am meisten Spaß macht.
- Betrachtet die Bilder 1–4. Welche der dargestellten Verhaltensweisen tragen dazu bei, fit zu bleiben?
- Wie viel Kilogramm sollte ein Junge mit 140 Zentimeter Körpergröße wiegen? Ab welchem Gewicht spricht man bei diesem Jungen von Über- oder Untergewicht?

Der Umwelt zuliebe

168.1 Gütesiegel

168.2 Schüler auf dem Bauernhof

Produkte aus der Region wählen

Erdbeeren zu Weihnachten – muss das sein? Das ganze Jahr über können wir Obst und Gemüse kaufen, auch wenn es bei uns nicht angebaut wird. Es kommt aus unseren Nachbarländern oder sogar aus anderen Erdteilen. Was niemand sieht ist, dass diese Lebensmittel zumeist unreif geerntet werden und für den Transport besonders chemisch behandelt sind. Außerdem sind sie aufwändig verpackt und benötigen viel Treibstoff für den Transport.

Wer sich umweltbewusst verhalten will, kauft Lebensmittel aus der Region. Diese Produkte haben den Vorteil, dass sie reif geerntet werden und deshalb besonders gut schmecken und viele Vitamine enthalten.

Wer ganz frische Produkte will, kauft auf Märkten, beim Erzeuger oder auf dem Bauernhof ein.

Wie diese Produkte erzeugt werden, kann man bei einem Besuch auf dem Bauernhof erfahren. Wo in der Nähe ein solches Angebot besteht, findet man unter **http://www.schueler-auf-dem-bauernhof.de.**

Wer regional einkaufen will, muss wissen, wann die jeweiligen Produkte reif sind. Eine Hilfe, die richtige Zeit für den Einkauf herauszufinden, ist der Saisonkalender. Das größte Angebot gibt es im Sommer und im Herbst.

Was gibt es in dieser Jahreszeit?

Gemüse	Jan.	Frebr.	März	April	Mai	Juni	Juli	August	Sept.	Okt.	Nov.	Dez.
Blumenkohl	○	○	●	●	○	○	●	●	●	●	○	○
Bohnen			○	○	○	○	●	●	●	○	○	○
Broccoli		○	○	○	○	○	●	●	●	●	●	
Chicorée	●	●	●	●	○				○	○	●	●
Kopfsalat	○	○	●	●	●	●	●	●	●	●	●	●
Möhren	●	●	●	●	●	○	○	○	○	○	○	●
Lauch	●	●	●	○	○	○	○	●	●	●	●	●
Rosenkohl	●	●	○	○					○	○	●	●
Rote Beete	●	●	○	○					○	●	●	●
Rotkohl	●	●	●	○	○	○	●	●	●	●	●	●
Salatgurke	○	○	●	●	●	●	●	●	●	●	●	●
Tomaten	○	○	●	●	●	●	●	●	●	●	●	○
Zucchini	○	○	○	○	○	●	●	●	●	●	●	○

● GROSSES ANGEBOT ○ GERINGES ANGEBOT

168.3 Saisonkalender

Wer sich umweltbewusst verhält, kauft Produkte aus der Region. Sie müssen nicht weit transportiert werden und schonen daher die Umwelt. Der Kauf dieser Produkte sichert darüber hinaus Arbeitsplätze in der Region. Das Angebot ist oft vielfältiger, als man denkt. Meist werden Blumen, Gemüse, Obst, Fleisch, Getränke, Holz- und Töpferwaren und vieles andere in der Region produziert.

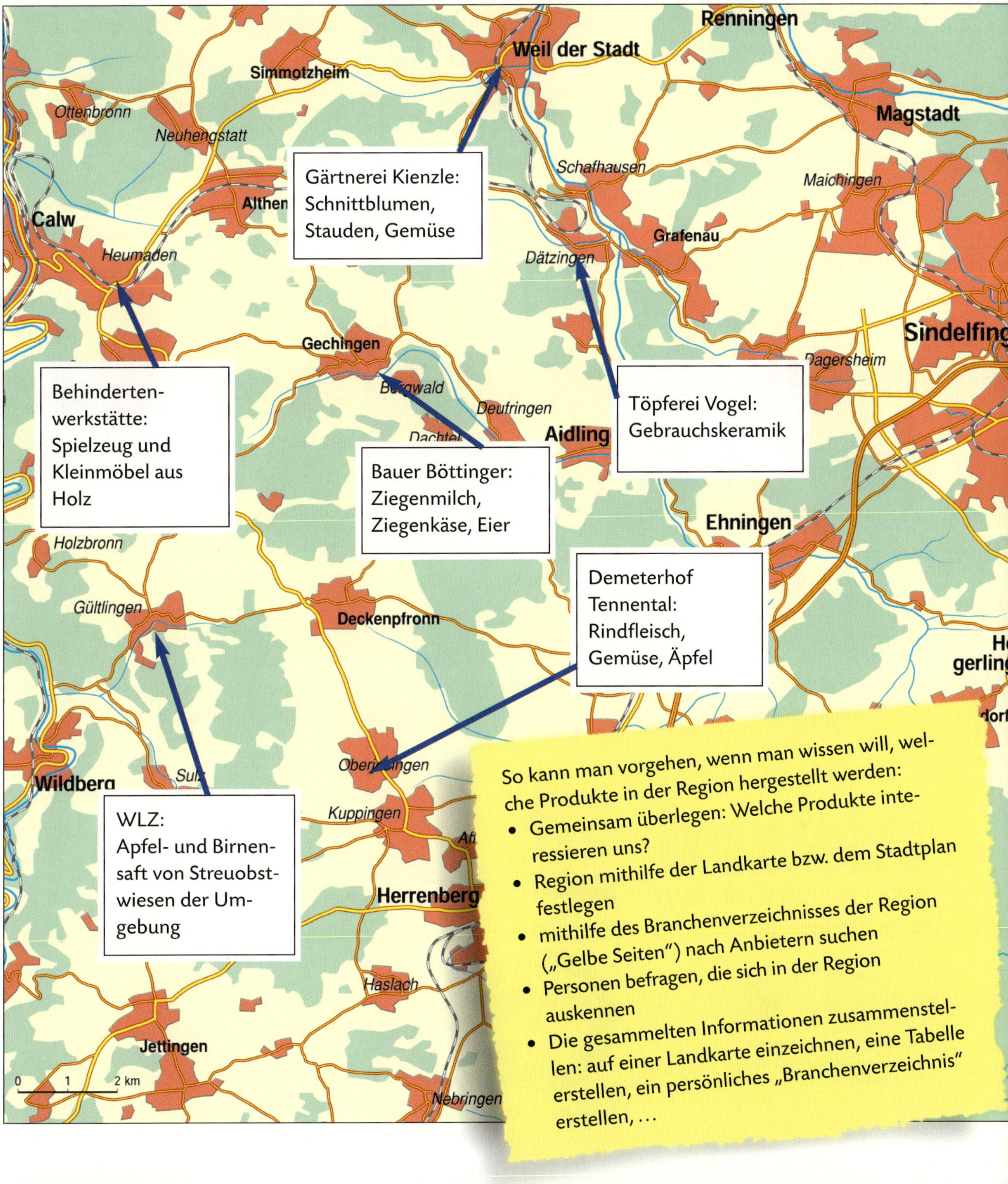

So kann man vorgehen, wenn man wissen will, welche Produkte in der Region hergestellt werden:

- Gemeinsam überlegen: Welche Produkte interessieren uns?
- Region mithilfe der Landkarte bzw. dem Stadtplan festlegen
- mithilfe des Branchenverzeichnisses der Region („Gelbe Seiten") nach Anbietern suchen
- Personen befragen, die sich in der Region auskennen
- Die gesammelten Informationen zusammenstellen: auf einer Landkarte einzeichnen, eine Tabelle erstellen, ein persönliches „Branchenverzeichnis" erstellen, …

Umweltgerecht handeln

Bei der Herstellung des Produkts entstehen kaum oder keine Verunreinigungen von Wasser, Luft und Erde.

Beim Gebrauch des Produkts werden Mensch und Tier, Luft, Erde und Wasser nicht durch Schadstoffe belastet.

Das Produkt ist wenig verpackt.
Die Verpackung ist aus umweltfreundlichem Material.

Das Produkt hat ein Ökolabel oder eine andere Auszeichnung.

Das Produkt kann umweltfreundlich entsorgt werden.

Ökolabels gibt es für unterschiedliche Produkte. Nicht jedes Ökolabel erfüllt die oben aufgeführten Anforderungen. Deshalb ist es wichtig zu wissen, welche Labels von unabhängigen Institutionen verliehen wurden.
Das sind offiziell geprüfte Labels:

170.1 Für Lebensmittel

170.2 Für Lebensmittel

170.3 Für Lebensmittel

170.4 Für Textilien

170.5 Für Blumen

170.6 Für Papier

Müll vermeiden – Müll trennen

Müll vermeiden und trennen lohnt sich ...

- Zur Produktion einer Aluminiumdose wird fast dreißig Mal so viel Energie verbraucht wie zur Herstellung einer Glasflasche.
- Wenn ein Marmeladenglas mit Deckel richtig entsorgt wird und nicht im Hausmüll landet, spart dies so viel Energie, dass eine 60-Watt-Lampe 72 Stunden brennen könnte.
- Drei gelbe Säcke voll mit Alufolie, Verbundmaterial oder Weißblech sparen den Strombedarf eines Tages für einen Drei-Personen-Haushalt.

Sabine und Till vermeiden Müll

- Sie packen ihr Frühstück in eine Brotdose statt in Alufolie oder Frischhaltefolie.
- Sie füllen ihr Getränk in Trinkflaschen und kaufen keine Dosen oder Einwegflaschen.
- Sie nehmen zum Einkaufen eine Tasche oder einen Korb mit und verwenden keine Plastiktüten.

- Sie kaufen Jogurt, Milch und Sahne in Mehrweggläsern und lassen Einwegverpackung stehen.
- Sie wählen wiederaufladbare Akkus statt Batterien.

- Sie kaufen Obst und Gemüse, das lose angeboten wird, statt fertig verpackte Ware.
- Sie überlegen sich beim Kauf, ob sie das Produkt längere Zeit nutzen und was sie damit machen, wenn sie es nicht mehr brauchen.
- Sie überlegen sich beim Kauf eines Produktes auch, ob man es bei Bedarf reparieren kann.
- Sie achten beim Kauf darauf, wie aufwändig das Produkt verpackt ist.

Sabine und Till trennen Müll

- Sie schauen im Müllkalender nach, wie bei ihnen am Ort Müll sortiert werden muss, und richten sich danach.
- Sie trennen beim Arbeiten in der Küche sofort den Müll.
- Sie lesen im Müllkalender nach, wann und wie oft welcher Müll abgeholt wird.
- Sie prüfen im Zweifelsfall, aus welchem Material der Müll besteht.

So macht man den Materialtest:
Metall ➪ Magnet (Eisen ist magnetisch, Alufolie nicht)
Verbundkarton ➪ Reißprobe (wenn Schichten sichtbar werden, darf diese Verpackung nicht mit dem Altpapier entsorgt werden)
Kork ➪ Brennprobe (Kunststoffkorken schmelzen)
Kunststoffe ➪ Kunststoffart ist auf der Verpackung eingedruckt (PE, PS, PP, PET) und muss in einigen Gemeinden getrennt sortiert werden.

- Sie werfen keine gegarten Lebensmittel auf den Kompost, keine Schalen von Zitrusfrüchten und Bananen (sie können stark durch Spritzmittel belastet sein!).
- Sie wissen, was mit Problemmüll zu tun ist (Farben, Lacke, Toner, Elektronikgeräte, Leuchtstoffröhren).

Wasser sparen

Wozu eigentlich Wasser sparen? Regen gibt es genug. Die wenigsten wissen, wie aufwändig das Trinkwasser gewonnen und aufbereitet wird. Aus dem Wasser, das wir verbrauchen, wird Abwasser. Damit die Umwelt geschont wird, darf Abwasser nicht direkt in die Gewässer gelangen, sondern muss in der Kläranlage gereinigt werden. Dieses Verfahren kostet Geld. Deshalb zahlt jeder Haushalt für Frischwasser und auch für Abwasser Gebühren. Wer Wasser spart, hilft also mit, Geld zu sparen.

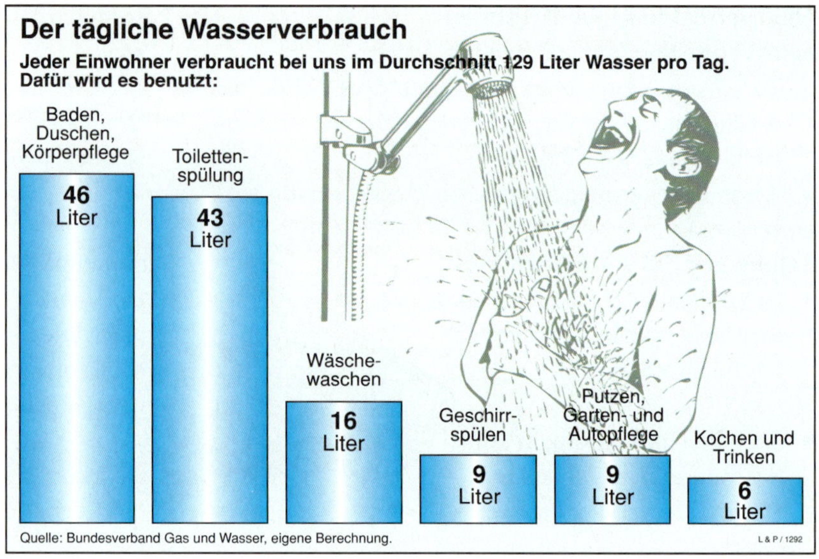

172.1

Tipps zum Wassersparen

Duschen/ Baden/ Körperpflege

- Beim Spülen auf der Toilette fließen neun Liter Wasser in den Abfluss, beim Spülen mit der Sparspültaste werden nur drei Liter Wasser benötigt.
- Duschen statt Baden: In eine Badewanne passen 150 bis 180 Liter Wasser. Wer duscht, verbraucht dagegen nur 30 bis 50 Liter Wasser.
- Tropfende Wasserhähne schnell reparieren: Ein Tropfen alle drei Sekunden ergibt etwa 150 Liter unnötigen Wasserverbrauch im Monat.

Waschen und Spülen

- Wasch- und Spülmaschine erst anschalten, wenn sie voll beladen sind.
- Beim Neukauf von Wasch- und Spülmaschinen auf geringen Wasserverbrauch achten. Alte Waschmaschinen brauchen bis zu 250 Liter Wasser pro Waschgang, neue Maschinen kommen zum Teil mit weniger als 100 Liter Wasser aus.
- Beim Spülen von Hand Geschirr nicht unter fließendem Wasser abwaschen, sondern Wasser ins Becken einlaufen lassen.

Garten

- Zum Gießen Regenwasser verwenden.

172.2

Umweltschonend putzen

Vieles muss geputzt werden: Fahrrad, Herd, Badewanne, Möbel, Kühlschrank, Auto, Böden oder Fenster. Im Handel gibt es eine Vielzahl von Produkten. Meistens sind es Reinigungsmittel für ganz bestimmte Zwecke. Die Mehrzahl dieser Produkte ist überflüssig. Im normalen Haushalt kommt man mit einigen wenigen Putz- und Reinigungsmitteln aus. Sie sparen Geld und sind umweltverträglicher als manches Spezialmittel.

Tipps zum umweltschonenden Reinigen

- Reinigungsmittel sparsam dosieren: Für das Spülbecken oder einen Fünf-Liter-Eimer reicht ein Tropfen Spülmittel. Bei Wasch- und Spülmaschinen die Mengenangaben auf der Waschmittel- bzw. Reinigerpackung beachten.
- Mit Reinigungsmitteln vorsichtig umgehen: Essig oder Zitronensäure mit Wasser verdünnen, weil sonst ätzende Säuredämpfe entstehen können. Auf Warnhinweise wegen gesundheitsgefährdender Inhaltsstoffe (z. B. Spülmaschinenreiniger) auf den Verpackungen der Putzmittel achten.
  Keine Desinfektionsmittel verwenden. Sie sind im normalen Haushalt überflüssig.
- Sich das Putzen erleichtern: Verunreinigungen nicht eintrocknen lassen, sondern sofort abwischen oder einweichen. Bürste, Scheuerschwamm oder Topfreiniger benutzen, denn damit löst sich der Schmutz leichter.

Energie sparen

Energie gibt es nicht umsonst. Sie kostet Geld. Bei der Energiegewinnung und beim Verbrauch wird die Umwelt belastet. Der hohe Energieverbrauch trägt zur Erwärmung der Erdatmosphäre bei und damit wird das Klima verändert. Wasser, Erde und Luft werden belastet. Das hat negative Auswirkungen auf Pflanzen, Tiere und Menschen.

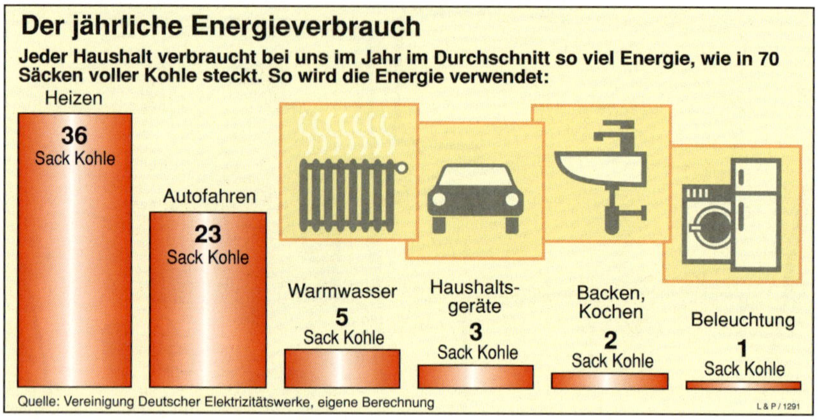

174.1 1 Sack Kohle = 50 Kilogramm

Die Energiedetektive sind fündig geworden und machen Vorschläge:

- Raumtemperatur um ein Grad senken
- Pullover anziehen
- Räume kurz lüften statt Fenster in Dauerkippstellung lassen
- höchstens einmal in der Woche baden, sonst duschen
- Kühlschranktemperatur nicht zu hoch einstellen
- Kühlschranktüren nur kurz öffnen
- ebene Töpfe benutzen, auf Plattengröße achten
- Herdplatte nach dem Ankochen zurückschalten
- Sparprogramm der Spülmaschine nutzen
- Waschen mit möglichst niederen Temperaturen: 30 bzw. 60 Grad reichen aus
- Energiesparlampen benutzen
- Hi-Fi-Anlagen, Fernseher und PC ausschalten, wenn sie nicht benutzt werden (kein Stand-by-Betrieb)
- Licht löschen, wenn der Letzte den Raum verlässt
- zu Fuß gehen oder mit dem Fahrrad fahren

Die Detektive suchen weiter!

Ein Umweltspiel selbst entwickeln

Spielen macht Spaß. Außerdem kann man bei vielen Spielen etwas lernen. Das trifft vor allem dann zu, wenn man ein Lernspiel selbst entwickelt.

So geht man vor:

1. Spielplan mit Ereignis- und Fragefeldern herstellen: siehe Seite 73
2. Spielplan passend zum Thema ausgestalten
3. Spielfiguren und Würfel besorgen
4. 32 Ereigniskarten herstellen
5. 48 Fragekarten herstellen
6. Spielanleitung gemeinsam entwerfen – Das ist wichtig: Wer beginnt? Darf man andere hinauswerfen? Muss man passend im Ziel ankommen?

Geräte bedienen, warten, pflegen

Eine Gebrauchsanweisung benutzen

Nicht jede Gebrauchsanweisung ist zu gebrauchen. Hier zwei misslungene reale Beispiele. Wer errät, welche Produkte in diesen Gebrauchsanweisungen gemeint sind?

„Die Feuchtigkeit immer schadet der Puff Unterlage ... Wenn die Puff Unterlage etwas kaputt geht, kann man mit den zusätzlichen Nylon Kleiderstoff und Zement reparieren. Wenn das Wetter kalt ist, wird die Puff Unterlage sich langsam puffen. Entrollen der Puff Unterlagen und liegen auf ihr, dann wird sie von der Wärme sich Inflation bekommen."

„Das ist ein klein, das dünnest MW/UKW stereo HI-FI in der Welt, mit faltbar stereo Kopfphon ... Setzen sie das stereo Kopfphon in Kopfphon Wagenwinde ein, die Macht ist an, sonst die Macht ist ab. When sie kleinen Lärm wollen, als die Stereo Wirkung, setzen den Umschalter auf MONO."

Auflösung: Luftmatratze, Miniradio

Gebrauchsanweisungen sind sehr unterschiedlich aufgebaut. Manche enthalten nur Abbildungen oder nur Text. Andere kombinieren beides. Je nach Produkt, zu dem die Gebrauchsanweisung gehört, können folgende Elemente enthalten sein:

- eine Stückliste der Einzelteile
- eine Beschreibung der Bedienungselemente
- eine Aufstellung der benötigten Werkzeuge
- eine Abfolge der Arbeitsschritte, die vorgenommen werden müssen
- Anweisungen, welche Einstellungen für den Betrieb des Produktes notwendig sind

Anleitung zur Inbetriebnahme eines Wasserkochers

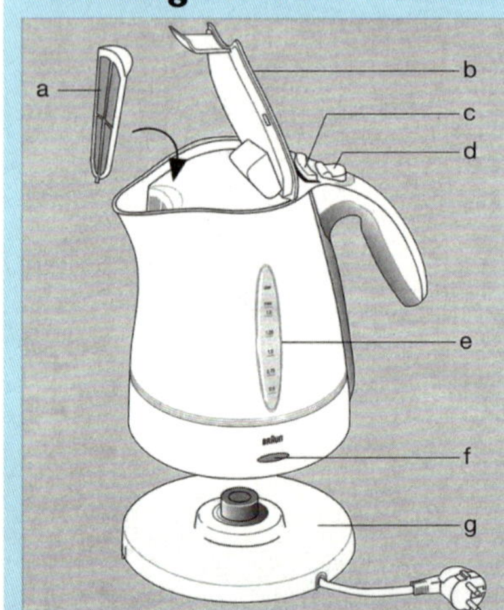

Wichtig

- Prüfen Sie, ob die Spannungsangabe am Kannenboden mit Ihrer Netzspannung übereinstimmt. Der Wasserkocher darf nur mit dem Sockel (g) in Betrieb genommen werden.
  WK 210 Sockel: Type 3217/S10
  WK 300 Sockel: Type 3219/S20
- Dieses Gerät ist zum Gebrauch im Haushalt und für haushaltsübliche Mengen konstruiert.
- Der Wasserkocher darf nur zum Erhitzen von Wasser benutzt werden.

Gerätebeschreibung

a Kalkfilter (herausnehmbar)
b Deckel
c Taste zum Entriegeln des Deckels
d Ein-/Ausschalter
e Wasserstandsanzeige
f Kontrolllampe
g Sockel mit Kabelaufwicklung

- Maximale Füllmenge: 1,6 l Wassser
- Dieses Gerät entspricht dem EMV-Gesetz (EG-Richtlinie 89/336/EWG) sowie der Niederspannungsrichtlinie (73/23 EWG).

Vor dem Erstgebrauch

Wasserkocher zweimal mit klarem Wasser auskochen (anschließend Kalkfilter evtl. unter fließendem Wasser abspülen).

Inbetriebnahme

1a Wasserkocher bei geschlossenem Deckel durch die Ausgussöffnung füllen, oder:
1b Taste (c) zum Entriegeln des Deckels drücken, Deckel öffnen, Wasser einfüllen und Deckel wieder schließen. (Bei geöffnetem Deckel funktioniert der Wasserkocher nicht.)
2 Wasserkocher auf den trockenen Sockel stellen und den Sockel ans Netz anschließen.
3 Gerät einschalten (d), die Kontrolllampe leuchtet auf

Ohne Worte – Anleitung zur Montage eines Möbelstücks

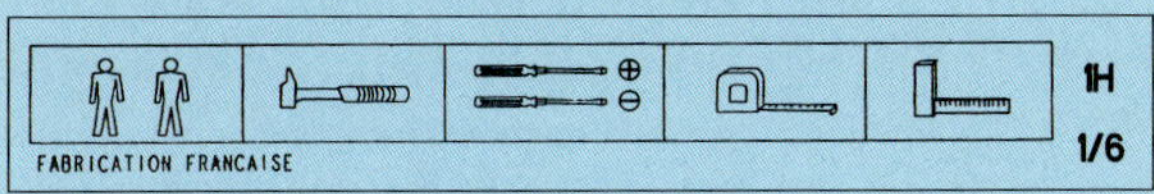

177.1

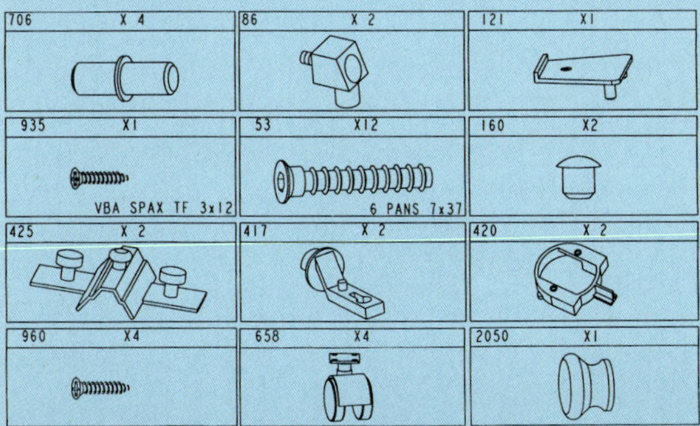

177.2

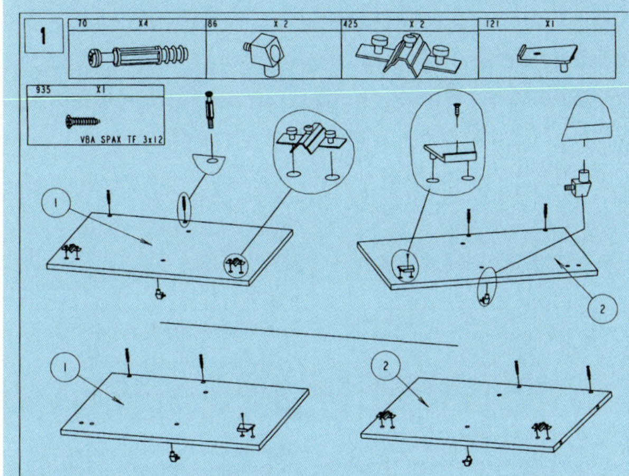

177.3

Viele Worte – einen Fahrradcomputer einstellen

Abb. 6

B Grundeinstellung

Nehmen Sie den Computerkopf noch einmal ab und entfernen Sie die Schutzfolie vom Display. Drücken Sie gleichzeitig die „S" Taste (gelb) und die „M" Taste (grün) bis alle Zeichen auf dem Display angezeigt werden (Abb. 6). Danach erscheint die Radgrößeneinstellung (2124 für 27" Radgröße), wobei die letzte Ziffer blinkt. Stellen Sie nun den Computer auf Ihre Radgröße ein.

Einzustellen ist der Radumfang = Raddurchmesser in mm x 3,14. Zur Vereinfachung entnehmen Sie den Wert bitte der Tabelle (Abb. 7). Zum Verändern des Wertes drücken Sie die „M" Taste (grün) so lange, bis die von Ihnen gewünschte Ziffer erscheint. Haben Sie diese Ziffer korrekt eingestellt, können Sie mit der „S" Taste (gelb) zur nächsten Ziffer springen.

Nach Eingabe der vierten Ziffer schließen Sie die Einstellung durch Drücken der „S" Taste (gelb).

Dieser Wert ist nun gespeichert. Eine Kontrolle dieses Wertes ist nicht notwendig und daher nicht möglich.

Radgrößentabelle		
Größe in Zoll	ETRTO Nummer	Größe in mm
16"	47-305	1216
20"	47-406	1623
22"	32-489	1760
24"	47-507	1940
26"	47-559	2080
27"	32-630	2124
28"	37-622	2240

Abb. 7

Nach Einstellung der Radgröße blinkt nun das Zeichen „KM" über der eingestellten Radgröße. Möchten Sie, dass der Computer die Geschwindigkeit in KM/H anzeigen soll, drücken Sie bitte die „S" Taste (gelb). Wenn der Computer in MP/H rechnen soll, drücken Sie erst die „M" Taste (grün) und danach die „S" Taste (gelb).

Tipp: Eine mangelhafte oder unverständliche Gebrauchsanweisung berechtigt nach dem Produkthaftungsgesetz entweder

- das Produkt zurückzugeben
- oder einen Preisnachlass zu fordern
- oder auf einer vernünftigen Anleitung zu bestehen.

Geräte bedienen

Wer ein neues Gerät hat, möchte es so schnell wie möglich benutzen. Viele machen sich nicht die Mühe, die Gebrauchsanweisung zu lesen, sondern probieren einfach aus.
Oft funktioniert diese Vorgehensweise, aber es kommt vor, dass man Schäden am neuen Gerät anrichtet, für die der Hersteller keine Garantie übernimmt. Außerdem können Geräte meistens mehr, als man vermutet.
Wer also ein Gerät mit allen Funktionen kennen lernen will und sicher gehen möchte, muss die Gebrauchsanweisung benutzen.
Die Vorgehensweise ist bei allen Geräten gleich. Am besten lernt man sie kennen, wenn man an einem unbekannten Gerät Schritt für Schritt übt.

178.1

Wie heißen die einzelnen Teile und welche Funktionen haben sie?
- Das Gerät mit allen Zubehörteilen auspacken.
- Die Gebrauchsanleitung aufschlagen und nach der Funktionenübersicht suchen.
- In der Gebrauchsanweisung Geräteteile ausfindig machen und sie am Gerät suchen.

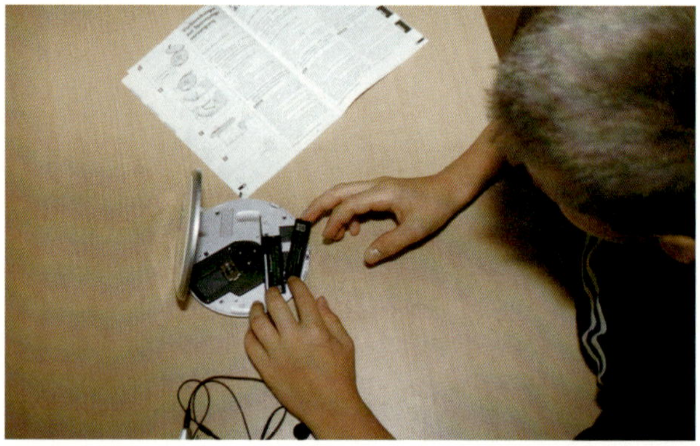

178.2

Was muss ich tun, um das Gerät zum ersten Mal in Betrieb zu nehmen?
- In der Gebrauchsanleitung unter Inbetriebnahme genau nachlesen, was zu tun ist, und danach vorgehen.

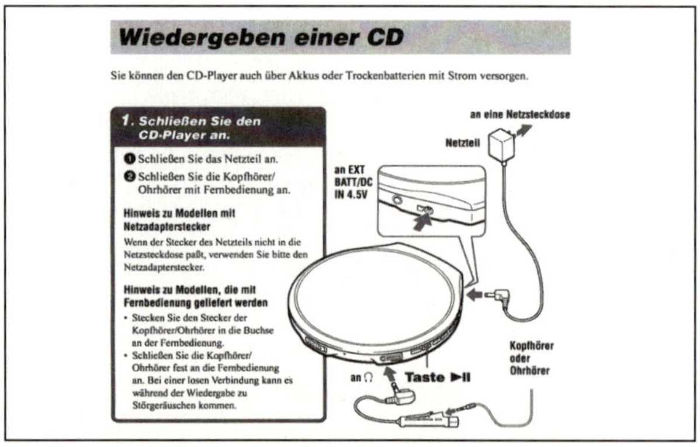

Wiedergeben einer CD

Sie können den CD-Player auch über Akkus oder Trockenbatterien mit Strom versorgen.

1. Schließen Sie den CD-Player an.

❶ Schließen Sie das Netzteil an.
❷ Schließen Sie die Kopfhörer/Ohrhörer mit Fernbedienung an.

Hinweis zu Modellen mit Netzadapterstecker
Wenn der Stecker des Netzteils nicht in die Netzsteckdose paßt, verwenden Sie bitte den Netzadapterstecker.

Hinweis zu Modellen, die mit Fernbedienung geliefert werden
- Stecken Sie den Stecker der Kopfhörer/Ohrhörer in die Buchse an der Fernbedienung.
- Schließen Sie die Kopfhörer/Ohrhörer fest an die Fernbedienung an. Bei einer losen Verbindung kann es während der Wiedergabe zu Störgeräuschen kommen.

178.3

Wie setze ich die einzelnen Funktionen in Gang?
- Die einzelnen Funktionsbeschreibungen Schritt für Schritt lesen und gleich am Gerät ausprobieren.

CD-Player und CD beschädigt werden.
- Lassen Sie den CD-Player nicht in der Nähe von Wärmequellen, an Orten mit direkter Sonneneinstrahlung, viel Staub oder Sand, Feuchtigkeit oder Regen, auf unebenen Oberflächen oder in einem Auto mit geschlossenen Fenstern liegen, und schützen Sie ihn vor Stößen und Erschütterungen.
- Wenn der CD-Player den Radio- oder Fernsehempfang stört, schalten Sie ihn aus, oder benutzen Sie ihn in etwas größerer Entfernung.

Umgang mit CDs
- Fassen Sie CDs nur am Rand an, damit sie nicht verschmutzen. Berühren Sie nicht die Oberfläche einer CD.
- Kleben Sie weder Papier noch Klebeband auf CDs.

Vermeidung von Gehörschäden
Stellen Sie die Lautstärke der Kopfhörer/Ohrhörer nicht zu hoch ein. Ohrenärzte warnen vor ständigen, lauten Geräuschen. Wenn Sie Ohrengeräusche wahrnehmen, senken Sie die Lautstärke, oder schalten Sie das Gerät aus.

Rücksichtnahme gegenüber anderen
Stellen Sie die Lautstärke nicht zu hoch ein. Auf diese Weise können nicht nur Sie selbst noch hören, was um Sie herum vorgeht, sondern Sie zeigen auch Rücksicht gegenüber anderen.

Wartung

So reinigen Sie das Gehäuse
Reinigen Sie das Gehäuse mit einem weichen Tuch, das Sie leicht mit Wasser oder einem milden Reinigungsmittel angefeuchtet haben. Verwenden Sie weder Alkohol, Benzin noch Verdünnung.

178.4

Wie muss das Gerät gepflegt werden?
- In der Gebrauchsanleitung die Pflegehinweise lesen.
- Die Besonderheiten unterstreichen.

Produkte pflegen und warten

Damit Geräte möglichst lange störungsfrei funktionieren und gepflegt aussehen, müssen Pflege- und Wartungshinweise beachtet werden. Man findet sie in den Gebrauchsanleitungen. Allerdings kann man nicht alles selbst machen (z. B. Reparaturen am Auto oder an der Heizung).
Folgende Pflege- und Wartungsarbeiten kommen im Haushalt häufig vor. Bei vielen dieser Tätigkeiten können auch schon Kinder und Jugendliche mithelfen.

Was man machen kann	**Was man benötigt**	**So geht man vor**
ölen 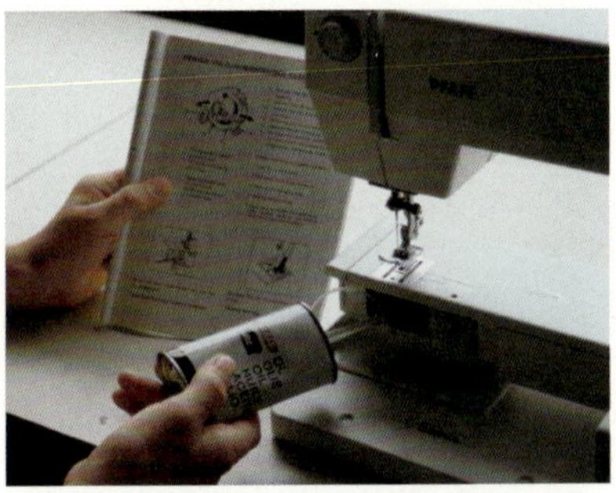 179.1	• Pinsel • Maschinenöl • weicher Lappen • evtl. Zeitungspapier zum Abdecken (Was alles geölt werden muss: Fahrrad, Nähmaschine, Haarschneideapparat, Rasenmäher, Gartenschere, Türen)	• Netzstecker ziehen • In der Gebrauchsanweisung nachschauen, welche Stellen geölt werden müssen • Arbeitsplatz herrichten • Stelle mit Pinsel oder Lappen reinigen • vorsichtig ölen • überschüssiges Öl abwischen
Cerankochfeld reinigen 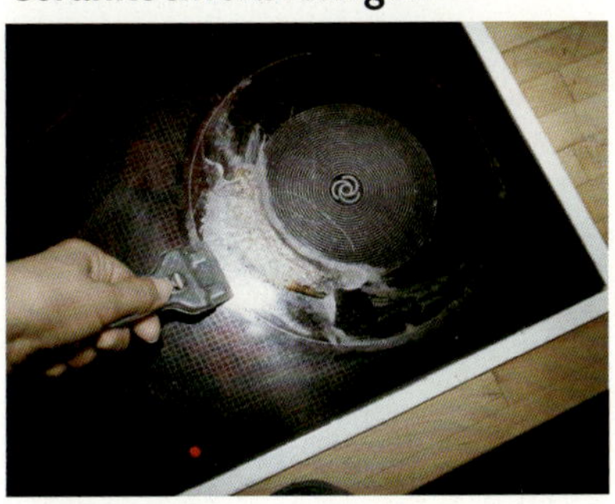 179.2	• Glasschaber • Spezialreiniger • Schwammtuch • trockenes Tuch	• mit feuchtem Schwammtuch und etwas Spülmittel Fläche vorreinigen • mit Glasschaber eventuelle Rückstände vorsichtig ablösen • mit Schwammtuch abwischen • mit dem Spezialreiniger und einem trockenen Lappen (Haushaltskrepp) Fläche polieren • Spezialreiniger sparsam verwenden

Was man machen kann | **Was man benötigt** | **So geht man vor**

Siebe reinigen

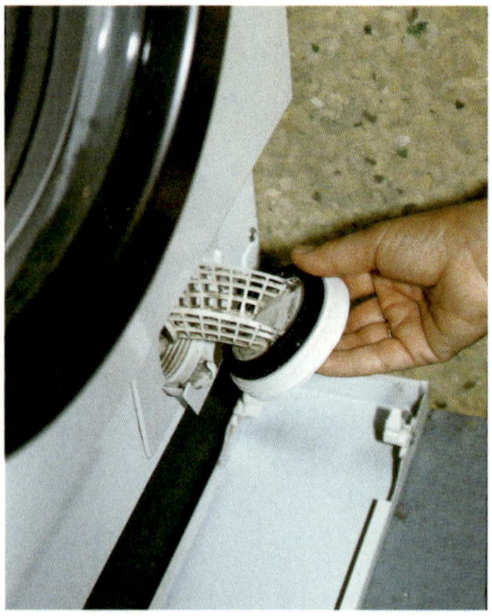
180.1

Was man benötigt

- Gebrauchsanweisung des Geräts
- Abfallbehältnis
- warmes Wasser
- Spülmittel
- Bürste
- evtl. Pinzette

(Welche Siebe gereinigt werden müssen: Flusensieb der Waschmaschine, Flusensieb des Trockners, Schmutzsieb in der Spülmaschine, Abflusssiebe von Spülbecken und Duschen)

So geht man vor

- Netzstecker ziehen
- Sieb aus dem Gerät nach Gebrauchsanweisung herausholen
- Sieb leeren
- mit Bürste und Pinzette Reste entfernen
- Fettreste mit heißem Wasser und Spülmittel abspülen
- Sieb wieder einsetzen (siehe Gebrauchsanweisung)

Abflussverstopfungen beheben

180.2

Was man benötigt

- Gummisaugglocke

So geht man vor

- Gummisaugglocke über den Abfluss stellen
- Wasser einlaufen lassen
- Saugglocke mehrmals kräftig nach unten drücken
- Vorgang wiederholen, bis das Wasser wieder abfließen kann

Leuchtmittel wechseln

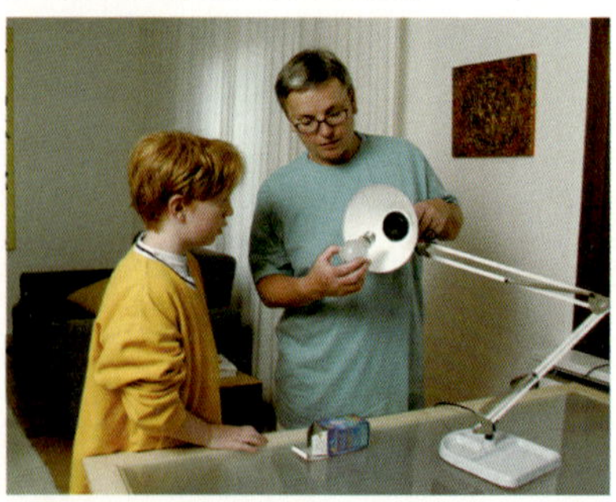
180.3

Was man benötigt

- Leuchtmittel
- weicher Lappen
- evtl. Haushaltsleiter

So geht man vor

- Stromzufuhr ausschalten
- altes Leuchtmittel vorsichtig aus der Fassung entfernen
- passendes Leuchtmittel auswählen
- neues Leuchtmittel mit einem sauberen Tuch anfassen und in die Fassung einbringen
- Licht einschalten, sich dabei nicht direkt an der Lichtquelle aufhalten. Sie könnte beim Einschalten zerplatzen

Was man machen kann

Kühl- und Gefriergeräte abtauen und reinigen

181.1

Was man benötigt

- Eimer mit heißem Wasser
- Spülmittel
- Schwammtuch
- trockenes Tuch

So geht man vor

- Gefriergerät nur bei kühler Witterung abtauen, damit das Gefriergut nicht zu schnell auftaut
- in der Gebrauchsanweisung nachlesen, welche Abtauvorschriften gelten
- Gerät abschalten
- Gerät ausräumen
- Gefriergut in Zeitungspapier oder Decken wickeln bzw. in eine Kühltasche legen
- nach der Gebrauchsanweisung abtauen (Tipp: Topf mit heißem Wasser in das Gerät stellen, Türe schließen – so schmilzt das Eis schneller)
- In der Zwischenzeit Schubladen, Körbe oder Einlegeböden mit Essigwasser reinigen
- Abgetauten Innenraum auswischen (heißes Wasser mit etwas Spülmittel), mit Essigwasser nachwischen (hemmt Schimmelbildung), mit einem trockenen Tuch ausreiben
- Gummidichtungen ganz sorgfältig mit Essigwasser reinigen, um alle Verunreinigungen zu entfernen (Schimmelgefahr!)
- Kühl- oder Gefriergerät einräumen und wieder einschalten

Was tun, wenn Störungen auftreten?

Auch wenn man Geräte sorgfältig pflegt und wartet, kann es vorkommen, dass Störungen auftreten. Dann kann man folgendermaßen vorgehen:

- in der Gebrauchsanweisung nach Hinweisen suchen, wie ich auftretende Störungen selbst beheben kann
- genau überlegen, welche Funktion gestört ist
- in der Gebrauchsanweisung nachlesen, was zu tun ist
- prüfen, ob ich die Anweisung selbst durchführen kann oder Hilfe benötige

Was tun, wenn man die Störung nicht selbst beheben kann?

- Vorgehensweise in der Gebrauchsanweisung nachlesen
- Meistens geht man so vor: Hersteller oder Kundendienstadresse herausfinden, Gerätenummer aufschreiben, Rechnung und Garantiekarte bereitlegen, Fehler stichwortartig beschreiben, Gerät zum Händler bringen, per Post an den Hersteller schicken oder Kundendienst anrufen

Lehrgang: Fahrradpflege – gut geschmiert

Das Fahrrad ist ein zuverlässiges und schnelles Transportmittel.
An ihm sind viele bewegliche Teile ungeschützt angebracht, wie die Schaltung oder die Bremsen. Diese sind ständig Staub, Schmutz und der Feuchtigkeit ausgesetzt.
Wenn sie nicht gepflegt werden, verlieren sie ihre Beweglichkeit und funktionieren nicht mehr richtig. Bei den Bremsen kann dies sehr gefährlich werden.

Bewegliche Teile muss man regelmäßig schmieren und ölen. Wie häufig dies gemacht werden muss, hängt vom Gebrauch des Fahrrades ab. Hier gilt allerdings der Grundsatz: „Lieber mehr als zu wenig".
Vor dem Schmieren muss man eventuell vorhandenen Staub mit einer Bürste entfernen. Sonst gelangt der Staub mit dem Öl zusammen in die Lager oder auf die Kette.
Welches Schmiermittel geeignet ist, erfährt man am besten im Fahrradfachgeschäft.

⑦ Kette und Ritzel

182.1

Jedes einzelne Kettenglied muss beweglich sein. Das ist sehr wichtig. Allerdings verliert die Kette sehr schnell das Öl. Außerdem verschmutzt sie schnell.
Aber: Eine ungeschmierte Kette hält nicht lange und kann darüber hinaus noch die Kettenblätter und die Ritzel der Schaltung beschädigen.
Die Kette sollte deshalb regelmäßig gereinigt und geölt werden – spätestens dann, wenn sich Staub und Schmutz ablagern. Wer sein Fahrrad im Sommer täglich benutzt, sollte seine Kette etwa alle 14 Tage pflegen. Dazu werden die Kette und die Ritzel mit viel Sprühöl versehen. Das Sprühöl braucht Zeit zum Eindringen. Anschließend wird die Kette mit einem zähflüssigen Öl versorgt.

182.2

⑥ Das Schaltwerk

Alle Drehpunkte des Schaltwerkes ebenfalls regelmäßig einsprühen. Herunterlaufendes Öl mit einem Lappen abwischen.

182.3

⑤ Schalträdchen

Von der Kette bekommen die Schalträdchen kaum etwas Öl ab. Deshalb müssen die Lager der Rädchen ab und zu mit Sprühöl versorgt werden.

183.1

① Brems- und Schaltseile

An allen Stellen, an denen die Seilzüge die Schutzhüllen verlassen, werden sie etwas mit Sprühöl eingesprüht.

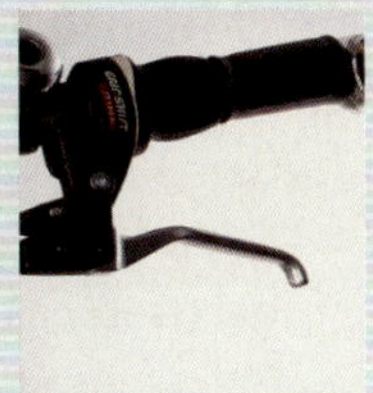

183.2

183.3

② Brems- und Schalthebel

Um eine schnelle und sichere Funktion zu gewährleisten, müssen die Hebel leichtgängig bleiben. Deshalb müssen die Drehpunkte mit Sprühöl versorgt werden. Auch das Bremsseil muss eingesprüht werden. Dazu den Bremshebel ziehen.

③ Bremsen

Die Drehpunkte der Felgenbremsen regelmäßig mit Sprühöl einsprühen, um Wasser fernzuhalten und Rost zu vermeiden.

183.4

183.5

④ Umwerfer

Mit Sprühöl einsprühen und das überflüssige Öl mit einem Lappen abwischen.

Lehrgang: Pannenhilfe für das Rad

Schlauch ausbauen

1. Die Luft muss vollständig aus dem Reifen abgelassen werden. Dazu die Ventilkappe entfernen und das Ventil öffnen. Die Befestigungsmutter des Ventils (Rändelmutter) an der Felge abschrauben.

184.1

2. Den Reifenheber an der dem Ventil gegenüberliegenden Seite ansetzen. Um den Reifenheber ansetzen zu können, muss man den Reifen in die Felgenmitte drücken. Den Reifenheber am Ende in eine Speiche einhaken, damit er fest sitzt. Ein Stück daneben den Reifen in die Felgenmitte drücken und einen zweiten Reifenheber ansetzen.

184.2

3. Den Reifen über die Felge hebeln. Den zweiten Reifenheber ebenfalls fest einhaken.

184.3

4. Einen dritten Heber ansetzen. Meist haftet der Reifen an der Flanke. Um ihn zu lösen, den Reifen zur Felgenmitte drücken. Den dritten Reifenheber gleichzeitig an der Felgenflanke entlangziehen, um den Reifen darüber zu hebeln, bis eine Seite des Reifens vollständig über die Felge gerutscht ist.

184.4

Wenn ein Reifen die Luft verliert, dann ist meist ein Loch im Schlauch die Ursache. Bei vernachlässigten Reifen kommt es allerdings häufiger zu Plattfüßen. Ist zu wenig Luft im Reifen, wird der Schlauch stärker beansprucht. Spitze Gegenstände können leichter eindringen. Bei jedem Schlagloch oder jeder Bordsteinkante kann der Reifen bis zur Felge durchschlagen. Der Schlauch im Reifen wird gequetscht und kann dadurch Löcher bekommen. Auch bei abgefahrenen Reifen ist die Gefahr eines Plattfußes größer. Verliert der Reifen ständig in kürzeren Abständen Luft, dann muss der Schlauch gewechselt oder geflickt werden.

Tipp: Nur Reifenheber aus Kunststoff verwenden. Reifenheber aus Metall oder anderes nicht geeignetes Werkzeug können leicht den Schlauch verletzen.

5. Den Schlauch vorsichtig herausziehen. Manchmal ist er auch etwas festgeklebt. Am Ventil muss man den Reifen möglichst weit über die Felge ziehen, damit man das Ventil aus dem Felgenloch herausdrücken kann.

Schlauch einbauen

1. Das Ventilloch in der Felge suchen. Das Ventil durch das Loch schieben. Darauf achten, dass das Ventil senkrecht zur Felge steht. Die Befestigungsmutter ansetzen und ein wenig andrehen.

185.1

2. Den Schlauch zwischen den Reifen und die Felge schieben. Dabei darf er nicht verdreht werden. Ein leicht aufgepumpter Schlauch erleichtert diese Arbeit. Darauf achten, dass keine Steinchen oder Sand in den Reifen gelangen, die den Schlauch beschädigen könnten.

185.2

Tipp: Die Befestigungsmutter des Ventils darf nie zu fest angezogen werden, da sonst der Schlauch an der Verbindung zum Ventil beschädigt werden kann.

3. Kontrollieren, ob der Schlauch überall gleichmäßig im Felgenbett sitzt. Am Ventil beginnend drückt man den Reifenwulst mit beiden Daumen über den Felgenrand.

185.3

4. Der Reifenwulst wird rundherum hineingedrückt, bis dies mit den Daumen nicht mehr zu schaffen ist.
Das letzte Stück mit dem Reifenheber über den Felgenrand hebeln. Darauf achten, dass der Schlauch nicht gequetscht wird.

185.4

5. Den Schlauch aufpumpen und feststellen, ob das Ventil senkrecht steht und vollständig herausragt.
Zum Abschluss die Befestigungsmutter bis zur Felge hinabschrauben. Die Ventilkappe aufsetzen. Fertig.

L

Schlauch flicken

1. Häufig bleiben die spitzen Gegenstände, die einen Plattfuß verursacht haben, im Reifen stecken. Deshalb muss man die Innenseite des gelösten Reifens nach solchen Fremdkörpern absuchen, sonst beschädigen sie den Schlauch wieder. Man muss auch prüfen, ob Risse oder Schnitte in der Reifenwulst und den Reifenseiten sind.

Das Reparaturset enthält alle Teile, die man zum Flicken eines Loches im Schlauch benötigt: **(A)** Flicken in verschiedenen Größen, **(B)** Schleifpapier, **(C)** Gummilösung.

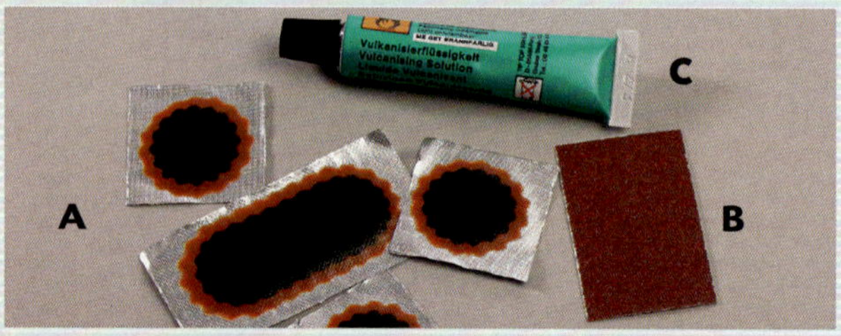

186.1

2. Große Löcher im Schlauch sind leicht zu finden. Beim Aufpumpen hört man es meist schon zischen. Bei kleinen Löchern oder defektem Ventil spürt man die undichte Stelle so auf: Man drückt den aufgepumpten Schlauch in ein mit Wasser gefülltes Gefäß. Aufsteigende Luftblasen zeigen das Loch oder das undichte Ventil sicher an.

186.2

Tipp: Man sollte auch den Zustand der Felge und des Felgenbandes kontrollieren. Ist der Felgenboden ganz bedeckt und sind keine scharfen Kanten vorhanden? Gerissene oder beschädigte Felgenbänder müssen ausgetauscht werden.

3. Damit man die Stelle nicht wieder aus den Augen verliert, markiert man die Stelle mit Kreide.

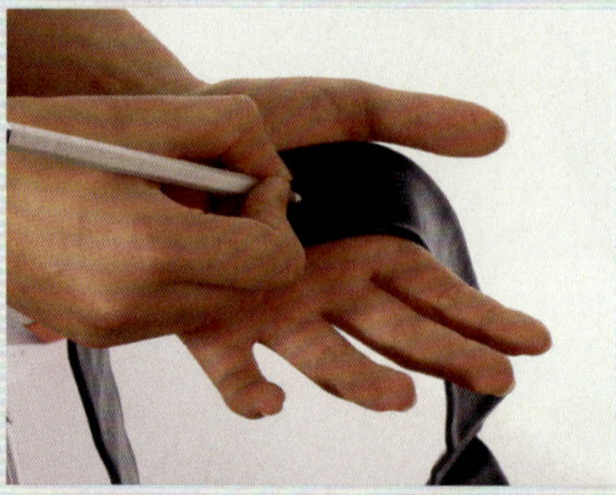
186.3

4. Die Stelle rund um das Loch wird mit Schleifpapier aufgeraut. Die aufgeraute Fläche muss etwas größer als der ausgewählte Flicken sein.

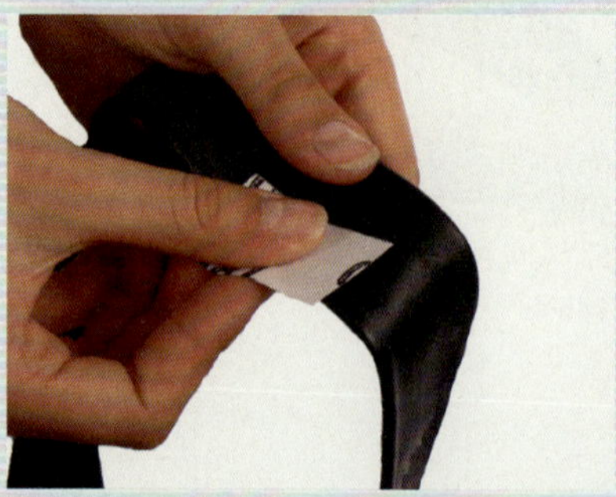
186.4

5. Die aufgeraute Stelle mit der Gummilösung dünn und gleichmäßig einstreichen.

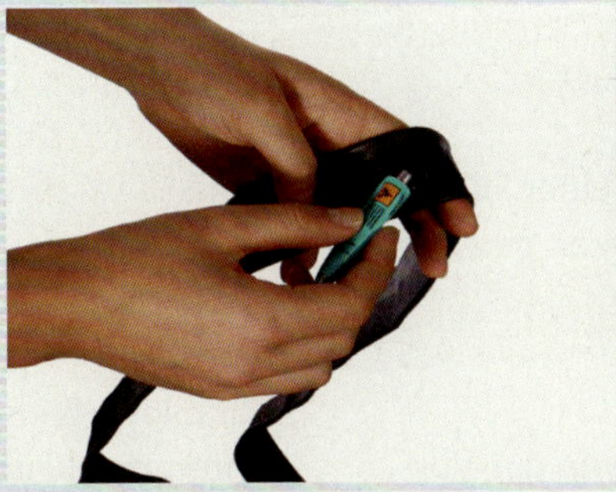
187.1

6. Die Gummilösung so lange trocknen lassen, bis sie beim Berühren keine Fäden mehr zieht. Flicken, die zum Rande hin dünner werden, haben auf der Unterseite eine Silberfolie. Diese wird abgezogen.

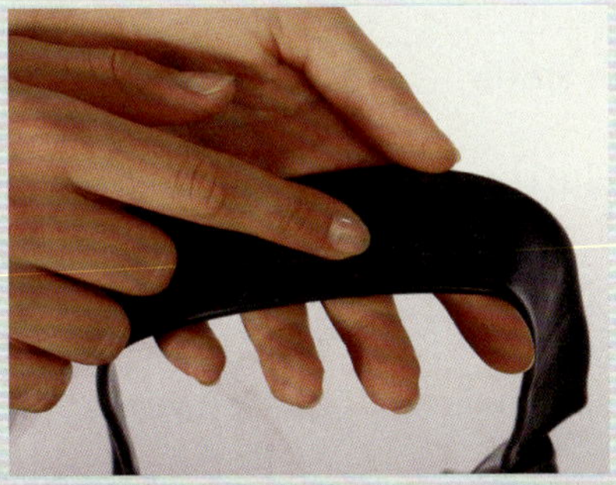
187.2

7. Der Flicken muss mittig auf das Loch gesetzt werden. Mit dem geraden Ende eines Reifenhebers fest andrücken. Der Flicken muss glatt ohne Luftblasen auf dem Schlauch sitzen.

187.3

8. Nach ungefähr 20 Sekunden kann man den Flicken in der Mitte knicken. Die transparente Kunststofffolie kann so abgezogen werden.
Wer auf Nummer Sicher gehen will, macht jetzt noch einmal den Wassertest.

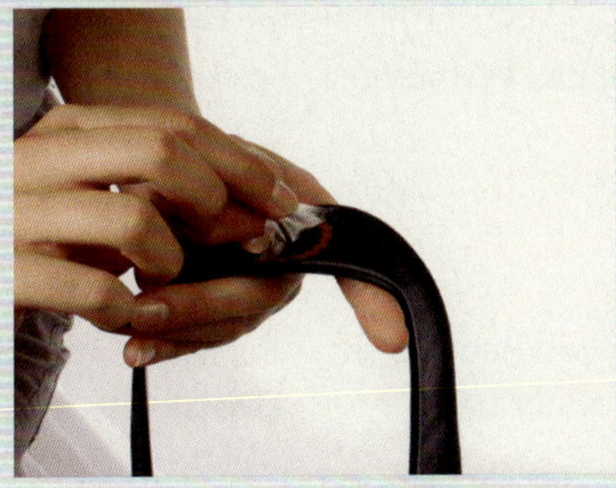
187.4

Tipp: Bei der Verwendung anderer Flickentypen die Gebrauchsanweisung beachten. Flicken, die am Rand abgeflacht sind, halten besser.

Die Abkürzung „f." bedeutet: und folgende Seite.
„ff." heißt: und mehrere folgende Seiten.

Abschmecken 158
Probieren, ob eine Speise richtig gewürzt ist
Abtropfgewicht 42
Das Gewicht von Lebensmittel, die in einer Flüssigkeit angeboten werden – ohne Flüssigkeit gewogen
Aktion 142
Eine Handlung, ein Vorgehen
Aktives Zuhören 30
Beim Diskutieren werden die Argumente des Vorredners kurz zusammengefasst, bevor man seine eigene Meinung äußert.
Allergie 166
Überempfindlichkeit gegen bestimmte Stoffe
Anreißen 79, 92
Auf Werkstücken Maße oder Formen anzeichnen
Anrichten 160
Den Esstisch auf das Essen abgestimmt decken
Applizieren 105
Textile Technik, bei der Verzierungen aus textilem Material aufgenäht werden
Arbeitsplan 78
Schriftliche Planung eines Vorhabens
Bakterien 166
Kleinstlebewesen, die oft Krankheiten übertragen
Befragung 35
Wenn man verschiedenen Personen die gleichen Fragen stellt, führt man eine Befragung durch
BIBB 133
Bundesinstitut für Berufsbildung; dort gibt es viele Informationen über Berufe
Biegen 90, 93
Werkstoffe durch Druck (und manchmal zusätzlich auch durch Wärme) krümmen
Bürgerliches Gesetzbuch 37
Sammlung von Rechtsvorschriften, die das Verhalten der Menschen untereinander regeln
Checkliste 87
Kontrollliste
Dienstleistung 38
Arbeit, die direkt auf die Befriedigung von Bedürfnissen ausgerichtet ist. Es wird kein Produkt hergestellt.
Diskussion 30, 39
Meinungen werden ausgetauscht und lebhaft erörtert.
Drucken (auch Textildruck) 105
Technik, bei der mithilfe eines Stempels oder einer Schablone Bilder, Schriften oder Motive auf einen Untergrund gebracht werden
Entwurf 108
Zeichnung in groben Umrissen
Erkundung im Internet 47
Mithilfe des Internets Informationen sammeln, die dann ausgewertet werden
Ernährung 164 ff.
Der Körper braucht zum Leben und zum Aufbau bestimmte Stoffe, mit denen er regelmäßig versorgt werden muss. Falsche Ernährung schadet der Gesundheit, gesunde Ernährung hält fit
Ernährungskreis 164
Ein Modell, das zeigt, welche Nahrungsmittel in welchen Mengen wir essen sollten
Erste Hilfe 70 f.
Schnelle behelfsmäßige Maßnahmen bei Unfällen
Etikett 42
Aufkleber oder Zettel an Waren mit Angaben über Preis, Menge, Material usw.
Filzen 103 ff.
Textile Technik, bei der mithilfe von Druck, Wasser und Seife Wollfasern so lange miteinander verschlungen werden, bis eine Fläche oder Kugel entsteht
Flohmarkt 10 f.
Auf diesem Markt kann man gebrauchte Waren verkaufen und kaufen.
Garen 154
Fertig kochen oder braten
Gesprächsregeln 53
Regeln, die bestimmen, wie zwei oder mehrere Personen miteinander sprechen
Gestik 19
Ausdrucksbewegung des Körpers, besonders der Arme und Hände
Grundbedürfnisse 28
Dinge, die der Mensch zum Überleben benötigt
Gruppe 16 f.
Kleine Anzahl von Menschen, siehe Team

Häkeln 105
Textile Technik, bei der durch Maschenbildung eine Fläche entsteht
Hygiene 144
Maßnahmen zur Verhütung von Krankheiten und Gesundheitsschäden
Internet 33, 47
Weltweites Computernetzwerk, über das man schnell Informationen austauschen kann
Kaufentscheidung 41, 60 f.
Man überlegt und entscheidet sich dann für den Erwerb eines Produktes oder einer Dienstleistung.
Kaufvertrag 37
Durch jeden Kauf entsteht rechtlich gesehen ein Vertrag, der die Rechte und Pflichten von Käufer und Verkäufer festgelegt. Kaufverträge werden schriftlich, können aber auch nur mündlich abgeschlossen werden.
Konflikt 20 f.
Unterschiedliche Ansichten geraten aneinander, es kommt zu einem Streit.
Konfliktlösung 21
Einen Streit schlichten, siehe auch Konflikt
Lehrgang 76 f., 79, 82 f., 90 ff., 106, 148 ff., 162, 182 ff.
Zeitlich begrenzte Ausbildung, um etwas zu lernen
Markt 54 ff.
Der Ort, wo sich Verkäufer (Angebot) und Käufer (Nachfrage) treffen; es gibt viele verschiedene Märkte und Marktformen
Markterkundung 54 f.
Gezielte Beschaffung von Informationen über das Angebot bei einem bestimmten Produkt oder einer bestimmten Produktgruppe
Mengenangabe 42
Beschreibung, wie viel in einer Packung enthalten ist in Gramm, Kilogramm, Millilitern, Litern oder Stückzahl
Menü 139
Festgelegte Speisenfolge, z. B. Vorspeise, Hauptgericht und Nachspeise
Methode 16 ff., 30, 35, 39, 47, 53, 55, 62 f., 95, 101, 124 ff., 128, 142, 161
Planmäßiges Vorgehen, um zu Ergebnissen zu gelangen
Methodentreppe 63
Stufenweises Vorgehen, um zu einer Entscheidung zu gelangen
Mimik 19
Das Mienenspiel im Gesicht
Minderjährige 37
Damit sind im Recht alle gemeint, die das 18. Lebensjahr noch nicht vollendet haben. Ein Minderjähriger hat noch nicht die gleichen Rechte und Pflichten wie ein Erwachsener.
Müll 171
Reststoffe, die nicht wiederverwendet werden können
Ökologisches Produkt 170
Ein Produkt, bei dessen Herstellung Wasser, Luft und Boden geschont werden
Paragraf 37
Gesetzestexte sind in Abschnitte unterteilt, die fortlaufend nummeriert sind. Diese Abschnitte werden als Paragrafen bezeichnet.
Parcours 141
Eine zu laufende Strecke
Plakatgestaltung 128
Beschriften und Bezeichnen eines großen festen Papiers, um Informationen besser sichtbar zu machen
Planungsskizze 76
Grobe Zeichnung, wie ein Werkstück später aussehen soll (vergleiche Entwurf)
Pompon 104
Kugel- oder eiförmiges Büschel, das aus Garnen hergestellt wird; wurde durch den Bollenhut der Schwarzwälder Trachten bekannt
Präsentation 142
Anderen etwas zeigen, etwas vorführen
Prestigekauf 28
Wenn man ein nicht notwendiges Produkt kauft, um damit anzugeben.
Produkt 34, 38 f.
Erzeugnis, Ergebnis; in der Wirtschaft meint man mit Produkt die hergestellten Waren, die gekauft werden können
Produkterkundung 128
Informationen über ein Produkt sammeln
Pro-Kontra-Diskussion 39
Gespräch, in dem es um eine Streitfrage geht, z. B. um eine bestimmte Maßnahme: Die einen sagen Argumente dafür (pro), die anderen Argumente dagegen (kontra)
Qualität 84 f.
Beschaffenheit und Güte einer Sache

Regel 19
Vorschrift, wie man etwas zu tun oder zu lassen hat
Regionales Produkt 168 f.
Produkt, das in der Gegend hergestellt wird, in der man lebt
Rezept 138 ff.
Vorschlag zum Zubereiten von Speisen
Ritual 22
Verhalten und Vorgehen nach einer festgelegten Ordnung
Rollenspiel 53, 59
Spiel, bei dem die Mitspieler in die Situation anderer Personen schlüpfen, um so eine Sache besser zu verstehen
Sachtext 62
Informierender Text zu einem bestimmten Themengebiet
Schlüsselbegriff 62
Markierter Begriff, der einen Text schneller verstehen lässt
Sprache 19
Verständigungsart der Menschen durch viele verschiedene Laute
Stiftung Warentest 41, 48 f.
Eine von der Bundesregierung geförderte Einrichtung, die Käufer über die Qualität von Produkten informiert; dazu werden Warentests durchgeführt und die Ergebnisse in der Zeitschrift „test" veröffentlicht
Stückliste 77
Verzeichnis aller Teile, die man zur Herstellung einer Sache braucht
Taschengeld 36 f.
Geld, das ein Kind oder Jugendlicher in regelmäßigen Abständen von den Eltern, meist zur freien Verfügung, erhält
Team 14 ff.
Gruppe, die gemeinsam an einer Aufgabe arbeitet
Technische Zeichnung 76 f.
Genauer Plan, wie ein Werkstück aussieht; alle wichtigen Angaben müssen darauf enthalten sein
„test"- Heft 34, 48 f.
Zeitschrift der Stiftung Warentest, die Berichte und Qualitätsurteile über getestete Produkte und Dienstleistungen enthält
Textile Materialien 96 ff.
Alle Materialien, die aus Fasern (wie z. B. Wolle, Baumwolle, Polyester usw.) hergestellt werden
Textverarbeitung 131
Texte mithilfe eines Computers herstellen, verarbeiten und speichern
Thema 8
Ein Gegenstand oder ein Satz, über den nachgedacht, gesprochen oder geschrieben wird
Verbraucher 41
Jeder, der Waren kauft oder für Dienstleistungen bezahlt, ist wirtschaftlich gesehen ein Verbraucher.
Verbraucherzentrale 46 f.
Einrichtung in jedem Bundesland, die die Aufgabe hat, die Interessen der Verbraucher zu vertreten, zu informieren und bei Problemen zu helfen
Verkaufsgespräch 58 f.
Das Gespräch zwischen Verkäufer und Käufer (Kunde)
Verkehrsbezeichnung 42
Name, unter dem ein Produkt auf den Markt kommt
Werbung 38 ff.
Alle Maßnahmen, die dazu dienen, die Bekanntheit und damit den Absatz einer Ware zu erhöhen
Werkstoff 68 ff.
Fester Rohstoff wie Holz, Stein, Metall und Leder
Wunschberuf 122 ff., 135
BezahlteTätigkeit, die man gerne ausüben möchte
Zutatenliste 42
Bei verpackten Lebensmitteln vorgeschriebene Aufzählung aller Bestandteile

Audi AG, Ingolstadt: 7.1, 120.1; aus: Textil-Stunde 272. © 1999, ALS-Verlag GmbH, Dietzenbach: 98.4; aus: TextilStunde II 71. © 1997, ALS-Verlag GmbH, Dietzenbach: 97.1; Bayerische Bereitschaftspolizei, München: 120.2; Bioland Bundesverband, Mainz: 170.1; Bundesverband der Unfallkassen, München: 87.1; CMA, Bonn: 44.3; creativ collection, Freiburg: 96.2; DaimlerChrysler: 4.1, 122-135; Demeter: 170.2; Deutsche Bahn AG/Klee: 64/65; Deutsche Gesellschaft für Ernährung, e.V., Frankfurt/Main: 164.3; Deutsche Post AG, Frankfurt/M.: 38.1; Deutsches KFZ-Gewerbe, Zentralverband, Bonn: 133.1; Digital Stock: U u.; dpa, Frankfurt/M.: 22.5, 22.6, 38.3 (Rolf Haid), 45.2 (Wolfgang Langenstraßen), 45.3, 96.1 (Melker Dahlstrand), 96.4 (W. Grubitzsch), 96.6 (Ria Nowosti), 134.3, 139.1; Druckerei Wolf, Asperg: 121.1, 132.1; Druwe & Polastri, Cremlingen: 64.2, 87.2, 131.1, 131.1, 134.1, 134.4, 134.7; Fabian, Hannover: 6.1, 6.4, 7.4, 22.1, 22.2, 24/25, 24.1, 24.2, 27.1, 30.1, 31.1, 53.1, 65.1, 100.1, 101.1, 110.1, 116.3, 116.4, 121.2, 134.6, 136.1, 137.2, 146.1, 163.1, 167.1, 167.2, 167.3, 167.4, 180.3, 181.1; Fischer, Hannover: 64.1; FLP: 45.1, 170.5; Forest Stewardship Council (FSC) Arbeitsgruppe Deutschland e.V., Freiburg: 44.7; Forschungsinstitut Hohenstein, Bönnigheim: 44.8, 170.4; Groupe SEB Deutschland GmbH, Offenbach: 60; Gütegemeinschaft Holzschutzmittel e.V., Seligenstadt: 44.2; Gütegemeinschaft Kerzen e.V., Stuttgart: 44.4; Gütegemeinschaft Substrate e.V., Hannover: 44.1; Güttler, Berlin: 169.1; Handwerkskammer Rhein-Main, Frankfurt/M.: 65.2; Heidolph, Kottgeisering: 130.1; Henzler, Nürtingen: 81.1, 81.2, 81.3, 81.4, 81.5, 84.2, 88.2, 88.3, 88.4, 88.5, 90.1, 90.2, 90.3, 91.1, 91.2, 91.3, 91.4, 92.1, 92.2, 92.3, 92.4, 93.1, 93.2, 93.3, 93.4, 94.1; Hey, Hannover: 6.5; Hoffmann, Hannover: 38.4, 38.6, 68.1, 68.2, 70.1, 71.1–3, 86.1, 182.1–3, 183.1–5, 184.1–4, 185.1–4, 186.1–4, 187.1–4; IKEA Deutschland: 61.4; Image Source Ltd.: U o.; Janssen-Kahlert, Hannover: 6/7; Keystone, Hamburg/A. Bastian: 96.5; Klüppel, Gechingen: U M., 6.3, 8.1, 8.2, 8.3, 9.1, 9.2, 9.3, 16.1, 16.2, 18.1, 19.1, 19.2, 19.3, 19.4, 19.5, 23.1, 23.2, 23.3, 136.2, 140.1, 140.2, 140.3, 140.4, 142.1, 142.2, 142.3, 142.4, 142.5, 156.1–6, 156.2, 157.1–6, 158.1, 162.2, 168.2, 178.1, 178.2, 178.3, 178.4, 179.1, 179.2, 180.1, 180.2; Köcher, Hannover: 2.2, 4.2, 8-23 o., 26-63, 26.1, 26.2, 26.3, 26.5, 26.6, 26.7, 26.8, 54.2, 54.6, 57.3, 57.4, 57.5, 57.6, 61.6, 61.8, 61.9, 99.1, 99.2, 99.4, 99.5, 100.3, 106.2-4, 107.1–5, 112.1, 113.1, 113.2, 116.1, 116.2, 117.1, 128.1, 138-187, 138.1, 138.2, 141.1, 143.1, 143.2, 143.3, 143.4, 143.5, 143.6, 143.7-11, 149.1–10, 150-153, 157.7, 158.2, 158.3, 158.4, 158.5, 159.1, 159.2, 159.3, 159.4, 159.5, 159.6, 160.1, 160.2, 160.3, 160.4, 160.5, 160.6, 162.1, 165.1; KUKA-Werksbild, Augsburg: 120/121; Landefeld, Bad Zwischenahn: 137.1; Losse, Hannover: 70.2; Mann+Hummel Holding GmbH, Ludwigsburg: 84.1; MBW Marketinggesellschaft mbH, Stuttgart: 168.1; Mertins, Vollbüttel: 7.5; Minkus, Isernhagen: 6.2, 7.2, 164.1, 164.2; Naturland® Zeichen GmbH, Gräfeling: 170.3; Okapia/Vock: 166.2; Patner, Hannover: 34.1; Photo Dörr, Wolfratshausen: 7.3, 22.4; Rapunzel Naturkost AG, Legau: 45.4; Rautmann, Emden: 22.3; Sautter, Holzgerlingen: 3.1, 66.1, 66.2, 67.1, 67.2, 67.3, 68.4, 69.1, 69.2, 69.3, 69.4, 74.2, 75.1, 75.2, 75.3, 78.1, 79.5, 79.6, 79.7, 79.8, 80.1, 80.2, 80.3, 80.4; Sony Deutschland GmbH: 54.5, 61.5; Stiebritz, Stuttgart: 98.1, 98.2, 98.3, 104.1, 104.2, 105.1, 105.2, 105.3, 105.4, 106.1, 108.1, 108.2, 109.1, 109.2-7, 114.1; Stiftung Warentest: 48.1, 48.2, 49.1; Südwest-Presse, Ulm/Werksbild DUO: 132.2; Thorbecke, Lindau: 136/137; t-online International AG, Weiterstadt: 38.5; Tönnies, Laatzen: 166.1; Tripodi, Asperg: 131.2, 131.3; TÜV Süddeutschland Holding AG, Stuttgart: 45.5, 45.6, 45.8; Umweltbundesamt, Berlin: 44.5, 44.6, 170.6; VDE Verband der Elektrotechnik Elektronik Informationstechnik e.V., Frankfurt/M.: 45.7; Verbraucherzentrale Baden-Württemberg e.V.: 47.1; Wessel-Schulze, Hemmingen: 25.1, 25.2, 38.2, 65.1; Wolf, Steinheim: 2.1, 32.1, 32.2, 32.3, 32.4, 34.2, 34.3, 41.1, 54.1, 54.3, 54.4, 54.7, 54.8, 57.1, 57.2, 61.1, 61.2, 61.3, 61.7, 89.1, 123.1, 123.2.

Nicht in allen Fällen war es möglich, den uns bekannten Rechteinhaber ausfindig zu machen. Berechtigte Ansprüche werden selbstverständlich im Rahmen der üblichen Vereinbarungen abgegolten.

Nah dran 1

Wirtschaft-Arbeit-Gesundheit

für die Bildungsstandards Klasse 5 und 6

Autorinnen und Autoren:

Sandra Brenner
Dorothea Dümmel
Ulrike Frank
Jürgen Henzler
Ulrike Klüppel
Jürgen Sautter
Gerhard Tripodi
Irene Walser-Birzele
Heinz-Ulrich Wolf
Annely Zeeb

mit Beiträgen von
Eva Rieger-Roth
Prof. Dr. Eva Schmidt

in Zusammenarbeit mit der Verlagsredaktion

Zu diesem Schülerband gibt es Lehrermaterialien mit Arbeitsblättern, Best-Nr. 978-3-507-46313-4 (alt 3-507-46313-X), sowie eine CD-ROM für Lehrerinnen und Lehrer, Best-Nr. 978-3-507-46315-8 (alt 3-507-46315-6).
Genauere Informationen zur CD-ROM finden Sie in unserem aktuellen Softwarekatalog.

ISBN 978-5-507-46310-3
alt: 5-507-46310-5

Druck A ^{5} / Jahr 2006

Alle Drucke der Serie A sind im Unterricht parallel verwendbar.

Umschlag und Innenlayout: Jannsen Kahlert Design & Kommunikation GmbH, Hannover
Zeichnungen: H.-J. Feldhaus, Münster; P. Langner, Hemmingen
Satz: UMP Utesch Media Processing GmbH, Hamburg
Druck und Bindung: Westermann Druck Zwickau GmbH